HARRY VALÉRIEN

FUSSBALL WM '90

Mit Österreich-Extra von Hans Krankl

ITALIEN

XIV. Fußball-Weltmeisterschaft vom 8. 6. bis 8. 7. 1990

Redaktion Christian Zentner

SÜDWEST

8. Juli 1990, kurz nach zehn: »Zum Augenblicke möcht' ich sagen: Verweile doch, du bist so schön!« Angeführt von ihrem Elfmeter-

Schützen Andreas Brehme feiert die deutsche Nationalmannschaft ihren hochverdienten 1:0-Sieg über Argentinien im WM-Finale.

Endlich in »Littis« Händen: Der FIFA-World-Cup. Andreas Brehme, der goldene Elfmeterschütze, in andächtiger Warteposition.

Inhaltsverzeichnis

Harry Valérien Die zweite Krönung des Kaisers 7
Hans Krankl Es wurden Fehler gemacht 20
Josef Metzger Austrias Angst vor der eigenen Courage 24

Vorrunde

Gruppe A: Applaus für Italia, Aus für Austria 34
Gruppe B: Kamerun Gruppensieger – Triumph für Schwarzafrika 40
Gruppe C: Erfolg der Minimalisten 48
Gruppe D: Furioser Auftakt, gedämpfter Ausklang . . 55
Gruppe E: Starke Spanier, blendende Belgier 64
Gruppe F: Fünf Remis und ein Sieg 71

Achtelfinale

Kamerun – Kolumbien:
Afrikas Traum heißt Miller 78
CSFR – Costa Rica:
Mit erhobenem Haupt nach Hause 81
Deutschland – Holland:
Das Glück der Besseren 84
Brasilien – Argentinien:
Maradonas Paß zum Sieg 92
Irland – Rumänien:
»Big Jacks« größter Triumph 96
Italien – Uruguay:
Italiens viertes »Toto-Spiel« 99
Spanien – Jugoslawien:
Stojkovics Sternstunde 102
England – Belgien:
Vorteil für Belgien, Sieg für England 105

Viertelfinale

Argentinien – Jugoslawien:
Frau Fortuna, Argentiniens »zwölfter Mann« 113
CSFR – Deutschland:
Nach souveränem Start im Zickzack übers Feld gestolpert 116
Irland – Italien:
Veni, vidi, Schillaci 123
Kamerun – England:
Jenseits von Afrika 127

Halbfinale

Argentinien – Italien:
Arrivederci Roma 130
Deutschland – England:
Ein Kampf um Rom 137

Spiel um Platz 3

Italien – England:
Großes Spiel im kleinen Finale 145

Endspiel

Argentinien – Deutschland:
Triumph in Rom 148

Anhang

Alle Spiele auf einen Blick 158
Namen, Daten, Fakten der WM-Partien 161
Länderporträts 166
Qualifikationsspiele der XIV. Fußball-Weltmeisterschaft 173
Deutsches WM-Aufgebot 176
Italiens WM-Städte 181
Ergebnisse der Fußball-Weltmeisterschaften 1930–1986 189

»Einigkeit und Recht und Freiheit ...« Beckenbauers »Traumteam«, das Deutschland 1990 seinen dritten WM-Titel bescherte. Von links:

Mannschaftskapitän Matthäus, Illgner, Buchwald, Augenthaler, Völler, Kohler, Brehme, Littbarski, Häßler, Berthold und Klinsmann.

Harry Valérien

Die zweite Krönung des Kaisers

Im Halbdunkel des weiten römischen Stadions, inmitten des leer gewordenen Spielfeldes, stand mutterseelenallein Franz Beckenbauer, sich nur schrittweise langsam bewegend, den Triumph aber sichtlich in vollen Zügen genießend. Ringsherum ein wogendes Fahnenmeer. Zischende Feuerwerkskörper, Rauch und Scheinwerfer über den Rängen, und irgendwo über dem Rand der Arena der volle Mond in goldgelbleuchtender Farbe. Beckenbauer auf dem Gipfel. Für Augenblicke der Mannschaft entrückt, von der er Tage vorher in den alten Gemäuern des »Castello di Casiglio« sagte: »Ich mag sie, weil sie hier mehr geleistet hat für den deutschen Fußball als die Generation in den letzten 16 Jahren zuvor. Und ich freue mich, neben anderen meinen Teil dazu beigetragen zu haben.«

Die zweite Krönung des Kaisers, diesmal in Rom. Weltmeister als Spieler, nun auch Weltmeister als Trainer, was bislang nur dem Brasilianer Mario Zagalo 1970 in Mexiko gelungen war.

Zwei Wochen vor dem Finale sagte der Bundeskanzler von Bonn aus, er sehe ein Endspiel Italien – Deutschland voraus und dabei eine gute Chance für unsere Elf, dieses Spiel auch zu gewinnen. Der frühere US-Außenminister Henry Kissinger umriß seine Kenntnis von der Qualität des deutschen Fußballs mit der Bemerkung, die Deutschen bereiteten sich auf Fußballspiele vor wie auf Kriege, er vergaß freilich hinzuzufügen, daß dies glücklicherweise nicht ausreichte, Kriege zu gewinnen, wohl aber dazu, zum sechsten Mal in einem Weltmeisterschaftsfinale zu stehen, und dies nun zum dritten Mal in Folge.

Am Schlußtag dieser 14. Weltmeisterschaft hatte alle Welt Italien in Rom erwartet – und die Deutschen als Gegner. Welchen Glanz, welche Festlichkeit hätte solch ein Spiel diesem Turnier verliehen! In jener Nacht wäre die Ewige Stadt im Rausch eines nicht enden wollenden Jubels versunken – ein Sieg der Squadra Azzurra freilich vorausgesetzt. Man hatte dieses Spektakel bereits zuvor mehrmals miterleben dürfen. Doch ausgerechnet die Argentinier versetzten den Italienern im Halbfinale einen bitteren Schlag, drängten sie aus dem sicher gewähnten Finale und stürzten das Land, vorübergehend zumindest, in Lethargie. So trafen im Endspiel die Deutschen auf den Titelverteidiger aus Argentinien. Nie zuvor in der sechzigjährigen WM-Geschichte wiederholte sich ein Finale mit gleichen Partnern. Dies war also eine Premiere mit ganz eigenen Vorzeichen. Franz Beckenbauer ließ keinerlei Zweifel aufkommen: »Jetzt sind *wir* dran! Vor vier Jahren hatten die Südamerikaner die bessere Mannschaft. Nun ist die Lage genau umgekehrt. Wir haben von Anfang an ausgezeichnet gespielt, ohne Niederlage gekämpft. Nun lassen wir uns den Titel nicht mehr nehmen.«

Die Stimmung vor dem letzten Anpfiff übertraf alle Voraussagen. Nach einer Umfrage des Wickert-Instituts rechneten 97,2 Prozent der Bundesbürger mit einem deutschen Titelgewinn, dem dritten nach 1954 und 1974. Boulevardblätter titelten mit Schlagzeilen wie »Her mit dem Ding!« oder »Der Pott gehört uns!« Endlich sollte gleichgezogen werden mit Brasilien und Italien, nachdem die Versuche in Madrid '82 und in Mexiko '86 gescheitert waren. Weder Kapitän Lothar Matthäus noch Rudi Völler redeten von einer Revanche. Ein neues Spiel gegen Argentinien war zu gewinnen. Die Rolle des Außenseiters ergab sich aus zweierlei Gründen: Dem Titelverteidiger fehlten vier Stammspieler wegen doppelter gelber Karten, dann aber auch, mit einer Ausnahme, überzeugende Leistungen in den vorangegangenen Spielen. So geriet dieses Finale zwangsläufig zu einem ungleichen Duell, bei dem sich die Waffe des einen als stumpf, die des anderen fortwährend als messerscharf erwies. Oder hatte denn Bodo Illgner wirklich mehr abzuwehren als eine scharfe Rückgabe Augenthalers? Konnte der große Maradona unter der Beschattung Buchwalds mehr zeigen als einen mißglückten Freistoß und am Ende Tränen der Enttäuschung? Oder könnten etwa die späten Platzverweise von Monzon und Dezotti ein Schlüssel gewesen sein für die Niederlage der Argentinier? Das nächtliche Schauspiel in Rom hätte sich wohl bis in die Verlängerung gezogen, wäre Rudi Völler dem mexikanischen Schiedsrichter nicht mit einer feinen weichen Bauchlandung im Strafraum entgegengekommen. Littbarski nannte den Elfmeterpfiff für die Völlersche Schwalbe ganz offen eine »Konzessionsentscheidung« für einen vorher nicht

Abschied vom »Kaiser«. Franz Beckenbauer hat den deutschen Fußball erst als »Libero der Nation« gesellschaftsfähig gemacht und ihm dann in seiner sechsjährigen Amtszeit als Teamchef der Nationalmannschaft wieder zu einem glänzenden Image verholfen. Sein Prinzip »Kreativität statt Kraftfußball« hat er zu einem gerüttelt Maß auf die Mannschaft übertragen, die den dritten WM-Titel für Deutschland errang. Damit ist Franz Beckenbauer der einzige »Doppelweltmeister« als Spieler (1974) wie als Trainer (1990) – neben dem Brasilianer Mario Zagalo, dem dieses Kunststück 1958 und 1962 (als Spieler) und 1970 (als Trainer) gelang.

gegebenen Strafstoß zu Gunsten der Deutschen; Beckenbauer meinte, Völler habe da »etwas mitgeholfen bei dem 1:0«, das Andreas Brehme in professioneller Gelassenheit besorgte, und nicht, wie alle Welt vermutete, Lothar Matthäus. Der Kapitän hatte in der Halbzeit seinen rechten Schuh gewechselt. Mit dem aber wollte er sich in entscheidenden Sekunden dem Risiko nicht stellen. Also schritt Andreas Brehme zum Elfmeterpunkt.

Ein Utopist, wer hier mit vielen Toren gerechnet hatte. Vergeblich lauerten die Männer zwischen den Pfosten auf die Chance, besonders herauszuragen, es sei denn, wie Goycoechea und Bodo Illgner, beim Elfmeterschießen. Noch nie begnügte man sich in einem WM-Finale mit einem 1:0! Üblich waren vier, fünf oder gar sechs Treffer – 1974 in München reichten ausnahmsweise drei. Dennoch können die Schützlinge Beckenbauers mit dem »italienischen« Resultat hochzufrieden sein. Sie sind schließlich Weltmeister geworden und dürfen mit Stolz darauf verweisen, bis vor dem Finale immerhin achtzehnmal ins Schwarze getroffen zu haben. Zum Vergleich: Argentinien zwölfmal, Italien elfmal und England zehnmal. Nein, die neuen Weltmeister zeigten sich nicht geizig.

Bodo Illgner, der Held des Halbfinalspiels gegen England, verbrachte am 8. Juli im deutschen Tor den mit Abstand ruhigsten Finalabend in der 60jährigen Geschichte der Fußball-Weltmeisterschaften. Sein Trikot blieb sauber – bis zum Abpfiff. Dann wurde er »gnadenlos« von den Kameraden zu Boden gerissen – den Anfang machte seine »Abwehrsäule« Jürgen Kohler, der in Italien zur Form seines Lebens auflief.

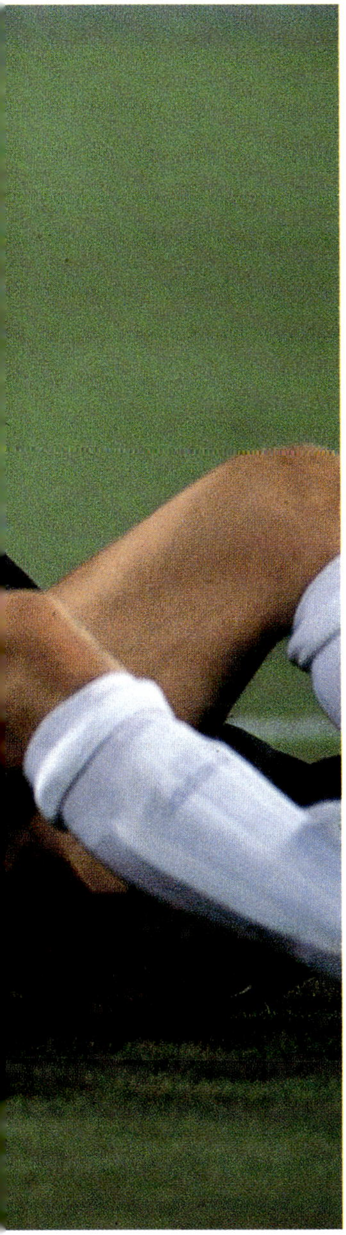

Franz Beckenbauer gelang in sechs arbeitsreichen Jahren der Aufbau einer in sich geschlossenen, von Rückschlägen gewiß nicht freien, letztlich aber doch höchst erfolgreichen Mannschaft modernen Zuschnitts – deutlich geprägt vom persönlichen Stil und der professionellen Auffassung des Teamchefs. Fraglos hat Franz Beckenbauer während dieser Zeit mehr dazugelernt als jeder andere neben ihm. Sein Weg zur zweiten Krönung wurde wesentlich bestimmt durch die Lust zur Perfektion. Weniger als der Titelgewinn bedeutete für den »Kaiser« soviel wie eine Niederlage. Doch selbst damit wäre er fertig geworden. Denn im Scheitern selbstgestellter Aufgaben erkennt Franz Beckenbauer eher die Chance zu lernen, als aufzugeben. Und so mag sich der einzige Doppelweltmeister des deutschen Fußballs irren, wenn er sagt, sein Nachfolger habe es leichter als er. Berti Vogts, das soll hier nicht verschwiegen werden, besitzt einen guten Anteil am Aufbau und am Erfolg dieser Mannschaft in Italien.

Die falschen Prognosen...

Eigentlich brauchte sich keiner der Experten zu schämen wegen seiner falschen Prognosen. Jupp Heynckes prophezeite ein Finale Deutschland gegen Italien; Jürgen Werner, Spielausschußvorsitzender des DFB und einst selbst Nationalspieler, zählte außerdem Brasilien und die Niederlande zu den letzten vier. Von Kamerun, Kolumbien, Costa Rica und Ägypten redeten nur diejenigen, die dort einst als Trainer tätig waren. Doch schon in der Vorrunde staunten die Kenner über unerwartete Resultate: Argentinien – Kamerun 0:1, Schottland – Costa Rica 0:1, Sowjetunion – Rumänien 0:2, Holland – Ägypten 1:1. Tage später besiegte das so schwach gestartete Argentinien die bis dahin ohne Punktverlust spielenden Brasilianer (Pelé kritisierte, »diese Mannschaft ist spielerisch eine Schande!«), Europameister Holland unterlag mit fast dem gleichen Team wie beim Titelgewinn '88 in einem dramatischen und hitzig geführten Spiel der deutschen Elf 1:2. Platzverweise für den spuckenden Frank Rijkaard und den völlig zu Unrecht ausgeschlossenen Rudi Völler sorgten dabei für einen negativen Höhepunkt. England glückte in der letzten Minute der Verlängerung das entscheidende Tor gegen die feldüberlegenen Belgier, die den Weg ins Viertelfinale sowenig fanden wie die Spanier. Und wer könnte Kameruns letzten Auftritt in Italien gegen England vergessen? Brasilianischer als die Brasilianer. Und inmitten dieser Naturtalente Ro-

Auf dem Fußballfeld hinterließ Deutschland bei der »Mondiale« in Italien einen großartigen Eindruck. Und im Umfeld der Stadien? Zum WM-Auftakt zogen auch marodierende deutsche Rowdies durch die Straßen von Mailand. Die überwiegende Mehrheit der deutschen Fußballfans, ob mit oder ohne »Kriegsbemalung«, blieb jedoch friedlich und bereitete dem Gastgeber keinerlei Probleme.

ger Miller, 38, erst auf Wunsch des Staatspräsidenten in die Nationalmannschaft berufen. Hat jemand schönere Tore geschossen und seinen Jubel dann so unnachahmlich vor der Eckfahne ausgedrückt? Tanz und Rhythmus sind das Zentrum afrikanischen Lebens. Kameruns Fußballer haben dies in sehr eindrucksvoller Weise auf ihr Spiel übertragen und Berti Vogts so zu dem Ausspruch hingerissen: »Kamerun hat gespielt, wie man sich Fußball erträumt!« Ein Schweizer Beobachter der FIFA wußte die Zukunft so zu deuten: »Bald werden die Europäer nicht mehr viel zu lachen haben. In punkto Schnelligkeit, Gewandtheit, Sprungkraft und Technik sind sie uns ohnehin überlegen...«

Kommt also der wahre Weltmeister künftig aus Westafrika? Ein klein wenig mehr Taktik, das brillante Spiel nur Augenblicke lang von der Intuition weg und hin zur Absicht leiten, das Notwendige zu vollenden – wer sollte Kamerun widerstehen? Hätte das Traumfinale der WM nicht eigentlich Deutschland gegen Kamerun heißen müssen? Sei's drum. Die Italiener in Neapel, der Wahlheimat Maradonas, erlitten ausgerechnet gegen Argentinien eine sensationelle Niederlage, wenngleich erst durch Elfmeterschießen. Der zweite Fußballklassiker zwischen Deutschland und England im Halbfinale vollzog sich im Stadion delle Alpi in Turin nach fast dem gleichen Muster: 1:1 nach Ablauf der regulären Spielzeit. In der Verlängerung keine Entscheidung. Folglich Elfmeterschießen, welches die deutschen Schützen gewan-

Die größte Überraschung einer an Sensationen reichen WM war die Mannschaft aus Kamerun, die

»unbezähmbaren Löwen« um den hinreißend aufspielenden Fußball-Veteran Roger Miller, die sich bis ins Viertelfinale vorkämpften.

Massives Polizeiaufgebot in den italienischen WM-Städten (wie hier in Cagliari vor dem Spiel England – Holland) und das »Alkoholverbot« trugen sehr dazu bei, daß sich Ausschreitungen in Grenzen hielten. Die »Mondiale novanta« in Italien wurde kein Cup der Hooligans, sondern der Fußballfans.

nen. Kurz vorher unterhielten sich die Trainer Beckenbauer und Robson wie alte Freunde, und nachher sah es genauso aus wie am Sonntag zuvor beim Treffen England – Kamerun: eine heiter-versöhnliche Stimmung zweier abgekämpfter gleichwertiger Mannschaften. Voller Respekt füreinander. Ohne Neid der Verlierer, und ohne Überheblichkeit der sehr glücklichen Sieger. War dies wirklich die schwächste WM seit 1966, wie Cesar Luis Menotti klagte? Als der argentinische Trainer von 1978 dies sagte, ahnte er nichts von dem glücklichen Weg seiner Landsleute bis ins Endspiel. Gerecht oder ungerecht? War der »Teufel« Diego mit Gott im Bunde? Kniend, betend, dankend. Und nicht nur die Deutschen stellten sich die Frage: Darf solch unfaßbares Glück denn anhalten, Maradona wieder siegen? Karl-Heinz Rummenigge brachte die Gefühle der Massen auf den Punkt, als er sagte: »Es wäre eine himmelschreiende Ungerechtigkeit, wenn wir dieses Endspiel verlören ...«
Das »Festival der Trickser und Treter« begann und en-

dete nicht im Chaos. Italien überraschte selbst den deutschen Organisationschef Hermann Neuberger, der kaum fassen konnte, daß die Gastgeber zum rechten Zeitpunkt zuwege brachten, was für Menschen anderer Nationalität nicht vorstellbar schien. Organisatorisch verlief »Italia '90«, trotz aller negativen Kritik zuvor, ausgezeichnet. Der Weltfußballverband mit seinem Generalsekretär Sepp Blatter an der Spitze hat die wesentlichen Erwartungen erfüllt, teilweise übertroffen. Daß es zu Ausschreitungen kam, ist dem Weltfußballverband nicht anzulasten. Rowdies, auch deutsche, zettelten wüste Schlägereien an, zertrümmerten Auslagenfenster, demolierten Autos. Auf dem Domplatz in Mailand wurden drei Dutzend Randalierer festgenommen, 23 zum Teil erheblich verletzt. Ein Mailänder Gericht verurteilte fünf Männer zu zwei Jahren Gefängnis ohne Bewährung, sechs zu zehn Monaten mit Bewährung. Auch in England, Spanien und Argentinien kam es zu Gewalttätigkeiten und zahlreichen Opfern. Die gewarnten Sicherheitskräfte hatten allerdings Schlimmeres verhindert.

Profi-Schiedsrichter '94

Italien ist Vergangenheit, Amerika bedeutet Zukunft. Aber welche? Was erfolgsverwöhnte Europäer an den USA als Entwicklungsland im Fußball auch zu bemängeln haben, sie werden sich in vier Jahren ohne Zögern dorthin begeben. Gewiß mit Zweifeln behaftet. Doch war es vor Italien, Mexiko und Spanien sehr viel anders? FIFA-Generalsekretär Sepp Blatter gibt sich zuversichtlich: »Wir wollen nur zwölf Städte auswählen und die Vorrundenspiele gleichmäßig auf den Osten und Westen der Staaten verteilen. Kartenverkauf und Kartenvergabe müssen anders geregelt werden als in Italien, wo in diesem Punkt fraglos Fehler aufgetreten sind. Das Wichtigste jedoch: Die Endrunde wird auch künftig von 24 Mannschaften bestritten werden. Auch die Dauer der WM von vier statt der ursprünglich angestrebten drei Wochen bleibt bestehen.«

Zwar verteidigte FIFA-Präsident Joao Havelange wieder einmal die Leistungen der Unparteiischen mit der Bemerkung, sie hätten »die Disziplin auf den Spielfeldern garantiert«. Doch die heftigen Vorwürfe der Kritiker können nicht ungehört verhallen. Erste Maßnahmen sind im Gespräch. Man überlegt ernsthaft, bei der WM 1994 einige Profi-Schiedsrichter einzusetzen (in Italien und Spanien ab '93 bereits beschlossene Sache). Darüber hinaus soll durch eine spezielle Ausbildung von Linienrichtern die Abstimmung mit den Schiedsrichtern deutlich verbessert werden. Eines jedenfalls darf die FIFA nicht länger so sträflich vernachlässigen: Die Auswahl der Unparteiischen nach strengen Kriterien, nicht aber nach dem Motto: Je mehr pfeifen, desto weniger sind beleidigt! Wo die Elite kickt, muß auch Elite berufen werden.

Wer künftig Fernsehbeweise bei umstrittenen WM-Entscheidungen fordert, stößt bei der FIFA weiterhin auf Widerstand. Noch in Rom erklärte Sepp Blatter, dafür seien einwandfreie Voraussetzungen nicht gegeben. Im übrigen sollte man mit der »Menschlichkeit des Schiedsrichters« leben und zurechtkommen. Aufgeschlossen zeigt man sich gegenüber dem Vorschlag, zu prüfen, wie sich ein Spiel mit zehn statt mit elf Mann entwickeln kann. Attraktiver und damit genüßlicher? Die Technische Studienkommission soll sich damit befassen. Von offizieller Zeitnahme beim Fußball redete auch in Rom niemand.

Es ist erstaunlich, wie hartnäckig sich der Weltfußballverband weigert, die Unparteiischen von ihrer höchst fragwürdigen Zeitnehmung endlich zu befreien. Auch der Gedanke zweier Trainer, statt des Elfmeterschießens nach der Verlängerung so lange weiterzuspielen, bis das nächste Tor fällt – ein sogenannter Sudden Death also – , findet bei der FIFA kein Gehör. Hier kann man den Herren leichten Herzens zustimmen. Andernfalls wäre ein zeitlich vernünftiger Ablauf des Turniers unabsehbar. Und noch eins: Die Terminplanung des Turniers sollte neu durchdacht werden. Franz Beckenbauer scheute sich nicht, den Zeitplan der WM in einer Pressekonferenz hart zu kritisieren.

»Der Ball ist rund«, sagte einst Sepp Herberger. Das läßt hoffen, daß spätestens in den USA manches auf uns zukommt, was noch nicht im Regelbuch steht, gleichwohl aber nach einer raschen und zeitgemäßen Änderung verlangt. Doch wer es eilig hat, dem sei nichts als Geduld empfohlen.

Ciao, Italia, hello, USA '94.

Mit einem blauen Auge davongekommen – Mark Wright im Halbfinalspiel Deutschland – England. Auch das DFB-Team kam mit einem blauen Auge davon: Erst im Elfmeterschießen konnte das Team von Bobby Robson bezwungen werden. Die Fighter aus dem Mutterland des Fußballs konnten erhobenen Hauptes heimkehren – und außerdem den »Fairplay-Pokal« mit nach Hause nehmen.

Zur Eröffnung der 14. Fußball-Weltmeisterschaft erscholl im Mailänder Giuseppe-Meazza-Stadion die rauchige Stimme von Gianna

Nannini: »Un' estate italiana…« Damit war »der italienische Sommer« '90 angebrochen, in dem sich alles um den Fußball drehte.

»Wir haben alles zusammengetragen, was die Welt mit Mailand verbindet: Fußball, Musik und Mode«, hatte Bürgermeister Pilliteri

angekündigt. 160 perfekt gestylte Mannequins traten auf. Besonders tiefe Einblicke gewährten die Modelle von Gianfranco Ferre.

Hans Krankl

Es wurden Fehler gemacht

Hans Krankl saß bei dieser Weltmeisterschaft als Zuschauer auf der Tribüne und erlebte dort das Debakel der österreichischen Nationalmannschaft. Wenn er an dieser Stelle das Fazit zieht, dann nicht etwa hämisch oder nach dem Motto »das hab' ich gleich gewußt«, sondern in Form einer sachlichen Bestandsaufnahme.

Bis zum bitteren Ende wurde gebangt. Bis zum bitteren Ende wurde gerechnet. Bis zum bitteren Ende klammerte sich Österreichs Fußball(team) an den Strohhalm, man könnte in der Tombola des Losglücks einen Treffer landen und aufsteigen. Auch das hat nicht funktioniert. Erwartungsgemäß. Man darf und soll nie anderen Kräften und Mächten ausgeliefert sein. Wer sich auf andere verlassen muß, der ist in der Regel verloren. Und so ist es auch gekommen. Österreichs Fußballteam war nicht gut und nicht stark genug, um in Italien das zu erreichen, was man sich vorgenommen – oder vorgegaukelt? – hatte. Maximale Erwartungen, minimale Leistungen, magere Ergebnisse. Unter dem Strich muß ich sagen: Italien war keine Reise wert. Mit Müh' und Not, mit dem letzten Aufbäumen sind wir der größten Fußball-Schmach in den letzten 50 Jahren gerade noch entkommen. Zu zehnt aber hat Österreich wenigstens so gekämpft, daß es elf amerikanische Athleten schlagen konnte. Da blitzte kurz auf, was man fordern darf, wenn schon die Form nicht stimmt: Kampfkraft, Überlebenswille, Widerstandsgeist. Das 2:1 bedeutete einen schmalen Lichtstreif am verdunkelten Horizont. Der Rest war Schweigen. Auch wenn man darüber noch reden muß.

Österreichs Fußballteam war als Geheimtip gekommen – wir haben Italien als die vielleicht größte Enttäuschung nach der Vorrunde wieder verlassen. Wir hätten in dieser Verfassung auch keine Berechtigung gehabt, ins Achtelfinale zu rutschen. Testspiele, so ernst man sie auch nimmt, sind doch kein Maßstab. Zumindest kein WM-Maßstab. Wir alle, auch ich, haben die Erfolge gegen Ungarn (3:0), gegen Weltmeister Argentinien (1:1) und gegen Europameister Holland (3:2) überschätzt. Im WM-Turnier waren alle Vorzüge, die die junge Mannschaft ausgepackt hatte, wie weggeblasen. Sie war vorher bissig, aggressiv, sie spielte beherzt – im Ernstfall Rom und Florenz, gegen Italien, die CSFR und die USA, hatte sich der Übermut samt Selbstvertrauen in nichts aufgelöst. Wie sagt noch der Volksmund? Frechheit siegt! Sie spielten nicht frech und frisch von der Leber weg, sondern ängstlich, so als wär' ihnen etwas über die Leber gelaufen. Hasenfüße? Der falsche Ausdruck. Sie waren einfach stumpf.

Es wäre einfach – oder einfach populistisch –, auf den Teamchef einzudreschen. Man weiß, ich bin mit ihm nicht immer einer Meinung. Es gibt Differenzen, wir hatten auch Streit. Aber es wäre vermessen, würd' ich die WM-Kritik auf ihn konzentrieren. Unzulässig, zumindest aus meiner Perspektive. Ich war nur Zuschauer, ich erlebte die WM von der Tribüne aus, ich war nicht integriert in die Vorbereitung und schon gar nicht ins WM-Aufgebot. Ich kann daher nur sagen – es wurden Fehler gemacht, es müssen Fehler gemacht worden sein. Aber über die Ursachen kann ich kein Urteil abgeben. Das wäre falsch. Das wäre unfair. Eine Kritik aber sei mir unbenommen. Wer im Fußball rechnet, der liegt falsch. Mit Rechnen kommt man nirgends weiter. Man kann nicht sagen: Gegen Italien verliere ich sicher, gegen die Tschechen machen wir einen Punkt, gegen Amerika gewinnt Österreich. Diese Rechnung ist nicht aufgegangen. Warum? Nur weil die Form nicht gestimmt hat? Nein, es hat sich ein Rechenfehler eingeschlichen. Wie hat sich Österreich für die WM-Endrunde denn überhaupt qualifiziert? Durch eine Sternstunde Toni Polsters gegen die DDR. Drei Tore, 3:0. Ohne ihn hätte die Hickersberger-Truppe das Ziel Italien gar nicht erreicht. Alles andere ist Lüge oder Selbstbetrug. In Italien war Toni, frisch verheiratet, nicht Torjäger, nicht Spielführer, sondern Nullkommajosef. Die sportliche Kritik ist richtig, auch normal. Stürmer werden immer, überall und zu jeder Zeit an ihren Toren gemessen. Polster war die größte Enttäuschung einer enttäuschenden Mannschaft. Spätestens nach dem 0:1 gegen die CSFR, wohl aber schon zur Halbzeit, hätte man reagieren müssen. Polster hat Österreich zur WM geschossen – in Italien hat er nichts gebracht. Im Gegenteil: Er hatte kein Selbstvertrauen, keine Spritzigkeit, er wirkte schwerfällig, mutlos, unsicher, stumpf. Der Stumpfste einer stumpfen Mannschaft. Ohne ihn lief es gleich besser. Ohne ihn hatte Ogris dann Platz. So konnte er gegen die Amerikaner seine Qualitäten ausspielen und die Torsperre – endlich – brechen.

Aber da war's schon zu spät. Am Gesamtbild der österreichischen Fußballkünste hätte es auch nichts geändert. Der Eindruck wäre niederschmetternd geblieben. Daran ist nicht zu rütteln.

Was in die Spieler gefahren ist, die gegen Holland so aufgetrumpft hatten, weiß ich nicht. Ich weiß nur, daß man sich immer eingeredet hat, gegen Italien sei nichts zu gewinnen, da könne man nur verlieren. Das ist, mit Verlaub, sportlicher Selbstmord. Man darf gegen niemanden ein Spiel von vornherein verlorengeben. Da gibt man sich selbst auf. Gegen Italien zu verlieren, ist keine Schande, schon gar nicht in Rom. Eine Schande aber war, wie Österreich die längste Zeit gespielt hat. Unser 0:1 kann sich mit dem 0:1 der Amerikaner, geschweige denn der Iren nicht vergleichen. Es hätte ein Debakel werden können. Alle Schutzengel haben es verhindert. Die Bissigkeit und Zweikampfstärke der Österreicher waren mit einem Schlag weg.
Und plötzlich war die Mannschaft unter Zug- und unter Punktzwang. Darum regierte plötzlich die Angst. Und sie hat die Mannschaft gelähmt, völlig gelähmt. Wo war die WM-Begeisterung? Wo war das Feuer der Jugend? Wer nicht in Form ist, der muß um sie ringen. Der muß versuchen, das Glück zu zwingen. Österreich hat sich, abgesehen vom USA-Spiel, zweite Hälfte, ergeben. Kampflos. Das war bitter, darunter habe auch ich gelitten. Da wurde nichts probiert, da wurde nicht geschossen, da wurde nicht gefightet. Lauwarm, so würde

Nach dem Spiel gegen Italien war Österreichs Fußball-Welt – zumindest vom Ergebnis her – noch in Ordnung, denn die »Rechner« unter den Experten hatten eine Niederlage gegen den Gastgeber einkalkuliert. Das Spiel selbst enttäuschte und lief an »Toni« Anton Polster vorbei, wie er hier an Gianluca Vialli.

Toni Polster am Boden, bedrängt von Desmond Armstrong (links) und Stürmer Bruce Murray, der auch hinten aushalf. Zum Schluß der Partie stand es 2:1 für Österreich, das damit sein Punktekonto auf 2:4 verbesserte. Am »Aus« für Austria änderte das Ergebnis indes nichts.

ich sagen. Weder Fisch noch Fleisch. Doch Kampfgeist ist das Minimum. Nicht einmal er wurde geboten – abgesehen von Robert Pecl, teilweise von Ogris, teilweise von Herzog gegen die Amerikaner. Kümmerlich, einfach nicht genügend. Das war der wahre Skandal. Nicht das so ernüchternde, entgeisterte Spiel.
Haben die Österreicher nur reagiert, aber nicht agiert? Diese Frage wurde mehrmals aufgeworfen. Meine persönliche Antwort: Weder noch. Sie waren weder zum einen noch zum anderen fähig oder bereit. Ein System? Nicht zu erkennen. Anders als bei anderen, die früh ausgeschieden sind – Holland, Brasilien, natürlich Eire. Wir Österreicher dürfen nicht auf Kamerun zeigen. Das wäre ein totaler Unsinn. Kamerun, das ist afrikanischer Fußball. Kamerun, das ist ein Hauch Brasilien. Aber wie Eire, bitteschön, so hätte man spielen können. So hätte man kämpfen müssen. Das sind keine besseren Kicker, aber das sind ehrlichere Kämpfer – bis zum Umfallen. Am besten und eindrucksvollsten haben es die Iren gegen Italien demonstriert. Fußballerisch können sie den meisten Österreichern nicht das Wasser reichen. Aber sie haben das alles mit ihren Vorzügen mehr als kompensiert. Nur darin will ich Eire als Vorbild hinstellen. Meine Vorbilder kommen aus – das ist keine falsche Überheblichkeit, ich will hier nur die Richtung anzeigen – aus Deutschland. Das sage ich, den man nach Cordoba '78 zum Deutschenschreck ernannt hat. Diese Richtung hätte Österreich gehen müssen, so kämpfen, so hineinwerfen, alles herausholen, nichts herschenken. Natürlich hat Deutschland eine stärkere Liga, ein größeres Spielerpotential, natürlich können wir uns mit den Deutschen nicht messen – aber das, was die Deutschen zeigen, kann Österreich im kleinen auch zuwege bringen. Im kleinen, wohlgemerkt. Und dann gewinnt man eben alle heiligen Zeiten einmal gegen die deutschen Vorbilder. So ist Fußball. Auch wir haben 1978 in Argentinien gegen sie triumphiert, als kleiner Bruder. Die Mannschaft von 1978 mit der Österreich-Elf von 1990 zu vergleichen, das wäre lächerlich. Die Hickersberger-Truppe der Italien-WM hatte – fußballerisch – bei weitem nicht soviel Potenz wie jene Elf, in der mit mir auch Hickersberger gespielt hat. Und auch die österreichische Mannschaft, die 1982 in Spanien zerstritten war, sich am Ende aufgelöst hat, hatte weit mehr Format. Sie hat auch zwei Spiele damals gewonnen, einmal gegen Nordirland unentschieden gespielt, über Gijon wollen wir nicht mehr reden. Österreichs Fußball-WM-Auswahl 1990 war nicht nur ein Schatten dieser Mannschaften, sie blieb ein Schatten ihrer selbst. Als Trainer eines Spitzenklubs wie Rapid kann ich nur hoffen, daß es zu keiner Kettenreaktion kommt. Wenn Fußballteams nicht halten, was sich Fans versprochen haben, dann werden die Spieler oft zu Prügelknaben. Dann geht der Brotneid um, dann heißt es oft: Verdienen möcht's, kämpfen könnt's nicht um euer Geld. Aber daran ist es sicher in Italien nicht gelegen. Das Versagen hatte viele Ursachen und sicher einige Väter. Für mich bleibt es trotzdem ein Rätsel. Österreichs Fußballer hatten nicht die Potenz, die die Testsiege ankündigten. Aber sie haben sich auch unter ihrem Wert verkauft. Die Wahrheit liegt, wie so oft, in der Mitte. Man muß sie trotzdem suchen und finden. Sonst leidet die Zukunft unter der tristen Erinnerung Italiens.

Die Enttäuschung des Spielers nach dem verlorenen Match. Schlußpfiff nach der Begegnung Österreich–CSFR. 0:1 verloren und kaum mehr eine Chance, aus eigener Kraft eine Runde weiterzukommen. Die Enttäuschung erfaßte aber auch die Fans im Stadion und vor den Fernsehgeräten zu Hause – Österreich, der gar nicht so geheime Geheimfavorit, an der Schwelle des vorzeitigen Ausscheidens.

Austrias Angst vor der eigenen Courage

Der Schrecken nahm stunden- und tagelang kein Ende, er vollzog sich in einigen Akten, immer wieder blitzte dazwischen die vage Hoffnung auf, Fortuna könnte auf Felix Austria hinunterlächeln, in Udine wie in Palermo und Cagliari. Aber die Glücksgöttin hielt die unverbesserlichen Optimisten und die unermüdlichsten Rechner gleichsam nur an jenem Wiener Schmäh, den die Holzhakkerbuam '90 nicht mehr im Blut hatten. Sie packten keine Trickkiste aus, sondern füllten lediglich Sündenregister. Nur in der »Watchlist« führte Österreich in Italien die Hit-Parade an. Elfmal Gelb, einmal Rot. Wenn schon, denn schon. Sparsam blieb man mit Toren und Siegen – 0:1 gegen Italien, 0:1 gegen die CSFR, 2:1 gegen Großmacht-Zwerg USA. Hätte das (Los-)Glück in der WM-Tombola doch noch gelächelt, wären Hickersbergers Mannen neuerlich vom Schicksal geprügelt worden. Das letzte Aufgebot wäre gleichsam erste Wahl gewesen.

Theorie, Freunde, nichts als graue Theorie. Wie man einen Strich durchs Einmaleins der Hypothesen macht, praktizierte Hans van Breukelen, Hollands kantiger Tormannschädel. Er griff in Palermo zeitgerecht daneben, um dem Iren Niall Quinn das 1:1 zu ermöglichen und der fast schon unerträglichen Qual von Hikkersberger und Co. schließlich doch ein Ende mit Schrecken zu bereiten. Eires Tor ging auf, Österreichs Tür fiel ins WM-Schloß. Die Illusionen landeten am Donnerstag, 21. Juni 1990, 22.48 Uhr, im Koffer. Es durfte in Artimino, dem Quartier bei Florenz, dessen Atmosphäre durch flatternde Fledermäuse der Heimeligkeit eines Spukschlosses nahekam, endgültig gepackt werden. Teils mit steinernen Mienen, teils mit fluchenden Worten, teils weinenden Auges. Man saß ebenerdig. Die Stimmung lag im Keller. Wie 1982 in Spanien. Der einzige Unterschied – Gijon lag nicht am Arno. Damals half das 1:0 den Deutschen. Das 0:1 gegen die devisenhungrige CSFR bedeutete den Anfang vom rotweißroten Ende. Nachbar und Nachbar ist eben doch nicht dasselbe.

Ein Rechenfehler. Österreich besaß einen Coach, der als Computerfachmann gilt, der auf Knopfdruck alle Daten, Fakten und sonstiges Wissenswerte über alle Gegner und Kicker ausspucken kann. Josef Hickersberger, einst Bundesligaprofi bei Offenbach und Düsseldorf, einer der Helden von Cordoba '78, hatte schon in der WM-Qualifikation stets mit dem Rechenschieber gearbeitet – und unter dem Strich war irgendwie das gewünschte Ergebnis herausgekommen. Und seit der Auslosung im Dezember hieß das Einmaleins des Aufstiegs ins Achtelfinale: ein Punkt gegen die Tschechoslowaken, zwei Punkte gegen die Amerikaner. Italien ließ man aus dem Zahlenspiel. Man soll Gastgeber nicht verärgern. Als Giancarlo De Sisti, einst Nationalspieler, nun Assistent von Teamchef Azeglio Vicini, im Wiener Prater die triumphale WM-Generalprobe mit dem 3:2 gegen den Europameister Holland erlebte, zuckte er zusammen. Der Fußball mit Herz, Härte und auch Hirn stimmte ihn nachdenklich. Er konnte nicht ahnen, daß die Österreicher vor ihrer eigenen Courage erschrekken würden. Der frische Optimismus wurde im »final countdown« zum WM-Comeback nach acht Jahren von der Feigheit vor dem Feind verdrängt. Die bissigen Löwen mutierten innert Tagen zu verstörten Angsthasen. Sie boten nicht die Stirn, sie verloren den Kopf. Abmarsch in den Rückzug.

Das war die Entscheidung: Bilek verwandelt den Strafstoß gegen den machtlosen Klaus Lindenberger. Auslöser der Szene: Österreichs Pfeffer spielte im eigenen Strafraum einen Ball so unglücklich zu Torwart Lindenberger zurück, daß Chovanec dazwischen springen konnte und Lindenberger die Notbremse zog, indem er den Tschechoslowaken zu Boden riß.

Auch mehr als 6000 Schlachtenbummler, rotweißrot bis in die Backenknochen, richteten sie im Olympiastadion am Fora Italico nicht auf. Italia-Italia-Italia-Sprechchöre der Tifosi zum einen, das Trikolore-Fahnenmeer zum anderen müssen die Österreicher paralysiert haben. Beim Aufwärmen nach Sowjetmuster wurden keine Aggressionen aufgebaut – die Unerschrockenheit verdunstete vielmehr in der Hitze des internen Gefechtes. Nach einem ersten schüchternen Angriffsversuch igelte sich Austria ein, ohne Stacheln aufzustellen. Die Italiener hätten spielend offene Türen einrennen können, hätten sie nur die Klinke gedrückt. Ein Scherz, welche Gelegenheiten dieser Carnevale ausließ. Einmal, zweimal, dreimal, viermal. Mit dem Kopf, mit dem Fuß. Spaß beiseite, Vicini verging das Lachen, erst recht, als plötzlich – das einzige Mal – der Rapidler Herzog den Fuß zu einem Überraschungsschuß hinhielt – nicht stramm und fest genug. Da mußte Carnevale, der Pechvogel, dann Salvatore Schillaci, dem Beamtensohn aus Palermo mit hoher Stirn und dickem Bankkonto, seit er für »Juve« stürmt, endgültig weichen. Salvatore wird nicht von ungefähr Toto gerufen. Sein Eintausch – ein »Zwölfer«! Kaum herinnen, schon klingelte der Jackpot: 77. Minute, Aigner zaudert, Vialli flankt, Salvatore hält den Goldkopf hin. Ruckzuck, 1:0. Das Fahnenmeer

Trotz »Puma« und »isostar«, trotz erfolgreicher Spiele im Vorfeld der 14. Fußball-Weltmeisterschaft, konnte Hickersbergers Team die großen Erwartungen der Heimat nicht erfüllen. Die komplette österreichische Nationalmannschaft: erste Reihe hinten von links: Franz Kulovits, Hitzel, Kurt Russ, Anton Pfeffer, Peter Schöttel, Ernst Aigner, Robert Pecl, Dr. Schwinger. Zweite Reihe von hinten (von links):

Andreas Reisinger, Baur, Peter Artner, Alfred Hörtnagl, Michael Streiter, Manfred Linzmaier, Floegel, Legenstein. Dritte Reihe von hinten (von links): Anton Kulovits, Christian Keglevits, Manfred Zsak, Heimo Pfeifenberger, Anton Polster, Andreas Ogris, Andreas Herzog, Trainer Josef Hickersberger, Gebhart. Vorne von links: Klaus Lindenberger, Otto Konrad und Michael Konsel.

wogte, der Vaterlandsstolz schwappte über, Toto war in aller Munde und Schlagzeilen. Ein Reifenschuster a.D. brachte die patriotische Woge ins Rollen. An der Via Veneto wurde gehupt, gesungen, gejubelt, als wäre man schon Weltmeister. Italia, Italia, Italia. Rom hat es schon immer verstanden, Feste zu feiern. Gläser sind halb voll, nie halb leer. Mondialissimo.

1:0 für den Optimismus, 0:1 für Traumichnichtse. Der Fußball mit Herz war in die Hose gerutscht, auch Teamchef Hickersberger gestand es ein, obwohl er über die Ursachen der Ineffizienz rätselte. Die Psyche läßt sich nicht mit dem Personalcomputer ausrechnen. Pech gehabt – auch deshalb, weil das Tor Schillacis fiel, als die Squadra Azzurra sich geistig schon mit der – an sich ungerechten – Torlosigkeit abgefunden hatte. »Es war eine verdiente Niederlage, obwohl sie zu einem Zeitpunkt besiegelt worden ist, als wir die Italiener und das Spiel endlich unter Kontrolle hatten!« Es fiel, als der stotternde Motor Manfred Linzmaier verletzt den (Kampf-)Geist aufgegeben hatte. Tirol-Klubkollege Hörtnagl ersetzte ihn im Leerlauf. Das Spiel ging an ihm vorbei.

Verfehlte Improvisation. Stürmer-Joker Rodax, von Admira-Wacker in einem undurchsichtigen Transfer zu Atletico Madrid befördert, war schon zum Eintausch bereitgestanden. Er zog sich wieder an. Kehrt-euch! Defensive statt Angriff, Vorsicht statt Risiko, Zurückhaltung statt Zuversicht. Motto: »Die Italiener haben lauter Weltmeister, Superstars, Europacupsieger. Da können wir uns nicht messen. Wir haben nur einen Legionär, den Polster!« Und der schnappte, schon anfangs vom Weltmeister 1982, Giuseppe Bergomi, mit den Stollen auf die Brust getreten, daß der Abdruck tiefe Striemen hinterlassen hatte, nur noch nach Luft. Er sah nicht einmal mehr den Zipfel eines Balls. Die Galionsfigur als Spielführer verwandelte sich in die Karikatur eines Torjägers. Seine »gefährlichste« Aktion? Vor Lindenberger, nicht Zenga, säbelte der Toni im eigenen Strafraum über die Kugel. Signifikant. Später kam er nicht einmal mehr dazu, Luftlöcher zu treffen. Er löste sich sozusagen in Luft auf. Nullkomma-Josef statt Herz-As.

»Enttäuscht? Naja, na. Die Niederlage ist keine Tragödie. Wir haben immer gewußt, daß wir die Punkte gegen die Tschechen und die Amerikaner machen müssen!« Also wischte Toni, der seine Sätze, tief Luft holend, herauspreßte, alle Einwände weg. Man blickte aufs Resultat, nickte zufrieden, 0:1 ist keine Schande, da darf man den Kopf schon heben. Und die Leistung? »Wir haben lauter WM-Neulinge, die Mannschaft ist jung, keiner hat sich etwas getraut, niemand etwas zum Aufbau beigetragen, es hat an Lauffreude und Aggressivität gefehlt!« Angsthasen aber ducken sich, wenn sie hoppeln. Italien wurde zu den Akten gelegt, eine erledigte Angelegenheit, der Rechenstift regierte, wie gehabt. Ein Zähler gegen die Tschechoslowaken, zwei gegen die Amerikaner, wie gehabt.

Dann kam der Lokalaugenschein von Florenz. Die Venglos-Veteranen, in der Vorbereitung viermal besiegt (England, Deutschland, Spanien, Ägypten), erteilten den US-Greenhorns Ganslers eine Lektion, Kocian, Kadlec, Hasek, Bilek, Moravcik, Skuhravy und Knoflicek spielten nicht – wie ihre Ahnen – »mala ulica«, also »kleine Gasse«, sie rissen strategisch die USA weiträumig auf. Die Tore fielen zwangsläufig, auch wenn sich zehn US-Boys (Ausschluß Wynaldas) besser wehrten als zuvor elf Mann. »Nichts Neues«, ließ Polster verlauten, just als die dezimierten USA auf ein Anschlußtor drängten. »Die Tschechen sind stark, die Amis müssen wir schlagen!« Hickersberger stimmte nach dem 5:1 des nächsten Gegners in diesen Tenor ein, er reagierte ungehalten, als er auf Schwächen der CSFR angetippt wurde. »Die haben vor allem große Stärken!« Von wegen halb leer und halb voll. »Dem lieben Freund Venglos« ließ er Hochachtung und Respekt bestellen. Hut ab vor dem Nachbarn. Er buckelte, um ehrlich zu sein, tagelang zurück. Teammanager Masoupust, im Italienischen perfekt, kündigte eine »partita molta tactica« an. Die St.-Pauli-Legionäre Kocian und Knoflicek gaben sich in Montecatini Terme bescheiden. Wie heißt's doch bei Qualtinger so schön? Auch ein Unentschieden ist ein Sieg für die Österreicher... Die »Gijonitis« ging um.

Irgendwie muß sich in den Spielerköpfen eingenistet haben, daß es schon irgendeine fremde Hilfe geben werde. Eine Fehlspekulation. Der Nichtangriffspakt degenerierte zum einseitigen Waffenstillstand. Man lullte sich ein, ohne die Tschechen einzuwickeln. Eine Fehlspekulation. Die falsche Prämisse führte zu einer verfehlten Einstellung. Österreich ließ Angriffsgeist und Überfalltaktik im Tornister, obwohl diesmal statt Rotschopf Ogris der gefürchtete Rodax, seines Zeichens 35facher Saisontorschütze, einen Schuß Gefährlichkeit verbreiten sollte. Eine Fehlspekulation. Verteidiger Pfeffer kam für Streiter, um links abzusichern. Eine Fehlspekulation. Dieser Pfeffer würzte nicht das rotweißrote Spiel – er streute Salz in die Wunden. Als ihn die CSFR einkreiste, packte ihn die Panik. Das Spiel zurück, schon gegen Italien fatal, gipfelte in seinem mißratenen Rückpaß. Zaghaft, zögernd, Zeitlupe. Pfeffer: »Der Rasen war hoch, er hat den Ball gebremst!« Kein Sketch, sondern Wirklichkeit. Das Ende ist bekannt: Lindenberger stürzte sich auf Chovanec, der Elferpfiff blieb unvermeidlich, 0:1 nach 29 Minuten durch Bilek. Herzstich statt Mutinjektion.

Das Spiel mit Rückstand hatten die Kadetten nie gelernt. Sie wurden damit nicht fertig. Auch mit drei Angreifern nicht, obschon Hickersberger in seiner Verzweiflung und wider besseres Wissen (»Das hat schon in der Türkei nicht geklappt!«) die Karte Ogris ausspielte. Nur nicht übertreiben! Die Spitze kam – aus dem Mittelfeld. Eine Fehlspekulation. Vorne nun stellten sich Polster und Rodax selbst kalt. 67 Meisterschaftstore als lebendige Doppel-Null. Eine Fehlspe-

Josef Hickersberger stahl sich aus seiner Mitverantwortung für Österreichs Pleite bei der Fußball-Weltmeisterschaft nicht heraus: »Daß wir zweimal verloren haben, ist nicht nur Sache der Spieler... auch ich habe hier in Italien Fehler gemacht.« Vor dem letzten Gruppenspiel gegen die USA ahnte er, wie es für Austria ausgehen würde: »Wir müßten die Amerikaner mit Toren begraben und auch noch unverschämtes Glück haben. Wahrscheinlicher ist, daß wir nach Hause fahren.«

kulation. Rodax stand einmal frei vor Stejskal. Er betätigte sich als Rasenmäher statt als Ausgleichsschütze. Pech für Österreich, Glück für ihn. Den Atletico-Madrid-Vertrag hatte der Ex-Admiraner seit einigen Wochen in der Tasche. Da konnte nichts mehr in die Hosen gehen. Eine richtige Rechnung, keine Fehlspekulation.

»Wir haben alles falsch gemacht, was man falsch machen kann. Vor allem haben wir nicht Fußball gespielt!« Am wenigsten der, der es sagte, die personifizierte Hoffnung, die zum Muster eines Versagers schrumpfte. Aus Toni Polster, noch ein Stückchen schwächer als gegen Italien, sprach der totale Frust eines Stars, der gekommen war, um als große Nummer im Fußballzirkus absolute Höchstpreise zu erzielen, nicht nur in Sevilla. »Auch ich will ja mehr Geld verdienen«, sagte er in Artimino mit gesenktem Kopf und trüben Augen, die auf Schlapfen blickten, mit denen er einen Kieselstein einkreiste, während die Finger ein ums andere Mal aus Hosenschnüren Maschen auf- und zubanden. »Alle haben sich die Latte zu hoch gelegt. Keiner war dem Druck gewachsen. Jeder muß sich bei der Nase nehmen. Wir müssen zeigen, daß wir eine Mannschaft sind!« Es gab kein Drittabschlagen wie in Spanien '82. Diesmal schob man dem dritten Mann die Schuld in die Schuhe. Wem? Einer unsichtbaren, diffusen Größe.

Auszüge aus einem Pressegespräch nach dem 0:1 gegen CSFR genehm? Frage an den Teamchef: Wo lagen die Ursachen, gab's einen Fehler? Antwort: »Daß ich zweimal eine Mannschaft aufgestellt hab', die verloren hat!« Schmecks. Zusatzfrage: Im Detail, bitte? »Hab' ich mir nichts vorzuwerfen. Einige sind nicht mehr in der Form der Länderspiele. Aber wir haben gut trainiert, ich seh' keine Fehler...« Außer fehlender Form. Schmecks. Waren wir nicht zu defensiv gepolt? Das versuchte Dementi listet Abwehrmänner auf: »Aigner, Pecl, Pfeffer, Schöttel, Zsak, Streiter... Defensiv wär's gewesen, hätt' nur Artner gespielt!« Schmecks. Warum klappte es in den Tests – warum nicht im WM-Ernstfall? »Die Medien haben die Erfolge überschätzt, Argentinien und Holland haben uns nicht ernst genommen!« Da schau her! Warum riskieren Kleine (Kamerun, Costa Rica, Ägypten) viel, warum wagt Österreich nichts? »Bei uns war die Erwartungshaltung groß. Die anderen haben nichts zu verlieren!« Der Widerspruch: »Wir dürfen uns doch nicht mit Italien messen. Und auch die CSFR ist viel reifer und besser. Wir müssen Realisten sein!« Von wegen Erwartungshaltung... Noch eine Hickersberger-Anmerkung – als Schlußpointe: »Auch die FIFA ist schuld. Die Mannschaft muß 13 Minuten vor Spielbeginn in den Gang. Da hab' ich keinen Einfluß mehr. Die jungen Spieler sind mit dem Warten nicht zurechtgekommen!« Als hätte man das nicht vorher gewußt. Abgesehen davon, daß alle in Länderspielen und im Europapokal geeicht sind, von Aberdeen bis Turin, von Amsterdam bis Brüssel. Lächerlich. Schuld war der dritte Mann. Unsichtbar. Karas, schau runter...

Aber dann ballte man die unsichtbare Faust, wenigstens verbal. Die Amis sollten es büßen. Man wollte sich rehabilitieren. Möglichst hoch, möglichst eindrucksvoll. War ein schlafender Leu geweckt worden? Auf dem Papier – und das ist bekanntlich geduldig. Hickersberger verordnete totale Offensive. Aber machen drei Spitzen ein Spitzentrio aus? Ogris und Rodax liefen Sturm gegen den geplanten Dreimann-Angriff, der nicht die USA unter Druck setzen, sondern sich im Weg stehen würde.

Toni Polster mit bestimmender Geste im Spiel gegen die USA. Er gehörte zu den am meisten kritisierten Spielern der Österreicher, die

ohne ihn allerdings kaum die Qualifikationsspiele bestanden hätten.

Doch der Teamchef spielte, einmal der Feigheit geziehen, Popeye, the Sailor. Wieder eine Fehlspekulation. Thema Achtelfinale? Tabu. »Jetzt nehm' ich den Rechenstift nicht mehr in die Hand...« Just, als die Arithmetik wichtig geworden war! Und es wurde doch spekuliert. Alle hingen an den Bildschirmen. Sogar auf der Busfahrt zum Spiel gegen die USA. So erlebten sie das 1:1 Kolumbiens in der 92. Minute gegen Deutschland. Ein psychologisches Meisterstück.

Die Zwangsjacke schnürte den Freiheitsdrang noch ein bißchen mehr zu. Die Offensive bekam Atemnot. Gegen die belächelten Amerikaner verging Austria das Lachen. Hilflosigkeit und Planlosigkeit vermischten sich mit Rücksichtslosigkeit. Ein italienischer Chronist schrieb: »Fiesole bei Sonnenuntergang wurde zum Genuß. Er entschädigte für den verpatzten Fußballabend!« Wer den Schaden hat, braucht sich um Spott nicht zu sorgen. Österreichs Spiel spottete jeder Beschreibung. Herzog erwies sich zweimal als König verjuxter Tore. Immerhin, er hatte Gegner überspielt und nicht abgeklopft! Peter Artner, wieder eingesetzt, allerdings bekam »Rotlauf«. Er säbelte Murray vor den Augen des völlig überforderten syrischen Pfeifenmannes El Sharif so nieder, daß es nur Ausschluß geben konnte. Und andererseits ließ Sharif Gnade vor Recht ergehen, als Murray ohne Ball Pecl rammte. Ausgleichende Ungerechtigkeit. Auch das noch: zehn gegen elf!

Denkste. Hickersberger, er überwand sich selbst, als er Polster in die Dusche schickte. Mit ihm hätte man sich wohl brausen können. Ogris und Rodax dankten personelle Wechsel und taktisches Kehrt-euch. Die Angriffsstümper erwiesen sich als Konterspezialisten. Eckball für die USA – Tor für Österreich! Ogris lief mit einem Abpraller allen davon, zuletzt Windischmann, dem Kapitän – ein überlegter Schuß, 1:0, 51. Minute. Endlich war die Torsperre durchlöchert, endlich wurde ein Hauch von Fußball geboten, ganz nach dem Geschmack von Herzog. 63. Minute: Streiter geht rechts durch, Flanke, Rodax vollstreckt – 2:0. Aber dann hatten die Austrianer wieder Angst vor schwindenden Kräften und anstürmenden Amerikanern. Man trat den Rückzug an. Das Ende – wie gehabt – ein Gegentor.

Die Österreicher waren hochgelobt worden, aber unter der Last der Erwartungen und der Angst, von ihr und den Gegnern erdrückt zu werden, gingen sie in die Knie. Kurios, daß letztlich auch Lindenberger versagte, mit Robert Pecl der einzige Österreicher, der sich heroisch gegen eine Auflösung gestemmt hatte. Zwei Mann machen eben keine Mannschaft. Allen anderen Österreichern war das Herz in die Hose gerutscht. Sie zeigten es erst wieder, als ihr Fußball mit Herz sich verabschiedet hatte. Bei der Ankunft in Wien. Da hörte man dann, daß die Mannschaft in Italien ihre Lektion gelernt habe. Und in der Europameisterschaft noch besser abschneiden werde. Dazu klatschten nur noch Claqueure. Andere genierten sich.

Josef Metzger

Vorrunde

Gruppe A

Italien

Österreich

USA

Tschechoslowakei

Gruppe B

Argentinien

Kamerun

Sowjetunion

Rumänien

Gruppe C

Brasilien

Schweden

Costa Rica

Schottland

Gruppe D

Deutschland

Jugoslawien

Ver. Arab. Emirate

Kolumbien

Gruppe E

Belgien

Südkorea

Uruguay

Spanien

Gruppe F

England

Irland

Niederlande

Ägypten

Gruppe A

Applaus für Italia, Aus für Austria

Die Nächte wurden kürzer für Azeglio Vicini, einen feinen Herrn, der früher, als er noch selbst gegen den Ball trat, öfters auch die Schienbeine der Gegner traf. Vicini war ein Klopper. Jugendsünden. Mittlerweile ist er 57 Jahre und dem Fußball noch immer verbunden in seiner wohl schwierigsten Form. Azeglio Vicini ist der verantwortliche Trainer der italienischen Auswahl, die bei der Weltmeisterschaft siegen soll. Nicht mehr und nicht weniger. Sie werden ihn auf Händen durch Rom tragen, sie werden ihm ein

Wenn er bei dieser WM schon ein Spiel verlieren müsse, meinte Österreichs Nationaltrainer Josef Hickersberger, »dann schon am liebsten gegen die Squadra Azzurra«. Sein Wunsch sollte in Erfüllung gehen, sehr zum Verdruß der österreichischen Fans, die auch gegen Italien auf Rot-Weiß-Rot gesetzt hatten (oben). Doch bis zur 78. Spielminute wurde die Geduld der Abertausend Tifosi auf eine harte Probe gestellt, stürmten die Italiener vergeblich gegen Lindenbergers Tor an (rechts: die Kopfball-Duellanten Riccardo Ferri und Andreas Ogris).

Denkmal setzen, wenn er es schafft, sie werden ihn teeren und federn wollen, sollte er versagen. Vicini hat sich auf ein wagemutiges Spiel eingelassen, doch schon der erste Auftritt im Olympiastadion von Rom beruhigte seine Nerven etwas.

Walter Zenga, der Torhüter, der schon mal ungeduscht gleich nach einem Match in einer Talkshow auftritt (er hat sogar eine eigene), war beschäftigungslos. Als wollten die Italiener mit einem Streich die Worte von Cesar Luis Menotti vergessen machen. Der argentinische WM-Trainer von 1978 meinte: »Ihr Italiener habt aufgehört, mit Respekt für das Spiel und dessen Schönheit zu spielen, um nur noch an den eigenen Vorteil zu denken.« Vorbei, vorbei, endgültig vermutlich. Italienischer Fußball ist frische Angriffslust, ermöglicht durch ausgefeilte Technik, durch traumwandlerisch sicheren Umgang mit dem Ball. Lediglich Giuseppe Bergomi, der Kapitän, ist noch ein Haudegen der alten Schule, er war auch schon 1982 in Spanien beim Sieg im Finale gegen die Deutschen dabei. Aber die anderen, Baresi, ein Libero modernster Prägung, Regisseur Donadoni, ein eleganter Ballkünstler. Und dann die Stürmer. Die Namen vergehen wie feinste Sauce Bolognese zu selbstgemachter Pasta. Vialli, Carnevale, Schillaci. Dazu der alle Rekorde schlagende Roberto Baggio, der für 30 Millionen Mark von Florenz zu Juventus Turin wechselte. Wenn Baggio auftritt, kreischen die Mädchen wie bei Eros Ramazotti.

Doch dann, nach 90 Minuten, nur 1:0. Immerhin. Verdient war der Sieg allemal. Doch wieder bloß ein Tor. In acht Vorbereitungsspielen erzielten die Italiener drei Treffer. Vicini erkannte wie mehr als 70 000 im Stadion und Millionen an den Fernsehschirmen, daß die hochgelobten Stürmer zwar zu Chancen kommen, die entzücken, daß sie den Ball aber nicht über die Linie bringen. Daß Klaus Lindenberger, der österreichische Torwart, eine glänzende Partie lieferte, war ein Grund für die magere Ausbeute. Es war oft aber auch kläglich, was die Italiener mit den besten Torschußmöglichkeiten anstellten. Da mußte, um dem Spielrausch keinen Kater folgen zu lassen, schon der bullige Sizilianer Salvatore Schillaci eingewechselt werden. Er erzielte den goldenen Treffer, eine Nation atmete auf und Schillaci dachte, daß er von nun an zu den glorreichen Elf gehören würde, die Vicini auswählt für die weiteren Begegnungen. Denn wer Tore schießt in Italien für Italien, für den bekommt das Leben eine neue Dimension. Die für Schillaci hieß Ersatzbank, auch gegen die Amerikaner, was die Diskussion bei Cappuccino und einem spritzigen Weißen (serviert in einer Kaffeekanne, um das Alkoholverbot zu umgehen, das während der WM an bestimmten Tagen galt) anheizte. Und immer noch verzichtete Trainer Vicini auch auf Baggio.

Die Tifosi litten, erst recht nach dem Match gegen die Mannschaft der USA, den Gastgeber der nächsten Weltmeisterschaften. So schnell wie der Funke der Begeisterung überspringt, so schnell entflammt der Volkszorn. Was die Squadra Azzurra gegen die Mannschaft des Fußball-Entwicklungslandes bot, empfanden alle als Beleidigung. Nur mit vereinten Kräften konnte gar eine Niederlage verhindert werden. Torwart Zenga rettete einige Male, und Verteidiger Ferri schlug den Ball von der Torlinie. Erinnerungen wurden wach an 1966, als Italien in England gegen Nordkorea unterlag. Der Stachel schmerzt wohl immer noch. Eine neuerli-

che Pleite drohte, zumal Vialli zu allem Überfluß auch noch einen Elfmeter vergab. Vicini fauchte die Reporter an: »Wenn nicht alles so klappt wie gewünscht, ist gleich die Hölle los.« Er wies nach dem mageren 1:0 gegen die USA vor allem darauf hin, daß es ihm darum ging, »den Einzug in das Achtelfinale mathematisch zu sichern.« Operation gelungen, Patient tot? Vicini, der Minimalist? Ein Blick zurück ließ die Hoffnung leben. Vor acht Jahren kam Italien nur dank der besseren Tordifferenz eine Runde weiter und wurde dann Weltmeister. Gemach also. Vier Punkte nach zwei Spielen mit zwei Toren. Einen besseren Start hatte Italien selten.

Von Italiens Schlußmann Walter Zenga »auf den Arm genommen«: Salvatore Schillaci, der Joker aus Sizilien, der vier Minuten nach seiner Einwechslung (74. Minute) das erlösende 1:0 gegen die Österreicher schoß. »Ein Alptraum ist abgewendet worden«, entfuhr es Italias Verbandspräsidenten Matarrese, »aber ich lade uns alle herzlich ein, mit beiden Füßen auf dem Boden zu bleiben.« Er predigte tauben Ohren – in ihrer ersten Siegesnacht schwebten die Tifosi allüberall im italienischen Stiefel im siebenten Himmel.

Der Ärger über das USA-Spiel verrauchte schnell und war total vergessen nach dem letzten Vorrundenmatch gegen die Tschechoslowakei, für das Azeglio Vicini seinen Sturm neu formierte. Endlich war er dabei, der 23jährige Jüngling Roberto Baggio. Als zweite Sturmspitze von Anfang an in der italienischen Mannschaft: Salvatore Schillaci. Zwei wie Feuer und Wasser, gänzlich unterschiedlich in der Spielauffassung, in ihrem Verhalten. Baggio, der Engel mit den genialen Zügen, Schillaci, der Arbeiter mit dem Instinkt für Tore. Um die Aufstellung zu rechtfertigen, wurde Vialli eine Verletzung angedichtet, was die Sache einfacher machte. Doch der neue italienische Angriff überzeugte. Schillaci erzielte mit einem Kopfball das 1:0, als er einem mißglückten Schuß von Baggio reaktionsschnell verlängerte. Baggio schüttelte dann mit einem unwiderstehlichen Solo und erfolgreichem Abschluß zum 2:0 allen Frust aus dem Leibe (Vicini euphorisch: »Das schönste Tor bisher bei dieser Weltmeisterschaft«.) Hätten all die anderen auch noch ihre Chancen genutzt, Berti vor allem, Italien hätte ein Schützenfest feiern können. Aber auch so war Grund genug vorhanden, lautstark und ausdauernd auf die Autohupe zu drücken. Italien wurde Gruppensieger und, was besonders wichtig war in diesem Moment, es entging damit einem möglichen Spiel gegen die Bundesrepublik schon vor dem Finale. Karl-Heinz Rummenigge, in Italien als Fernsehkommentator tätig, meinte nach seiner Zeit bei Inter Mailand, daß es ein Streß sei, in Italien Fußball zu spielen. »Aber wenn man ein Tor schießt, bedeutet das, den Himmel zu berühren.« Den Himmel öffnen zu wollen, hieße Weltmeister werden zu müssen.

Ein Schritt dorthin war absolviert, die Gegner indes von ungewohnt hartnäckiger Gegenwehr. Überzeugen konnte vor allem die Tschechoslowakei, die einen berauschenden Auftakt feierte mit dem 5:1 gegen die USA und einem kontrollierten Spiel dann gegen Österreich. Trainer Jozef Venglos brauchte seine Akteure kaum zu motivieren. Fast die gesamte WM-Mannschaft spielte in Italien um gut dotierte Verträge in Italien, Frankreich oder in der Bundesrepublik. Chan-

19

cen dazu bestehen allemal. Die Tschechoslowaken empfahlen sich nachdrücklich, auch im letzten Spiel der Gruppe A gegen Italien im Olympiastadion, in dem sie erneut versuchten, mutig mitzuspielen. Bester Spieler der CSFR war dabei Torhüter Jan Stejskal von Sparta Prag, der sich von der hitzigen Atmosphäre im römischen Olympiastadion nicht aus der Ruhe bringen ließ. Die Tschechoslowakei zog sicher in das Achtelfinale ein, dagegen jammerten die Österreicher wie junge Hunde, denen man die Milch vor der Nase wegzieht. Toni Polster, der in der spanischen Liga für den FC Sevilla 33 Tore in der Saison 1989/90 erzielte, der im entscheidenden Qualifikationsspiel gegen die DDR alle drei Treffer markierte, faßte sichtlich geschockt die Erlebnisse von Italien zusammen: »Wir haben so ziemlich alles falsch gemacht, was man falsch machen kann. Es wurde einfach zu wenig Fußball gespielt.« Zu wenig? 20000 Anhänger waren in Florenz dabei, um neue Wunder von ihrem Team zu erleben. Aber Cordoba wird einzigartig bleiben. Gegen die Tschechoslowakei, im zweiten Gruppenspiel, traten die

Auch der zweite Auftritt der Nationalelf Austrias geriet zum Fehltritt – wie dieses Foul Anton Pfeffers an Tomas Skuhravy aus der CSFR. Die quicklebendigen Spieler von Trainer Jozef Venglos, seines Zeichens Doktor der Philosophie, fegten 45 Minuten wie ein Tornado über die armen Österreicher hinweg und konnten sich in der zweiten Halbzeit getrost auf das Sichern ihres 1:0-Vorsprungs beschränken.

Österreicher auf, als spielten sie in einer Kaffeehausmannschaft. Das war nicht lässig, das war grob fahrlässig. Die Fans maulten. »An Einsatz, bitte, an Einsatz hättn's wenigstens zeign könna. Aber wos war: Nix, gor nix.« Und dann noch die Überlieferung eines Zwiegesprächs, das der Tschechoslowake Jan Kocian nach dem 1:0-Sieg gegen Österreich enthüllte, getreu dem Motto: Sie können's halt nicht lassen. Polster zu Kocian vor dem Spiel: »A geh, Kocian, mia san doch oide Spezln, net wahr. Mia spuin unentschieden.« Da war sie wieder, die Erinnerung an Gijon, wo sich die Österreicher bei der WM in Spanien so prächtig mit den Deutschen auf ein für beide ausreichendes Ergebnis verständigt hatten (stillschweigend, immerhin). Als es in Florenz eine Viertelstunde vor Schluß immer noch 1:0 für die Tschechoslowakei stand, fragte Polster bei Kocian besorgt nach: »Wo bleibt's Ergebnis?« Die Antwort: »Steh' hier nicht rum, sonst schießt du nie ein Tor.« So war es denn auch. Polster ging leer aus, seine Kollegen auch. Die Wut darüber war groß. Als Ogris sich nach einem Foul am Boden wälzte, forderte ihn Polster, der Kapitän auf, er solle schleunigst aufstehen. Ogris' Reaktion: »Halt' die Goschn.« Sie liebten sich nicht besonders, die österreichischen Fußballspieler, und sie spielten auch noch schlecht im letzten Match gegen die USA, das hart, fast brutal geführt wurde und einen 2:1-Sieg des Austria-Teams brachte. Insgesamt gab es eine rote Karte für den Österreicher Peter Artner und neun Verwarnungen. Die Verantwortung für die Pleite in Italien übernahm auch Trainer Josef Hickersberger: »Daß wir zweimal verloren haben, ist nicht nur Sache der Spieler.« Sie hatten nicht das Glück wie die Amerikaner, die viel gewannen in Italien, auch wenn sie alle Spiele verloren. »Ich glaube«, so US-Delegationschef Walter Bahr, »die ehrenvolle Niederlage gegen Italien bringt uns die Achtung der Welt ein.« Allerdings nicht die der eigenen. Die großen TV-Stationen meldeten lediglich die Ergebnisse, in den Zeitungen sah es entsprechend aus. Die »Washington Post« schrieb: »USA nur um Zentimeter vorbei.« Trotz allem: Die US-Boys, trainiert mit viel Engagement von Bob Gansler (»Wir haben zwar Lehrgeld gezahlt, aber meine Mannschaft hat gezeigt, daß wir vom Weltniveau nicht mehr allzu weit entfernt sind!«), waren eine Bereicherung, und sie können sich jetzt vier Jahre in aller Ruhe auf die nächste Weltmeisterschaft vorbereiten: Als Gastgeber müssen sie sich nicht qualifizieren und, im Gegensatz zu Italien, dann auch nicht Weltmeister werden. Vielleicht beneidet Azeglio Vicini seinen Kollegen Bob Gansler manchmal, wenn er in den lauen italienischen Nächten darüber nachdenkt, ob er mit Vialli und Carnevale oder doch wieder mit Baggio und Schillaci ... Ein Glück, daß der Espresso so stark ist in Italien.

Desmond Armstrong und Gerhard Rodax im Zweikampf. Mit einem mageren 2:1-Sieg über das Fußball-Entwicklungsland USA nahmen die Österreicher betreten Abschied von Italien. US-Coach Bob Gansler war trotz des Ausscheidens seiner »Boys« besser drauf: »Wir haben zwar Lehrgeld gezahlt, doch das war schon vorher klar. Wir haben gezeigt, daß wir vom Weltniveau nicht so weit entfernt sind, wie manche angenommen haben.«

Kamerun Gruppensieger – Triumph für Schwarzafrika

»Les lions indomptables«, »die unbezähmbaren Löwen«, wie sich die Nationalspieler Kameruns selbstbewußt nennen, stecken ihre Köpfe zusammen. Thema der Diskussionsrunde vor dem Anpfiff: »Wie bremst man Maradona?« Das Spielresultat (1:0) bewies: Wer Maradona in den Griff bekommt, wie Stephen Tataw (Bild rechte Seite), hat auch die Mannschaft in der Mangel.

Als letztes stirbt die Hoffnung. Deshalb lebte Diego überhaupt noch: Diego Armando Maradona, der Liebling der Götter und der fußballerische Wonneproppen. Wenn er sich auf den Rasen begibt, dann tritt er auf. Wenn er an die Lederkugel gelangt und an den Gegnern vorbeiflitzt wie ein quietschbunter Vollgummiball, zeigt sich sein Genie ohne Tarnkappe. »Wenn er gesund ist, wird Argentinien wieder Weltmeister.« Das sagte Dr. Carlos Bilardo, Trainer des Titelverteidigers. Und Diego hat es die Welt wissen lassen: »Ich bin okay, ich bin fit.«

Wie ein Boxer hatte Diego der Wunderbare die zuvor im Überfluß angesammelten Pfunde rechtzeitig zur 14. Weltmeisterschaft abgeschwitzt, absolvierte den gleichen privaten Konditionslehrgang wie schon vor vier Jahren und rannte in den letzten Testspielen wie ein munterer Stier übers grüne Gras.

Die Fiesta konnte also beginnen, und besser hätte die Bühne zu diesem Zwecke gar nicht präpariert werden können. Mailand, 8. Juni: 73780 Zuschauer hatten sich ins futuristisch umgebaute Giuseppe-Meazza-Stadion gedrängt, um das Auftaktspiel des vierwöchigen Fußball-Spektakels mitzuerleben. Das offizielle Eröffnungszeremoniell wird mit 25 Minuten als das bisher kürzeste seiner Art in die Geschichte eingehen. Ansprachen sparten die Organisatoren aus, statt dessen wurde klassisch musiziert und führten dürftig bekleidete, tiefdekolletierte Damen jüngerer Jahrgänge zum Gaudium des Publikums Mailänder Mode vor. Danach mußte Kamerun, neben Rumänien und der UdSSR Kontrahent der Argentinier in Gruppe B, gegen den Weltmeister ran. Jenes Kamerun, das bei seiner ersten WM-Teilnahme 1982 ungeschlagen nur aufgrund des schlechteren Torverhältnisses in der Vorrunde ausschied. Pünktlich – und das in Italien, um 18.01 Uhr, sollten die Chronisten notieren – rollte die Kugel. Knapp zwei Stunden später konnten sie in alle Herren Länder berichten, daß ihren Lauf eben doch keiner vorherbestimmen kann. Nicht einmal Diego Maradona. Wie ein malträtierter Wurm kroch der vom Feld, wundgetreten und zerkratzt von seinen Peinigern, gedemütigt schließlich und allein gelassen mit dem Unfaßbaren, dem nie für möglich gehaltenen 1:0-Triumph der Kicker aus Schwarzafrika. Sicherlich, Eröffnungsspiele unterliegen eigenen Kriterien, von denen Langeweile eines und Überraschungen ein anderes ist. Das erstaunlichste aber an diesem zwischen Argentinien und Kamerun blieb zweifelsohne die Erkenntnis, daß die Niederlage des Favoriten, obschon begünstigt von dessen desolater Vorstellung, seinen Grund in der Stärke des Außenseiters hatte.

Kompromißlos im Zweikampf, technisch versiert und taktisch diszipliniert, bot Kamerun Fußball modernster Prägung. Deutlich hatte sich zudem bewahrheitet, was Bilardos Vorgänger und schärfster Kritiker Cesar Luis Menotti, Weltmeister anno 1978, vor dem Turnier, gleichwohl in ungewohnter Eintracht mit Bilardo, feststellte: »Ohne Maradona sind wir eine halbe Mannschaft, mit ihm eineinhalb.« Ein Paß auf den Kollegen Abel Balbo, der freistehend vor Kameruns Schlußmann Thomas N'Kono vergab, der Ansatz eines erfolgversprechenden Kopfstoßes – die Glanzpunkte im Wirken Maradonas sind damit nahezu vollständig aufgezählt. Mißmutig verfolgten die Menschen auf den Tribünen das argentinische Ballgestocher, verärgert mußten sie registrieren, daß der Weltmeister eine 4-5-1-Taktik beherzigte, bloß keinen Treffer hinnehmen, vorne hilft der liebe Gott. In der 66. Minute, als Kameruns Mittelstürmer François Omam-Biyik, tätig normalerweise in der französischen Liga wie die Hälfte seiner Kameraden, sich gewaltig in die Höhe schraubte und die Lederkugel zum 1:0 ins Tor köpfelte, ergoß sich Hohn und Spott kübelweise auch über Maradonas Haupt. Was für ein Treffer. Zunächst hatte Balbo eine Freistoßhereingabe kerzengerade in die Luft gedroschen, dann bestaunte Sensini wie paralysiert den

Nach der 0:2-Niederlage gegen Rumänien kommentierte UdSSR-Trainer Valerij Lobanowski den Favoritensturz: »Den Begriff Favorit sollten wir vergessen. Das Niveau in der Spitze ist so groß, da entscheidet nur die Tagesform ... nach dem ersten rumänischen Tor hat meine Mannschaft dann allerdings ohne Kopf gespielt.« Dafür nahmen die Rumänen, wie Iosif Rotariu im Bild rechts, mitunter auch die Arme zu Hilfe, um den Favoriten zu stürzen ...

Sprung Omam-Biyiks zum Ball, den Torsteher Pumpido schließlich fahrlässig durch die Hände über die Torlinie rutschen ließ.

Es ist die Frage, ob ein Maradona in der Form von 1986 die fußballerischen Defizite seiner Kollegen hätte ausgleichen können. Die rüden Attacken vornehmlich der Kameruner Massing und N'Dip Akem auf seinen Körper taten allerdings ein übriges. Und müssen bei der Spielanalyse Erwähnung finden, schon deshalb, weil Michel Vautrot, der Unparteiische aus Frankreich, zunächst Kana-Biyik, den Bruder des Torschützen, des Feldes verwies, später Massing, als der Caniggia fällte wie einen Baum. Er wolle viele rote Karten sehen, ließ FIFA-Präsident João Havelange vor der WM wissen. Die zwei vom Eröffnungsspiel sorgten für reichlich Konfliktpotential. Denn Vautrots Kollegen legten nachfolgend die Regeln keineswegs so resolut aus.

Die Euphorie von Kameruns Kicker konnte durch die Feldverweise kaum getrübt werden. In Jaunde, der Hauptstadt ihres Landes, starben neun Menschen im ersten ekstatischen Freudentaumel: Herzversagen. Die afrikanischen Fußball-Verbände sahen sich bestärkt in der Forderung, mit drei statt bisher zwei ihrer Teams am Endrundenturnier mitzumachen. Leistung sollten die Mannschaften erst einmal bringen, hatte Havelange dazu unlängst erklärt. Kamerun bot davon reichlich. Denn kaum hatten Medien und Presse deren Erfolg en detail beleuchtet, kaum hatte Kameruns Jean Claude Pagal mit dem denkwürdigen Satz – »Vor 2000 Jahren ist ein Mann gestorben, um uns von dem Frust zu befreien. Wir kennen ihn genau, und er wird uns immer helfen.« – eine vielbeachtete Erklärung für den Triumph der Afrikaner über die Südamerikaner abgegeben, zog auch Europa, vertreten durch Rumänien, den kürzeren. Das afrikanische Wunder etablierte sich.

Dabei hatte die rumänische Elf ihre erste Begegnung überraschend gegen den Europameisterschaftszweiten UdSSR 2:0 gewonnen und das Kunststück fertig gebracht, den gesperrten, famosen Regisseur Gheorge Hagi zu ersetzen, der demnächst für 500 000 Dollar pro Jahr bei Real Madrid vor den Ball treten wird. Dessen Spezi aus nun vergangenen Zeiten bei Steaua Bukarest, Flügelflitzer Marius Lacatus, erzielte beide Treffer und brachte das Kombinat von Valerij Lobanowski in arge Nöte. Als Geheimfavorit wurden die Sowjets wie schon 1986 gehandelt, wo sie nach furiosen Anfangserfolgen im Achtelfinale scheiterten. Doch wenig war von der technischen Eleganz, der Kombinationsfinesse, der Kreativität und Leichtigkeit geblieben. Die Mannschaft war überaltert, was sich besonders am Beispiel des Rinat Dassajew offenbarte. Der 34jährige ehemalige Torsteher von Weltklasseformat, unter Vertrag beim spanischen Klub FC Sevilla, bewegte sich nur mehr bahnschrankenflink zum Ball und im Strafraum so zuversichtlich wie mit verbundenen Augen. Lobanowski hatte ein Einsehen, und schon in der nächsten Begegnung gegen Argentinien beorderte er Uwarow zwischen die Pfo-

sten. Die sowjetische Niederlage war insofern unglücklich, weil Lacatus das entscheidende zweite Tor per Handelfmeter gelang, der keiner war. Das Vergehen von Libero Chidijatulin ereignete sich deutlich vor der Sechzehnmeterlinie. Zuvor verpatzten Protassow, Sawarow und Aleijnikow beste Möglichkeiten. Lobanowski, der große Schweiger, der wie Argentiniens Bilardo vor der WM seinen Rücktritt ankündigte, konnte die Kritik gar nicht überhören, der sowjetische Fußball habe gegenwärtig abgewirtschaftet, bedürfe einer konsequenten Erneuerung, wie alles im zerbröckelnden Riesenreich Gorbatschows. Vergessen die Jahre, in denen der 51jährige der UdSSR auf dem Rasenrechteck internationale Reputation verschaffte, mit Kiew zweimal den Europapokal der Pokalsieger gewann (1975 und 1986) und ob seines Engagements mehrere Male mit Herzattacken ins Krankenhaus eingeliefert wurde.

Rumänien dagegen brachte sich als ballfertige, kompakte Einheit in Erinnerung, der auch nicht vor Argentinien bange sein mußte. Vorher freilich ging es gegen Kamerun. Deren sowjetischer Trainer Valerij Nepomniachi, ein Schüler Lobanowskis pikanterweise, dem ein Dolmetscher das Gespräch mit seinen Spielern ermöglicht, schickte nach einer torlosen Stunde Roger Miller auf den Platz. Noch ehe sich die Experten im mit 15000 Besuchern höchst spärlich gefüllten Stadion Vittoria der Hafenstadt Bari einigen konnten, ob der Stürmer mit der Rückkennummer Neun auf dem Jersey der grün-rot-gelben Kombination Kameruns nun Miller, Millar oder Milla geschrieben würde, hatte der seine Elf in Führung geschossen. Nach einem weiten Befreiungs-

In ihrem Quartier in Fasano fühlten sich die »Löwen« aus Kamerun pudelwohl – weil es in unmittelbarer Nähe von einem Zoo gelegen war. »Wenn wir die Tiger und Löwen hören und sehen, gibt uns das Kraft und Schwung«, meinte Miller. Zuviel Schwung für die Rumänen, die die »Löwen« oft nur unsanft zu bremsen wußten, wie oben Popescu Makanaky.

schlag bis vor den rumänischen Strafraum setzte sich Miller geschickter ein beim Sprung nach dem Ball als sein Gegenüber Rednic und schlenzte die Kugel am verdutzten Torsteher Silviu Lung vorbei ins Netz. Ansehnlich war die Kickerei bis dahin nicht gewesen, Kamerun igelte sich in der eigenen Hälfte ein, immer auf der Lauer nach der Chance zum Konter. So hatten die Rumänen gegen die UdSSR gesiegt. Ergebnisfußball nennt man das, allein mit Schönspielerei ist noch keiner Weltmeister geworden. Das hat sich wohl bis Kamerun herumgesprochen. Drei Minuten vor dem Abpfiff wuchtete Miller den Ball nach einer filigranen Einzelleistung zum zweiten Mal in Lungs Gehäuse. Wenn es eines weiteren Beweises bedurft hätte, daß »die Afrikaner aufgeholt haben«, wie Franz Beckenbauer, der DFB-Teamchef, erklärte, Miller und Co hatten ihn geführt. Rumäniens Anschlußtreffer durch Balint blieb blasse Resultatskosmetik. Kamerun hatte sich als erstes Land der 14. Weltmeisterschaft vorzeitig für das Achtelfinale qualifiziert, als erstes schwarzafrikanisches überhaupt. »Es wird Zeit«, bemerkte Omam-Biyik, »daß die Leute begreifen, daß wir keine Gorillas sind, die an den Bäumen hängen und Bananen fressen.« Kameruns Ruhm wird überdauern und Teil der Fußballgeschichte werden, wie auch Roger Miller. Diese Fußballer-Vita ist wohl einzigartig. Milla wird er genannt, Miller steht im Paß, mit nach Italien nehmen wollte Nepomniachi ihn erst gar nicht. Mußte es aber doch, weil Staatspräsident Paul Biya es so anordnete. Miller hatte schon 1982 beim 1:1 gegen Italien Kameruns erstes WM-Tor geschossen, lebte seit geraumer Zeit mit seiner Familie auf der Ferieninsel La Reunion im Indischen Ozean und fristete mit seinen 38 Jahren ein Pensionärsdasein. Er ist nun der älteste Spieler, der je bei einer WM ein Tor erzielt hat. Nach dem 0:2 gegen Argentinien war die UdSSR so gut wie ausgeschieden. Wieder hatten die anderen mehr Fortune. In der ominösen 13. Minute wischte Maradona die Lederkugel nach einem Kopfstoß des blonden Kusnetzow von der Torlinie. Schiedsrichter Fredriksson befand sich drei Meter vom Tatort bei freier Sicht. Sein Pfiff blieb aus. Was zu dreierlei führte: Maradona konnte im neapolitanischen Stadion Sao Paulo seinen 53000 Anhängern einmal mehr beweisen, mit den Mächten des Himmels in bestem Einvernehmen zu leben, Lobanowskis Mannen nahm Fredrikssons Untat die letzte Luft und die FIFA den Schweden hernach aus dem Verkehr. Sauerstoffarm plätscherte die Begegnung dahin, auch weil es Maradona offensichtlich an Kraft mangelte, seine bekannten Kapriolen durch die Reihen des Gegners zu schlagen. Kurzweil boten einzig die beiden Treffer der Herren Troglio und Burruchaga.

Zeitgleich wurden am 18. Juni um 21.00 Uhr die letzten beiden Gruppenspiele angepfiffen, und sechs Minuten durfte die UdSSR tatsächlich noch darum bangen, als einer der vier besten Drittplazierten das Achtelfinale zu erreichen, was bei 2:4 Punkten nach Lage der Dinge einem Team würde gelingen müssen. Dobrowolski köpfelte in Bari nach 62 Minuten das 4:0 gegen eine Mannschaft Kameruns, die diese für sie unbedeutende Auseinandersetzung halbherzig bestritt. 240 Autobahnkilometer westlich, in Neapel, plazierte Maradona fast im gleichen Augenblick einen Eckstoß auf die Stirn von Monzon, wovon die Lederkugel zur 1:0-Führung gegen Rumänien in die Maschen flitzte. Die Fußballer aus Bukarest und der alten Universitätsstadt Craiova hatten mit Entsetzen zuvor von offener Menschenverfolgung und Lynchjustiz in ihrer Heimat erfahren. Trainer Emerich Jenei sorgte dafür, daß ein jeder seiner Schützlinge per Telefon mit seiner Familie sprechen konnte. Eine bessere Spielvorbereitung konnte es kaum geben. Durch Balint kam seine Elf zum leistungsgerechten Remis (68.) und damit zu Gruppenplatz zwei hinter Kamerun.

Argentinien wußte sich mit 3:3 Punkten ebenfalls unter den letzten sechzehn Teams, was Diego Maradona zu der aufmunternden Erkenntnis beflügelte: »Jetzt fängt alles von vorne an.«

Andere befielen andere Einsichten: »Ein altes russisches Sprichwort lautet: Als letztes stirbt die Hoffnung«, sagte UdSSR-Trainer Valerij Lobanowski und verließ Italien.

Nach dem furiosen Auftaktsieg der »Löwen« aus Kamerun über die

Argentinier ging auch Rumänien zu Boden (2:1), was in dieser Szene Stephen Tataw und Michael Klein überzeugend versinnbildlichen.

Gruppe C

Erfolg der Minimalisten

Die Laune des sowieso stets gut aufgelegten Trainers hatte ihren Höhepunkt erreicht. Unter den wild ins Gesicht fallenden Haaren machte sich ein entspanntes Lächeln breit. Der Sieg über die Schotten war also doch kein unwiderbringlicher Höhenflug gewesen, auch die Schweden hatten nun erkennen müssen, daß sie hinter den favorisierten Brasilianern nicht die zweitbeste

Auf das Kommando von Brasiliens Schlußmann Claudio Taffarel (oben) hatten die restlichen zehn zu hören, die auf Geheiß des Trainers Lazaroni ihr stürmisches Temperament zügeln und vor allem Tore des Gegners verhindern mußten. Der Erfolg gab Lazaroni recht: Mit 6:0 Punkten zog Brasilien zur großen Freude seiner Fans (rechts: ein ausgelassenes Lambada-Pärchen) ins Achtelfinale ein.

Mannschaft sind. Daß dies die WM-Neulinge aus Costa Rica sein würden, damit hatte kein Fußballkenner gerechnet, nicht einmal Trainer Velibor »Bora« Milutinovic, wie der nach dem zweiten und entscheidenden Gruppensieg gestand: »Als ich nach Costa Rica kam, dachte ich, mit dieser Mannschaft sind keine großen Erfolge möglich. Das Niveau ist nicht schlecht, aber nicht breit genug.«

Offensichtlich doch. Bereits beim 1:0 über die Schotten hatten die Mittelamerikaner ihre Abwehr geschickt gestaffelt und nicht nur beim Treffer von Juan Cayasso technische Kabinettstückchen gezeigt. Bei der knappen Niederlage gegen Brasilien hatten sich die Costa-Ricaner achtbar aus der Affäre gezogen, aber als das Team durch zwei Tore in der letzten Viertelstunde die Partie gegen die Schweden noch herumriß, bestätigte sich abermals die These, daß die Exoten dieser Weltmeisterschaft inzwischen viel gelernt haben. Doch was heißt hier Exoten? »Jetzt kennt die Welt Costa Rica«, jubelte Torhüter Luis Conejo, der nach dem Schlußpfiff seinen bulligen Köper auf den Rasen sinken ließ und still betete.

Erst drei Monate vorher hatte Milutinovic sein Amt übernommen, nachdem Verbandspräsident Isaac Sasso über Nacht Vorgänger Marvin Rodriguez gefeuert hatte. Rodriguez war beliebt bei den Spielern, aber Milutinovic gelang es in kurzer Zeit, mit seiner offenen Art und fußballerischem Sachverstand die Menschen für sich zu gewinnen. »Er hat uns Dinge gelehrt, die wir vorher nicht wußten«, schwärmte Kapitän Roger Flores. »Er hat alles tausendmal wiederholen lassen, bis wir unsere Fehler korrigiert hatten.« Er nahm ihnen die Angst, die sie in der ersten Halbzeit gegen die Schweden befallen hatte, und er schickte für die letzte halbe Stunde Stürmer Hernan Medford aufs Feld, der drei Minuten vor Schluß das 2:1 besorgte. Flores stammelte etwas vom erfüllten »Lebenstraum«, Medford glaubte, verrückt vor

Freude zu werden, und in der Heimat verkündete Staatspräsident Calderon dem im spontanen Karneval taumelnden Volk, er sehe die Tat als »historisch« an. Wäre er in diesem Moment zurückgetreten, um sein Amt Milutinovic zu überlassen – wohl niemand in Costa Rica hätte widersprochen.

Kannte man solch überschäumende Hingabe nicht von den Brasilianern? Kaum etwas war davon übrig geblieben. Trainer Sebastiao Lazaroni hatte seine Ballkünstler in ein auf schieren Erfolg ausgerichtetes taktisches Konzept gezwängt, ihnen das leichtsinnige Zaubern untersagt, kurz: Er ließ die Brasilianer nicht mehr brasilianisch spielen. Frühere Nationalspieler schrien entsetzt auf, allen voran Zico und Pelé, die stürmenden Mittelfeldregisseure vergangener Tage. Zico hielt sich wieder zurück, nachdem er von Lazaroni vorgehalten bekam, er habe doch nie bei Weltmeisterschaften wirklich etwas gewonnen. Doch Pelé war als Rundfunkkommentator allgegenwärtig, und der höchste Fußballgott sah ein Sakrileg, eine Beleidigung der brasilianischen Seele. Lazaroni stabilisierte die Abwehr, indem er Mauro Galvao als Libero einsetzte, und Pelé zürnte: »Der ist nur da, um hinten alles abzusichern, und vorne fehlt ein Mann.« Lazaroni ließ auch gegen Debütant Costa Rica nur zwei Stürmer auflaufen, und Pelé rang um Fassung: »Die Leute zuhause müssen glauben, Brasilien fürchte sich.«

Lazaroni ließ sich nicht beirren. Er opferte den Mythos um des Sieges willen. Alle drei Vorrundenspiele gewann seine Mannschaft, und nur das stimmte die Kritiker gnädig. Bloß vier Tore hatten die Brasilianer geschossen, soviel wie einst gut und gerne in einem Spiel erzielt wurden. Dafür hatte das Team auch lediglich einen Treffer hinzunehmen, gegen die enttäuschenden Schweden. Die Abwehr war wirklich nicht das Problem, auch weil Torwart Claudio Taffarel zu den Besten zählte. Vollends gefordert war die Hintermannschaft jedoch nie. Die Schweden waren einfach zu harmlos, die Costa-Ricaner zu ängstlich, und die einen antiquierten Kick-and-Rush pflegenden Schotten nur darauf bedacht, ja nicht zu verlieren.

Lazaronis Arbeit trug Früchte. Man müsse erst

Der fangsichere Luis Conejo (linke Seite) übt sich im Hochsprung. Wenig später sollte sich eine ganze Nation im Freudensprung üben: Costa Rica, dessen Nationalmannschaft sensationell die Schotten 1:0 besiegt hatte und gegen die Schweden mit einem 2:1 »noch einen draufsetzte«. Die Brasilianer (oben: Alemao) konnten gegen die »Mittelamerikaner« nur ein mageres 1:0 erzielen.

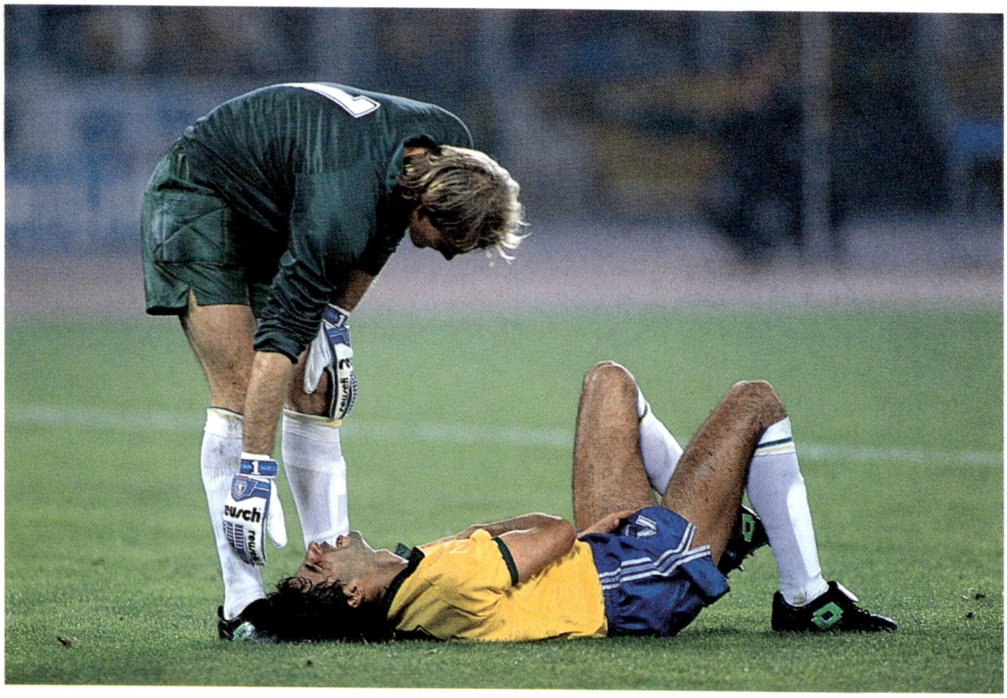

»Unbrasilianisch«! – so hatte Pelé die Spielweise gescholten, die Lazaroni seinem Team verordnet hatte. Nach dessen drittem Vorrundensieg aber, dem 1:0 über die Schotten, gab Brasiliens Fußballgott kleinlaut zu: »So ein Start ist uns im Weltcup lange nicht mehr gelungen.« Zu den Besten auf dem Platz zählten Muller (ganz oben), Taffarel (oben) und Alemao (rechte Seite, im Sturzflug über McPherson).

den Gegner beobachten und dann versuchen, ihm den eigenen Stil aufzudrücken, erklärte der seine Worte achtsam wählende Trainer, der angesichts der Widerstände in der brasilianischen Öffentlichkeit ungewohnt gestenreiche Plädoyers zu halten gezwungen war. Seine Vorgänger hatten von großartigen strategischen Überlegungen nichts gehalten, sondern stets das simple Rezept angewandt, wir attackieren wie immer, egal wer da kommt.

Logisch, daß unter solchen Voraussetzungen der Brasilianer liebstes Kind, der Fußballsturm, in den Mittelpunkt der Diskussionen rückte. Da Lazaroni neben Careca nur noch einen weiteren Angreifer aufzustellen gedachte, mußte er zwischen Muller, Romario und Bebeto auswählen. Gerade bei diesem sensiblen Thema offenbarte der Trainer Unsicherheit. Bebeto schickte er bloß für sieben Minuten gegen Costa Rica aufs Feld, woraufhin der Empfindsame jammerte: »Will der mich fertigmachen?« In den beiden ersten Partien erhielt Muller die Gunst, doch der Druck auf Lazaroni, dem quirligen Romario eine Chance zu geben, nahm zu. Gegen die Schotten ging der Trainer das Risiko ein, hundert Tage nach dessen Beinbruch erstmals wieder von Beginn an auf den Stürmer zu setzen. Nach 65 Minuten mußte Romario wieder auf der Bank Platz nehmen, der für ihn eingetauschte Muller schoß das Siegtor. Trotzdem: Warum einen Angreifer gegen einen Angreifer auswechseln? Die Qualifikation fürs Achtelfinale war doch längst gesichert. Konnte Lazaroni nun nicht endlich einmal drei Stürmer ein wenig zaubern lassen, ein ganz kleines bißchen? Die unaufhörlichen Sambarhythmen wurden im Moment der Auswechslung leiser, Pfiffe mischten sich in die Musik.

Doch Lazaroni hatte etwas vollbracht, was sogar der Fußballgott nicht ignorieren konnte: »6:0 Punkte. So ein Start ist uns lange nicht mehr gelungen«, kommentierte Pelé. »Es läßt sich nichts dagegen sagen.« Was er gesehen hatte, gefiel ihm nur bedingt, aber er spürte, daß Brasilien Weltmeister werden konnte. Wenigstens das stimmte ihn versöhnlich.

Gruppe D

Furioser Auftakt, gedämpfter Ausklang

Andreas Brehme war neben Lothar Matthäus der überragende deutsche Spieler bei der WM-Premiere der DFB-Auswahl gegen die Jugoslawen im Mailänder Giuseppe-Meazza-Stadion. Der unermüdliche Außenverteidiger zeigte sich als unumschränkter Beherrscher der linken Spielfeldhälfte und gab entscheidende Impulse für die Offensive, wie bei der Vorbereitung des 2:0 und des 4:1. »Wir waren heute eine geschlossene Einheit, das war ein wesentlicher Grund für unseren Erfolg«, konstatierte Brehme nach dem Abpfiff.

Das Trikot des Gegenspielers wie eine Trophäe in der zupackenden Hand, schritt Lothar Matthäus vom Spielfeld. Sein bloßer Oberkörper glänzte im abendlichen Flutlicht, nur an seinem Oberarm klebte noch die schwarz-rot-goldene Kapitänsbinde, die ihn neunzig Minuten lang als Chef auf dem Mailänder Rasen ausgewiesen hatte. Nun hatte er sie sich redlich verdient, und Matthäus' Gesichtszüge zeigten die grimmige Zufriedenheit eines griechischen Olympiasiegers der Antike. Er wußte, daß nach dem 4:1-Sieg über die Jugoslawen Augen und Kameras auf ihn gerichtet waren, und er ließ alle spüren: Seht her, ich habe bewiesen, wozu ich im entscheidenden Moment fähig bin, die Nummer 10, der Antrieb im Mittelfeld – der Beste.

Oft genug hatte er in wichtigen Spielen enttäuscht, beim FC Bayern München und in der Nationalmannschaft. »Alternder Kinderstar« hatte der 29jährige im »Spiegel« über sich lesen müssen, einer, der nie sein Talent wirklich zu nutzen verstehen wird. Und doch: An diesem Sonntag, dem 10. Juni, hatte Lothar Matthäus in seinem 75. Länderspiel endlich ein bedeutendes Spiel für sein Team entschieden. Gleich zum Auftakt einer Weltmeisterschaft zu glänzen – das war den Deutschen zuvor nur selten gelungen. In Italien bekamen sie schon im ersten Spiel den vermeintlich dicksten Brocken ihrer Gruppe vorgesetzt, die Jugoslawen, denen an guten Tagen vor keinem Gegner der Welt bange sein muß. Doch die fußballtechnisch Hochbegabten vom Balkan hatten keinen guten Tag. Gewiß, in der ersten Viertelstunde deuteten sie ihre Ballkunst an. Aber unter zunehmendem Druck zerfiel die Elf der Individualisten in ihre elf Einzelteile. Gegen das geschlossene DFB-Team vermochten sie sich als Mannschaft nicht mehr zu stemmen.

Hilflos mußte Verteidiger Jozic den entfesselten Matthäus an sich vorbeiziehen lassen, als der deutsche Kapitän nach schnellem Antritt Richtung Tor stürmte, den Ball bei hohem Tempo vor sich hertrieb und nach kurzem Blick auf Torwart Ivkovic all seine Energie in den Schuß legte. Auf kürzestem Weg flog die Kugel zum 1:0 ins linke Toreck.

Nun, nach einer halben Stunde, riskierten die ins Hintertreffen geratenen Jugoslawen mehr. In die sich auftuenden Lücken stießen die Deutschen. Brehme zog auf der linken Seite davon, schlug eine seiner präzisen Flanken, in die Klinsmann waghalsig sprang. Er lenkte den Ball nur unwesentlich in die entfernte Torecke zum 2:0 ab.

Jozics 1:2 stachelte die Spiellust nur noch mehr an. Acht Minuten später bemächtigte sich Matthäus in der eigenen Spielfeldhälfte des Balles und spurtete unaufhaltsam los. Als ihn auch zwanzig Meter vor dem Ziel keiner aufhalten konnte, zerstreute er letzte Zweifel am Sieg: Mit gleicher Wucht wie beim ersten Treffer schoß er flach ein. Das war beileibe nicht mehr der Lothar Matthäus, der zwei Jahre vorher Bayern München frustriert den Rücken gekehrt hatte, um bei Inter Mailand glücklich zu werden. Ein Spielmacher hat er dort immer zu sein versucht, auch weil ihn Trainer Udo Lattek nach dem Weggang Sören Lerbys in diese Rolle hat stecken wollen. Matthäus gelang es nie, gefällig im Mittelpunkt des Rasens zu thronen und von dort aus mit einem Hauch von Genialität und kurzer Fußballbewegung die Bälle an die Mitspieler zu verteilen. In der Vorrunde seiner dritten Weltmeisterschaft bewies Matthäus dagegen seinen Wert als unermüdlicher Kämpfer, der sich unbeirrbar die Bahn bricht. Auf das konzentriert er sich. Neben dem Spiel auch noch den Hansdampf zu spielen, hat er sich abgewöhnt.

Sogar der anspruchsvolle Teamchef Franz Beckenbauer war beeindruckt: »Er läßt sich nicht mehr so von oberflächlichen Dingen von außen ablenken. Wenn er so weiterspielt, gibt es auf der ganzen Welt keinen Besseren«, lobte der Kaiser, »die Fähigkeiten dazu hat er.« Da wurde der gereifte und auf dem Spielfeld souveräne Matthäus ein bißchen rot. Ein Lob des Allerbesten sei das Allerhöchste, sagte er etwas verlegen.

Schon im WM-Vorbereitungslager am Kalterer See hatte sich eine entspannte Atmosphäre breitgemacht. Nichts war zu spüren von den Cliquenfehden der 86er WM, die darin gipfelten, daß Keeper Uli Stein nach seiner »Suppenkasper«-Äußerung über Beckenbauer kurzerhand in den Flieger Richtung Heimat gesteckt wurde. Natürlich muckten diejenigen leise auf, die für sich mehr als eine Reservistenrolle erwartet hatten, aber ihren Zitaten in den Zeitungen fehlte bissige Schärfe. Sie waren eher

Werbeprüche in eigener Sache als handfeste Androhungen einer Machtprobe.
Vor zwei Jahren noch, bei der Europameisterschaft, wären solche lobenden Worte wie im Fall Matthäus' aus Beckenbauers Mund undenkbar gewesen. Seit 1984, als er Teamchef wurde, schien keine Aufstellung seinen hohen Ansprüchen gerecht zu werden, auch weil der Kaiser um seinen Ruf fürchtete. Nun standen ihm Kicker zur Seite, die Spielwitz vor pure Kraftbolzerei treten ließen. Nach der imponierenden Partie gegen die Jugoslawen zeigte Bekkenbauer, daß auch er dazugelernt hatte. Um einem Lagerkoller vorzubeugen, gab er allen 22 Spielern zwanzig Stunden frei. Die Männer konnten die Geborgenheit bei ihren Ehefrauen und Freundinnen genießen.
Beckenbauer war beeindruckt vom Jugoslawienauftritt seiner Elf, und so gab es im 61. Länderspiel unter seiner Regie ein Novum: Im zweiten Gruppenspiel, gegen die Vereinigten Arabischen Emirate, ließ der Teamchef erstmals die gleiche Mannschaft auflaufen, die in der vorigen Partie sein Vertrauen genoß.
So ziemlich alle erwarteten vom deutschen Team ein Schützenfest gegen den Weltmeisterschaftsneuling, doch gegen Außenseiter hatten sich die Abordnungen des DFB bei WM-Turnieren meist schwergetan. Diese Regel setzten sie im Mailänder Wolkenbruchregen außer Kraft. Wieder waren es vor allem die bei italienischen Klubs unter Vertrag stehenden Brehme, Klinsmann, Matthäus und Völler, die dem Spiel der Deutschen ihren Stempel aufdrückten. »Wir müssen sie unter Druck setzen und pausenlos beschäftigen«, hatte Beckenbauer angeordnet.
Das taten sie. Vor allem die Angreifer Klinsmann und Völler nutzten die Gelegenheit der Stunde, sich gegen die insgesamt harmlosen Araber in Szene zu setzen. Gut, in der ersten halben Stunde vergaben beide zusammen fünf mögliche Chancen, doch in der 36. Minute flankte Klinsmann von der rechten Seite, und Völler mußte nur noch den Fuß hinhalten, um den Ball an Torwart Faraj vorbeizuspitzeln. Kaum eine Minute später war es Klinsmann, der – von Reuter bedient – den Kopf reckte und traf. Auch Matthäus ließ Faraj die Urgewalt seines rechten Fußes spüren, als er den abgeklatschten Ball mächtig in die Maschen des Tornetzes jagte. Als Uwe Bein das 4:1 erzielte, war der achte WM-Treffer des DFB-Teams der erste, den ein Spieler aus der heimischen Bundesliga sich anschreiben lassen konnte.
Immer wieder war es Völler, von dem in den drei Vorrundenspielen die meiste Gefahr ausging. Instinktsicher wie einst Gerd Müller stand er gegen die Jugoslawen am richtigen Ort und drückte den Ball über die Linie, als Torhüter Ivkovic noch einmal nachfassen wollte. Völler spielte ohne Schnörkel, statt dessen suchte er den direkten Weg zum Tor. Anders als sein Vorgänger Müller jedoch erwies sich der Mittelstürmer von AS Rom als weitaus beweglicher. Wenn es sein mußte, holte sich Völler den Ball eben selber, wich auf die Flügel aus, schuf so Freiraum für

»Die Mannschaft ist sehr selbstbewußt«, so Teamchef Beckenbauer

vor dem Jugoslawien-Spiel. Das galt auch für Häßler, der in seinem Vorwärtsdrang kaum zu bremsen war, auch nicht von Hadzibegic.

die Mitspieler und brachte sich durch ausdauernde Dribblings wieder in Tornähe. Gegen die Kolumbianer blieb Völler zwar ohne Treffer, aber dafür setzte er Littbarski beim 1:0 in Szene: Den Ball untrennbar am Fuß und die Gegner narrend, trieb sich Völler quer am Strafraum entlang, bis er plötzlich den besser postierten kleinen Kölner sah und ihn mit kurzem, energischen Beinschwung bediente.
Drei Tore nach der Vorrunde – damit blieb Völler die Hoffnung, die alle vier Jahre vergebene Stürmer-Krone zu Turnierende verliehen zu bekommen. Die Trophäe des besten Torjägers der WM rettet den Namen in alle Ewigkeit. Solch eine Gelegenheit bietet sich nur einmal im Fußballerleben, und der 30jährige Völler hat einige Tiefen bei großen Turnieren erlebt. In Mexiko 1986 bremste eine weiche Leiste seinen Tatendrang, bei der Europameisterschaft in der Bundesrepublik schien sich sein Ruf als Dauerverletzter wegen eines gereizten Oberschenkels wieder einmal zu bestätigen. Zu »Italia '90« kam Völler kerngesund; inzwischen hatte er im seit vier Jahren währenden Kampf mit den beinharten Verteidigern der ersten italienischen Liga gelernt, seinen Körper nicht mehr so ungestüm einzusetzen.
Man bekam schon fast Angst angesichts der frühen Hochform der deutschen Auswahl. Als seien sie bereits soweit, hatten die Spieler nach den überzeugenden Spielen gegen Jugoslawien und die Vereinigten Arabischen Emirate über den Weltmeistertitel geplaudert. Vergessen, weil ver-

»Kommt, reicht mir eure Hände...« Mit seinem Treffer zum 3:1 gegen die jugoslawische Elf

übertraf sich Kapitän Lothar Matthäus selbst. Die Gratulanten (von links): Völler, Augenthaler, Klinsmann, Bein und Brehme.

drängt, waren Befürchtungen, die nicht aufeinander eingespielte Abwehr sei großem Druck nicht gewachsen. Brehme hatte vollends überzeugt. Berthold hatte im ersten Spiel die Frage beantwortet, warum Bekkenbauer trotz aller Kritik so stur an ihm festhielt. Buchwald strotzte vor Ehrgeiz und Einsatzfreude. Nur Torwart Illgner mochte keiner so recht beurteilen – zu wenig hatte er zu tun bekommen. Und der in der abgelaufenen Bundesligasaison oftmals verletzte Augenthaler schien seine Souveränität als Libero des FC Bayern ins Auswahlteam hinübergerettet zu haben.

Eine gute Figur machte der säbelbeinige Pierre Littbarski, der in der 45. Minute für Berthold eingewechselt wurde, im Spiel gegen die Emirate. Für einen Stammplatz empfahl er sich darüber hinaus mit seinem ansteckenden Optimismus: »Es ist gut, daß die Italiener schon als Weltmeister gefeiert werden. Im Finale zeigen wir ihnen, wer der wahre Meister ist.«

Freilich: In arge Bedrängnis war die Hintermannschaft in den beiden ersten Partien nicht gekommen. Sie hatte sogar zwei Tore zugelassen, doch die fielen bei der Schußlust der eigenen Angreifer nicht ins Gewicht.
Gegen die Kolumbianer war das anders. Schon auf der Fahrt ins Giuseppe-Meazza-Stadion wurde kräftig im Bus der DFB-Equipe gescherzt, die Qualifikation fürs Achtelfinale hätte selbst eine Niederlage nicht mehr gefährden können. Sogar der vorderste Platz in der Gruppe wäre nur bei einem Debakel und einem gleichzeitigen Kantersieg der Jugoslawen über die Araber verloren gegangen. Nur dann hätten die Deutschen aus ihrem Quartier im beschaulichen Schlößchen Castello di Casiglio ausziehen und das Mailänder Stadion verlassen müssen.
Dies alles sei wohl »zu fest in den Hinterköpfen drin gewesen«, wie Kapitän Matthäus hinterher zugab. Die Südamerikaner dagegen waren ganz anders motiviert. Durch ein Unentschieden würden ihre Chancen auf den Verbleib im Turnier beträchtlich steigen. Zuerst beließen sie es dabei, die beiden einsamen Stürmer Klinsmann und Völler aus ihrer elastischen Vierer-Abwehrkette wie Gummibälle zurückprallen zu lassen. Nach etwa zwanzig Minuten erkannten die technisch versierten Kolumbianer die Gunst der Stunde und stießen ihrerseits vor. Zeitweise sprangen sie geradezu primadonnenhaft durch die Verteidigung der Deutschen, die, lustlosen Diven gleich, die Aufforderung zum Tanz ignorierten.
Gut und gerne sechs kapitale Fehler unterliefen Libero Augenthaler. Schon zu Beginn des Spiels hatte er einen schmerzhaften Schlag auf die Achillessehne bekommen. Danach agierte er nur noch gequält und hoffte, »daß die neunzig Minuten vorübergehen«. Sein Kollege vom FC Bayern, Hans Pflügler, für den nach zwei Gelben Karten gesperrten Brehme ins Team gerutscht, mag ähnlich gedacht haben, denn in der zweiten Halbzeit konnte er »nicht mehr mithalten« (Beckenbauer). Berthold war im Vergleich zum Eröffnungsspiel nicht mehr wiederzuerkennen. Gemütlich trabte er über den Platz, trotzdem bekam er wie üblich Rückendekkung durch den Teamchef: »Er sollte die zweite Spitze nehmen, das hat er tadellos gemacht.«
Rechtsverteidiger Reuter bemühte sich zwar, blieb aber ohne Unterstützung und daher ohne Wirkung. Auch er führte die gravierenden Mängel in der Dekkung darauf zurück, daß man nicht unbedingt habe siegen müssen. Der einzige Abwehrspieler, der nicht abfiel, war der Vorstopper. »Bis auf Guido Buchwald kann keiner mit sich zufrieden sein«, urteilte Augenthaler selbstkritisch. »Jeder ist etwa zehn bis fünfzehn Prozent unter seiner Normalform geblieben.«
Gegen den stärksten Kontrahenten in der Gruppe D fiel das um so mehr auf. Als das Spiel fast abgepfiffen war und der Gruppensieg endgültig unter Dach und Fach, war auch der letzte Rest der Konzentration dahin. Der blonde Wuschelkopf Valderrama schickte Rincon einen Steilpaß, Rincon lief mit dem Mut der

Der Vizepräsident des Fußballverbandes der Emirate, Ahmad Al Fardan, glaubte zu wissen, was seine Wüstensöhne gegen die Deutschen erwartete: »Wir spielen ja erst seit 18 Jahren Fußball. Wir sind gewissermaßen erst dabei, laufen zu lernen.« Wie man auch »im Liegen« an den Ball kommt, demonstrierte Stefan Reuter seinem arabischen Kollegen Mubarak Ghanim Mubarak.

Verzweiflung Illgner entgegen und schob in der 92. Minute den Ball durch die Beine des entgegenstürmenden Torwarts. Die durch die Dramatik aufgestaute Anspannung entlud sich in einer Massenverbrüderung des kolumbianischen Knäuels auf dem Rasen.

Trotz des Unentschiedens beteuerte Beckenbauer, an der bewährten Formation festhalten zu wollen, auch wenn sie vorerst durcheinandergebracht wurde. Häßler hatte sich kurz vor Schluß eine Muskelfaser im Adduktorenbereich gerissen. Doch er befand sich ohnehin in einem Formtief, und der eingewechselte Littbarski vertrat ihn gegen Kolumbien vorzüglich, nicht zuletzt, weil er in abgebrühter Manier das Tor schoß. Der Teamchef, frotzelte der 30jährige und 68malige Nationalspieler, habe wohl an sein, Littbarskis, Alter gedacht und wolle ihn langsam an die Aufgaben heranführen.

Häßlers Malheur bewahrte Beckenbauer vor einer schwierigen Entscheidung, denn der kleine gebürtige Berliner hatte in der Vorrunde der WM nicht sein wahres Können gezeigt. Sein Wechsel vom 1. FC Köln zum reichen italienischen Erstligisten Juventus Turin beschäftigte sein sensibles Gemüt. In Köln hatte er Tränen beim rührigen Abschied vergossen, und in der Fremde suchte er noch eine Wohnung. In einem offenen Brief hatte Häßler mit dem Kölner Trainer Christoph Daum (»sehr stark ausgeprägtes Geltungsbedürfnis«) abgerechnet – sein Verlangen nach Harmonie war aus dem Gleichgewicht gebracht. Ebenso wenig wie sein Freund Pierre Littbarski konnte ihm sein Zimmergenosse im Castello di Casiglio und eine der wichtigsten Bezugspersonen während des Turniers aus der seelischen Klemme helfen. »Thomas«, sagte der Kölner Libero Paul Steiner ratlos, »ist jetzt auch verschlossen zu uns. Hätte er uns gefragt, hätten wir ihm von dem Brief abgeraten.« Auch Littbarski wußte nicht weiter: »Ich dachte, ich kenne ihn, aber ich komme auch nicht an ihn ran.« Selbst Beckenbauer ließ die gewohnte Liebenswürdigkeit in seinen Worten vermissen: »Vielleicht denkt er zuviel. Das ist im Fußball nicht immer angebracht.« Zumindest, wenn man mit den Gedanken woanders ist. Als Häßler gegen die Emirate auf die rechte Verteidigerposition des zur Halbzeit ausgewechselten Berthold gerückt war, setzte er die Abseitsfalle des deutschen Teams für einen Moment außer Kraft. Unter der hohen Flanke auf den Torschützen Khalid Mubarak sprang der 1,66 Meter kurze Häßler durch – Mubarak hatte freie Bahn. »Gegen die Emirate kann man das verkraften«, ärgerte sich Beckenbauer. »Gegen einen gleichwertigen Gegner darf das nicht passieren.« Bei dem ohnehin stark besetzten Mittelfeld mit den Reservisten Littbarski, Möller und Thon konnte Häßler auf den ersten Bick ohne größere Probleme ersetzt werden. Bei einem wie Brehme ist das indes kaum zu schaffen, das bewies sein Ersatzmann Pflügler ungewollt. Von Verletzungen ist die Abwehr weitgehend verschont geblieben, und die

Nur scheinbar »fest im Griff« hatte Pflügler den »blonden Gullit« Carlos Valderrama, und Lothar

Matthäus konnte gegen Kolumbien nicht an seine bisherige weltmeisterliche Form anknüpfen.

durch den mit Muskelfaserriß kurz vor der WM ausgefallenen Vorstopper Jürgen Kohler entstandene Lücke haben Buchwald und Berthold zu füllen vermocht. Außer Littbarski haben in den ersten eineinhalb Wochen zwei Spieler spüren lassen, daß sie sich allzu gerne in der Elf sähen: der genesene Kohler und Olaf Thon, der im Laufe der Bundesligasaison durch zwei aufeinanderfolgende Bänderrisse im Fuß aus der Nationalmannschaft gerutscht war. Kohler zog nach dem Spiel gegen Kolumbien zwar ein trauriges Gesicht, hielt sich aber verbal zurück: »Ich sage nichts, was der Mannschaft schaden könnte.« Thon hingegen hatte nach seinem sechsminütigen Einsatz die Fährte Richtung Stammplatz aufgenommen. »Littbarski ist durch sein Tor vor mir«, wußte er, beeilte sich aber hinzuzufügen: »Ich kann der Mannschaft helfen. Darüber muß ich mit dem Franz nun reden.« Doch der sah trotzdem »keinen Grund, an der Aufstellung etwas zu ändern«. Bekkenbauer setzte auf Beständigkeit, denn, so beschied er den Fragenden, die Mannschaft habe gegen Kolumbien nicht so schlecht gespielt, »wie jetzt geschrieben wird«. Eigentlich konnten sich die gebremsten Überflieger bei den Kolumbianern sogar bedanken. Gerade noch rechtzeitig vor Beginn des k.o.-Systems wurde die Mannschaft »aus dem Himmel geholt«, wie Littbarski erleichtert bekannte. »Jetzt geht es hart auf hart«, folgerte Kapitän Lothar Matthäus. »Nun ist jedes Spiel wie ein Finale.« Niederlagen kann man sich da nicht erlauben.

Starke Spanier, blendende Belgier

Mit seinen 67 Jahren war Guy Thys, der Coach der Belgier, der älteste Trainer bei der WM in Italien – und der erfahrenste. Zum Auftakt konnte sich der passionierte Zigarrenraucher am 2:0 seines Teams über Südkorea laben. Dessen Trainer Hoe-Teik Lee verpaßte denn auch seiner Mannschaft (im Bild Chung, vor Versavel) die folgende Zigarre: »Besonders unser Mittelfeld hatte Probleme, die aber mit Kampf hätten wettgemacht werden können. Das ist leider nicht passiert.«

Die Angst dauerte länger als 90 Minuten. Oscar Tabarez, der elegante Trainer Uruguays, sah sich in Gedanken schon im Flugzeug nach Südamerika sitzen und nach der Landung Hohn und Spott ausgesetzt, weil sein Team, das er selbst zu einem der Favoriten erkoren hatte, kläglich gescheitert war. Kreidebleich schaute er im letzten Gruppenspiel gegen die schwachen Südkoreaner immer wieder auf seine Armbanduhr. Im Grunde war Tabarez' Zeit bereits abgelaufen als Coach der Urus, als Daniel Fonseca in der 92. Minute mit einem Kopfball das 1:0 erzielte. Das Achtelfinale war damit geschafft, der dritte Punkt unter Dach und Fach. Und schneller als gedacht fand Tabarez seine Sprache wieder. »Ein verdienter Sieg für eine tolle Leistung«, tönte er. Daß die Umstehenden diese Aussage mit Gleichmut hinnahmen, konnte nur damit erklärt werden, daß sie um den Streß von Tabarez wußten. Da verspricht man sich schon mal. Denn verdient waren weder der Sieg noch die Qualifikation für die nächste Runde. Uruguay ließ den großspurigen Worten von Tabarez vor der WM nur in einer Hinsicht Taten folgen: Die wüste Treterei der Vergangenheit wurde abgelegt, die Urus spielten ganz normal Fußball und wenigstens im ersten Match gegen Spanien auch noch einigermaßen passabel. Vor allem Ruben Sosa überzeugte und Dino Zoff, der künftige Vereinstrainer des 24jährigen bei Lazio Rom, war entzückt: »Wir haben den besten Spieler aus Uruguay.« Kein Wort fiel über seinen verschossenen Elfmeter. Der spanische Mittelfeldspieler Villaroya hatte Sosas Kopfball nur mit einer Handabwehr den Weg ins Tor verwehren können. Sosa selbst trat zum fälligen Elfmeter an. Doch statt ins Tor schoß er den Ball auf die Tribüne. Kritik gab es nicht, wie überhaupt Kritikfähigkeit bei Uruguays Fußballteam nicht sonderlich ausgeprägt ist. »Das kann passieren, davon geht die Welt nicht unter«, meinte Enzo Francescoli von Olympique Marseille, der zweite Star Uruguays. Und auch Ruben Sosa nahm den Fehlschuß nicht sonderlich tragisch: »Ein Punkt zum Auftakt, das ist doch in Ordnung, das reicht.« Zu diesem Zeitpunkt wußte er freilich noch nicht, daß jener Schuß in die Wolken beinahe das Ende für Uruguay bedeutet hätte, denn in der Folgezeit war nichts mehr so wie im ersten Match. Uruguay wurde von Belgien nach allen Regeln der Fußballkunst ausgespielt und erholte sich nicht mehr von diesem Schock bis zum dritten Spiel gegen die quirligen Asiaten, die mit zehn Mann (Deuk-Yeo Yoon war vom Platz gestellt worden) besser waren als die großspurigen Südamerikaner. »Wir werden der Welt zeigen, wozu das kleine Uruguay fähig ist. Und ich werde alles tun, damit die Leute den wahren Ruben Sosa kennenlernen«, sagte Ruben Sosa. Die Welt hat nicht viel gesehen in der Vorrunde, weder von Uruguay noch von dem so hochgelobten Mittelstürmer, der nur ein Spiel lang tanzte. Gegen Südkorea wurde Sosa sogar ausgewechselt. Für ihn kam Daniel Fonseca, der Entscheidungs-Torschütze.

Viel mehr als von Uruguay wurde in Udine und Verona, wo die Gruppe E zuhause war, von Belgien gesprochen, daran änderte auch die Niederlage im letzten Spiel gegen Spanien nichts. Belgien mauserte sich zum Geheimfavoriten, spielte klammheimlich groß auf, angeführt von Enzo Scifo. Der kleine Regisseur, dessen Stern 1984 bei der Europameisterschaft in Frankreich aufgegangen war, blieb danach den Beweis seiner Extraklasse schuldig. Vertraglich ist er zwar nach wie vor an Inter Mailand gebunden, von seinem Talent profitiert indes der französische Erstligist FC Auxerre, an den er ausgeliehen ist. Vielleicht ändert sich das nach der Weltmeisterschaft, denn Scifo, erst 24 Jahre alt, prägte auf unnachahmliche Art und Weise den Stil der Belgier. Deren Konter sind Musterbeispiele für jedes Lehrbuch. Scifo inszeniert sie, überfallartig und gefährlich wie der Biß einer Klapperschlange. Gegen Südkorea hatte die Mannschaft von Guy Thys, mit 67 Jahren der älteste Trainer in Italien, noch Anlaufschwierigkeiten, wenngleich der Sieg ungefährdet war. Gegen Uruguay aber zauberten die Belgier. Daß sie lange Zeit in Unterzahl (Libero Gerets bekam die rote Karte) spielten, fiel kaum auf. Uruguay stürmte, Belgien schoß die Tore, eines schöner als das andere. Zunächst nach nur drei Stationen aus der Abwehr heraus ein plazierter Kopfball von Clijsters, dann ein 25m-Schuß von Scifo und zu guter Letzt ein beherzter Schuß von Ceulemans, ausgerechnet von ihm. Der 33jährige, der seit

1980 bei jeder Europameisterschaft und Weltmeisterschaft dabei war, hatte eine Saison hinter sich, die in nichts mehr an seine großen Zeiten erinnerte, obwohl sein Verein, der FC Brügge, belgischer Meister geworden ist. Und Ceulemans war eigentlich schon ausgemustert worden von Guy Thys. Doch dann spielten die Belgier in den letzten Vorbereitungsspielen ohne Ceulemans schwach, der Routinier durfte nach Italien mitfahren und darf sich schon jetzt als Sieger fühlen. Zwei Drittel aller Telegramme, die nach dem Erfolg über Uruguay im Quartier eingingen, waren persönlich an Jan Ceulemans gerichtet. Und möglicherweise werden noch ein paar hinzukommen, denn Ceulemans, und er muß es schließlich wissen, hat festgestellt, daß die belgische Mannschaft des Jahres 1990 besser sei als die von 1980. Damals wurden die Belgier mit Ceulemans Zweiter bei der Europameisterschaft, hinter Deutschland übrigens. Diejenigen Fans jedenfalls, die sich Spiele der Belgier anschauten, wurden nie enttäuscht, auch nicht gegen Spanien, das einen Elfmeter geschenkt bekam, während Scifo einen berechtigten Foulelfmeter nicht verwandeln konnte. Belgien bot feinste Unterhaltung.

Spanien mochte da nicht zurückstehen, zumal König Juan Carlos mit Gattin Sophie zuschaute. Glücklicherweise beim dritten Spiel zum ersten Mal, denn Spanien startete mit dem torlosen Remis gegen Uruguay und schwacher Leistung. Die Reaktionen blieben nicht aus. Nationaltrainer Luis Suarez mußte sich

Vor prächtiger Kulisse im Stadion von Verona demonstrierten die Männer um Ceulemans bei ihrem 3:1 über Uruguay Konterfußball

feinster belgischer Prägung. Gerets – hier bei einem Kopfball – erhielt allerdings wegen wiederholten Foulspiels die rote Karte.

herbe Kritik gefallen lassen, ebenso wie einige der hochgelobten Stars, allen voran José Miguel Gonzales Martinez del Campo, besser bekannt unter seinem Künstlernamen Michel. »Die Beweglichkeit eines Mülleimers« attestierten ihm die spanischen Gazetten und forderten Suarez auf, Michel aus dem Team zu nehmen. Suarez befolgte den guten Rat nicht und Michel dankte es ihm, schoß alle drei Tore im Spiel gegen Südkorea. Sein Vater bekam das Trikot mit der Nummer 21, die Mama einen Handkuß. »Ihnen bin ich Dank schuldig, denn sie haben als einzige immer an mich geglaubt«, meinte Michel später. »Eine Sternstunde für den spanischen Fußball«, nannte Alfredo di Stefano, das frühere Idol

Mit einem 2:1-Sieg über die Belgier durch Tore von Michel und Gorriz gelang den Spaniern in Verona eine eindrucksvolle Revanche für das Viertelfinale-K.o. vor vier Jahren in

Mexiko, wo sie von den »roten Teufeln« im Elfmeterschießen bezwungen worden waren. Im Bild der 1:1-Ausgleich, den Verwoort mit einem abgefälschten Freistoß erzielte.

von Real Madrid, den Auftritt von Michel gegen Südkorea. »Ich glaube«, so di Stefano weiter, »wir werden künftig das wahre Spanien bei dieser WM sehen.« Er sollte recht behalten. Der Sieg gegen Belgien bestätigte seine Einschätzung. Südkorea half Michel und Spanien auf die Beine, ermöglichte den Belgiern einen guten Einstieg in die Weltmeisterschaft und verlor auch noch gegen Uruguay, das damit im Wettbewerb blieb. Der Dank für soviele gute Taten blieb indes aus. Die Asiaten gehörten zu den acht Mannschaften, die nach der Vorrunde bitter enttäuscht die Koffer packen mußten. Trotzdem: Südkorea verabschiedete sich mit einem Lächeln und guten Wünschen für die Konkurrenz.

Gruppe F

Fünf Remis und ein Sieg

Dem blanken Entsetzen folgte der Börsen-Crash beim Londoner Buchmacher »Intertops«. Endgültig gebrochen waren Treu und Glaube in die feste Ordnung der Dinge dieser Weltmeisterschaft. Dazu gehörte, daß sich in der Vorrundengruppe F Engländer, Iren und die Niederlande gesundkicken konnten an Ägypten, dem zweiten Vertreter Afrikas. Nicht einmal Dietrich Weise, der ehemalige Fußballehrer der Frankfurter Eintracht und langjährige Betreuer des Renommierklubs El Ahly Kairo, hatte der Mannschaft von Trainer Mahmoud El Gohary (52) anderes als deftige Niederlagen prophezeit. Und dann kam Magdi Abdel Ghani, legte sich die schwarz-weiß getupfte Lederkugel in aller Seelenruhe auf den Elfmeterpunkt und schob sie mit schnittigem Drall am ausgestreckten rechten Arm Hans van Breukelens vorbei ins Tor. Danach sank der erfolgreiche Schütze wie besinnungslos auf die Knie, küßte das Gras, dankte Allah und mochte sich gar nicht wieder erheben. Es geschah in der 83. Minute der Begegnung Ägyptens gegen den Europameister aus den Niederlanden, und keiner der 33288 Zuschauer im Stadion Della Favorita zu Palermo, dem dieser Treffer zum späteren 1:1-Endstand nicht wie der gerechte Lohn des Himmels vorgekommen wäre, gleich wer dort oben das Zepter schwingt.

Bei »Intertops« in London platzte prompt der Wechselkurs für das ägyptische Papier. Wer diese Wettaktie für zehn Mark erstand, dem wurde ein tausendfacher Gewinn garantiert, sollten die Fußballer aus Nordafrika den WM-Titel in Rom gewinnen. Am 19. Juni, wenige Stunden nach dem Remis der Ägypter gegen Holland, wurde neuen Anlegern nur noch eine achtzigfache Dividende des Einsatzes angeboten. Weitere sechs Tage darauf sank Ägypten auf den Wert etwa der ČSFR. Irland hatte sich am Abend zuvor von El Goharys Mannen 0:0 getrennt. Damit war eine Situation eingetreten, mit der niemand gerechnet hatte. Vor den abschließenden Auseinandersetzungen zwischen Irland und den Niederlanden respektive England und Ägypten durfte jede Mannschaft bei 2:2 Punkten und 1:1 Toren auf den Gruppensieg hoffen, oder aber bangen, als Vierter, möglicherweise Dritter die Heimreise antreten zu müssen.

Der Reihe nach. Denn die Geschichte der Gruppe F beginnt in Rom. Dort fischte die mittlerweile zur Ikone erstarrte Filmdiva Sophia Loren Engländer, Iren und Niederländer aus diversen Töpfen – Ägypten war zu diesem Zeitpunkt überhaupt kein Thema – und einte, was nicht zusammengehört. Die sportlichen Aspekte dieser Konstellation, reizvoll und geschichtsbeladen, rutschten bei der nachfolgend ausbrechenden Hektik ins Abseits. Es gab nur ein Thema: Gewalt. Engländer und Iren hatten in der Vergangenheit ihren Nationalitätenkonflikt des öfteren mit der Faust ausgetragen. Und mit welcher Brutalität englische Hooligans in den Stadien operieren, weiß die Öffentlichkeit seit der Katastrophe in Brüssel. Dort, im Heysel-Stadion, starben 39 Men-

»Das wird das schwerste Spiel in der Vorrunde«, hatte Hans van Breukelen vor der Partie gegen den Afrika-Meister von 1986 gewarnt. Doch seine Mannschaftskameraden wollten nicht auf ihn hören und glaubten, mit halber Kraft zum Ziel zu kommen. So konnten die Ägypter (Bild linke Seite: Ahmad El Kass) ihrerseits torgefährlich werden und das 1:1 erzwingen. Die 7000 niederländischen Fans, wie das löwenherzige Mädel oben, zeigten dennoch gute Miene zum bösen Spiel.

»Wir können heilfroh sein, daß wir gegen diese starken Engländer nicht verloren haben«, kommentierte Ruud Gullit das enttäuschende 0:0 gegen das Team von Bobby Robson. Ronald Koeman (oben) machte in diesem Spiel noch die beste Figur. 1988, bei der Europameisterschaft, hatte die Oranje-Elf die Engländer glorios 3:1 in die Knie gezwungen.

schen, noch ehe das Finale um den Europapokal der Landesmeister zwischen dem FC Liverpool und Juventus Turin angepfiffen war: qualvoll erstickt, von Steinen erschlagen, am Boden zertreten. Solcher Grausamkeit stehen holländische Hooligans kaum nach. Nur eine in dieser Form nie dagewesene Kontrolle, das war den WM-Organisatoren bewußt, würde die Eskalation derartig zerstörerischer Kräfte verhindern können. Die Lösung des Problems: Isolation. Sizilien und Sardinien mit ihren Stadien in Cagliari und Palermo boten als Inseln die besten Möglichkeiten zur Observation. 12000 Polizisten (7000 in Uniform und 5000 in Zivil), englische wie niederländische Spezialisten, bestens vertraut mit den Methoden der Marodeure, ganze Antiterror-Einheiten wurden eingesetzt, um das zu verhindern, was eine britische Zeitung mit »the Battle of Sardinia« titulieren sollte. Restaurant- und Hotelbesitzer verrammelten des Nachts ihre Türen, 24 Stunden vor und nach den Spielen gab es Prohibition, Alkoholverbot. In den Innenstadtbezirken Cagliaris und Palermos sah es aus wie nach einem Militärputsch.

Passiert ist dann weniger als befürchtet. Und gelobt haben sich die Verantwortlichen dafür überschwenglich, trotz mancherlei Kritik einiger Spezialisten, die den italienischen Sicherheitsbeamten vorwarfen, die Gefahr der Gewalt unterschätzt zu haben. Einzig vor und nach der Begegnung zwischen England und Holland gerieten britische Hooligans und Polizei mit Tränengas, Schlagstöcken, Pflastersteinen und abgebrochenen Flaschenhälsen aneinander. Die Bilanz der Straßenschlacht von Cagliari: Zwölf erheblich Verletzte, darunter zwei Carabinieri, etliche leicht Lädierte auf beiden Seiten und 30 Festnahmen. Was das Ganze mit Sport zu tun hat? Gar nichts. Allerdings wurde zu diesem Zeitpunkt bereits Fußball gespielt und das in besonderer Qualität von Ägypten. Experten wie der Bremer Trainer Otto Rehhagel, für gewöhnlich

stets angetan von den balltechnischen Fertigkeiten afrikanischer Kicker, hatten sich vor der Begegnung der Ägypter gegen die Niederlande auf einen klaren Erfolg des Europameisters festgelegt, diese wunderbare Mannschaft mit ihren einzigartigen Protagonisten. Ruud Gullit, Marco van Basten, Frank Rijkaard und Ronald Koeman galten als Interpreten modernsten Fußballs, der Athletik, Dynamik und Intuition mit kollektiver Intelligenz paart. Ein solches Team hatte alle Chancen Weltmeister zu werden – und war dem technischen K.o. gegen Ägypten so nah. Alle hatten sich getäuscht, vorneweg Weise und Rehhagel, nach einer Stunde Spielzeit löste sich auch der Rundfunkkommentator auf der Tribüne von seiner Meinung und krächzte ins Mikrophon: »Die Ägypter werden frech, und clever sind sie auch noch.« Das war nach dem holländischen Führungstreffer, den Wim Kieft erzielte. Marco van Basten, dieser grandiose Stürmer, den sie ob seiner Art sich zu bewegen »Schwan« rufen, konnte seinem Bewacher Ramzi einmal entwischen, spitzelte den Ball von der linken Flanke auf den Elfmeterpunkt, wo zunächst Rijkaard den Härtegrad der Luft testete, ehe Kieft, zur Halbzeit eingewechselt, Torsteher Shobeir bezwang. Alles Unrecht dieser Erde schien sich in diesem Augenblick über dem Außenseiter vom Nil zu entladen. Waren sie nicht bis dahin flotter auf des Gegners Gehäuse zugerannt, kombinationssicher, technisch außerordentlich beschlagen, wahre Meister des raffinierten Kurzpaßspiels. Von rechts marschierte Verteidiger Hassan unermüdlich nach vorne, im Mittelfeld strukturierten Abdel Ghani und Abdel Hamid die schnellen Attacken, in vorderster Front mischten Abdou und Hassan-Bruder Hossam die Abwehrkette der Holländer um Ronald Koeman gehörig auf. Abdou mit einer Direktannahme, Abdel Hamid mit Kopfstoß nach einem Eckball, schließlich Hossam freistehend aus fünf Metern: sie scheiterten an van Breu-

Marco van Basten am Boden, nach einem seiner vergeblichen Sturmläufe gegen das englische Tor. Das hatte Robson »zubetonieren« lassen, mit den Riesen Wright, Butcher und Walker, von Britanniens Presse »The Wall« genannt. »An der werden sich noch andere die Zähne ausbeißen!«, meinte van Basten anerkennend nach dem Abpfiff.

kelen, dem Schlußmann der Niederländer. Die boten den Eindruck einer Chaos-Truppe; van Basten ausgelaugt von den vielen Erfolgen der letzten Jahre mit AC Milan, Gullit nach einjährigem Arbeitsverbot und drei Knieoperationen schlapp, Koeman ohne Übersicht. Zerstritten waren die Oranjes, weil Rinus Michels, verantwortlich für die EM-Mannschaft von 1988 und in Italien als technischer Direktor des Verbandes dabei, Leo Beenhakker den Posten des Auswahl-Trainers zuschanzte. Gullit, van Basten und der Rest aber wollten Johan Cruyff. Als Gullit, »Kolumnist« der niederländischen Tageszeitung »Telegraf«, forderte, Kieft von Anfang an stürmen zu lassen, was Beenhakker verweigerte, sorgte sich das Fachblatt »Voetball International«, ob Beenhakker eher ein »sprechender Luftballon« sei als ein Erfolgsmensch. Hans van Breukelen gab zu: »Wir sind kein richtiges Team mehr, wir sind nur noch elf gute Einzelspieler.«
Gegen Ägypten, das durchaus hätte gewinnen können, nicht einmal das. Problembewältigung betrieb hernach ein jeder auf seine Weise. Gullit stellte fest, »es war, wie auch immer, eine gute Erfahrung«. Michels ließ die Fußballerfrauen des aufgewühlten Kaders zu einer Kreuzfahrt einfliegen und Beenhakker gegen England zwar einen weiteren Angreifer auflaufen, aber nicht Kieft. Was war das bloß für ein Gekicke, England gegen die Niederlande. Zwei gerupfte Kampfhähne trafen in Cagliaris Arena Sant' Elia aufeinander, der eine so unfähig den entscheidenden Hieb zu setzen wie der andere. Auch die Engländer hatten zuvor Bitteres erlebt. Nicht so sehr das Resultat von 1:1 gegen den ewigen Rivalen Irland hatte die Gemüter in Rage gebracht als die Art und Weise des Zustandekommens. Alles war britisch in Cagliari. Zuerst kroch ein lausiger Wind durchs Stadion, später entluden dunkelviolette Gewitterwolken ihre Wassermassen, und Engländer wie Iren droschen dazu die mit Luft prall gefüllte Kugel unermüdlich von einem Tor zum anderen. Wo alle Welt bestrebt ist, den fußballerischen Erfolg wieder auf eine mehr spielerische Art zu suchen, klammerten sich die Briten an tradierte Tugenden des Tackling oder Kick-and-rush, die sie in ihrer splendid-isolation stolz und mitunter arrogant gegen Andersartiges kultiviert haben. »Tanto rumore per nullo« (Viel Lärm um Nichts) informierte die örtliche »L'Unione Sarda« ihre Leser am nächsten Morgen. Gary Lineker, 1986 in Mexiko WM-Torschützenkönig, mogelte nach neun Minuten den Ball mit der Brust am irischen Torwart Bonner vorbei. Dessen Kumpel Kevin Sheedy gelang der Ausgleich nach einem groben Abwehrschnitzer McMahons, den Englands Coach Bobby Robson kurz zuvor auf den Platz beordert hatte, die Defensive zu stärken. Die Iren, auch schon mal als die beste Thekentruppe der Welt bezeichnet, weil sie dort mindestens genausoviel schuftet wie auf dem Rasen, offenbarte beim kläffenden Galopp über die gesamte

Länge des Feldes immerhin die Qualität synchron ratternder Dampfhammer. Das Remis gegen den Erzfeind sicherte dem englischen Trainer der Iren, Jacky Charlton, außerdem unbegrenzten, kostenlosen Guinness-Genuß in sämtlichen Pubs des Landes.

Kollege Robson hingegen fühlte sich von der heimischen Presse wie »der Staatsfeind Nummer eins« behandelt. Mit Erleichterung mag er deshalb registriert haben, daß nach dem torlosen Ausgang des mit soviel Erwartungen (und Befürchtungen) vollgepfropften Vergleichs mit der Abordnung des Königlich Niederländischen Fußball-Verbandes (KNVB) die Meinung vorherrschte, sein Team habe sich wenigstens bemüht einen Treffer zu erzielen. Seit 1982 amtiert Robson als Team-Manager, erstmals löste er die Viererkette auf, um einen Ausputzer dahinter zu postieren. Mark Wright von Derby County durfte diese neue Rolle besetzen und tat dies mit glanzloser Zuverlässigkeit. Weil die Jungs von der Insel, bei denen der 23jährige Stiernacken Gascoigne vor einer großen Karriere im Mittelfeld steht, diesmal auch ihren dunkelhäutigen Techniker John Barnes mitmachen ließen, befand sich der Ball nicht mehr gar so häufig auf Reise durch die Luft. Allein Lineker hätte den Europameister aus dem Turnier schießen können, ließ aber drei hochkarätige Torchancen ungenutzt. Das Herausragendste der Partie war aber zweifelsohne der Weltrekord, den Englands Torwart Peter Shilton aufstellte. Er stand zum 120. Male für sein Land zwischen den Pfosten, erstmals 1972.

Das Remis brachte weder England noch Holland in die Bredouille. Ein paar Seemeilen weiter südlich trotzte Ägypten den Iren in Palermo ein 0:0 ab. »Die Taktik unseres Gegners«, erhob Jacky Charlton Anklage, »war einfach die, auf ein Spiel zu verzichten«. Zwar schaffte Trainer El Gohary verbal noch den Ausgleich: »Wir haben mit Intelligenz gespielt und dafür danke ich Allah.« Doch sahen sich die Ägypter durch diesen Spruch des irischen Volkshelden so arg diskreditiert, daß mancher Kommentar aus der Presse oder dem Rundfunk befürchten ließ, die Pyramiden blieben für die rauen Gesellen aus dem Norden Europas auf ewig schon an der ägyptischen Staatsgrenze versperrt. Längst hatten sich die Nordafrikaner zu den Sympathien, die das Volk den Kleinen schenkt, jene der Fußball-Experten hinzugewonnen.

Und alles war möglich vor den letzten Paarungen. Alle vier Mannschaften waren bei 2:2 Punkten und 1:1 Toren notiert. Die Niederlande gingen durch einen tollen Treffer Ruud Gullits gleich zu Beginn der Auseinandersetzung gegen Irland in Führung. Koemans Freistoß fand Gullit, der Kieft zum Doppelpaß, und aus spitzem Winkel plazierte der holländische Kapitän die Kugel in die entfernte Ecke des von Bonner gehüteten Gehäuses. Ein Tor mit Signalwirkung. Der WM-Favorit und Europameister erarbeitete sich Zoll um Zoll alte Stärke zurück. Beenhakker hatte Rijkaard wieder als spielerischen Stopper an die Seite Koemans gestellt, was den im Aufbau entlastete und Platz schuf für van Basten, der sich als Ballschlepper und -verteiler im Mittelfeld probierte. Beide Teams waren sichtlich um Fluß in ihrer Aktion bemüht. Die Iren dabei naturgemäß schädellastiger und ungestümer. Als Charlton im zweiten Abschnitt die offensiven Whelan und Cascarino brachte, wurde die totale Mobilmachung mit dem 1:1 des Angreifers Quinn belohnt (71). Bonner drosch die Lederkugel beim Abschlag bis vor den holländischen Strafraum, van Aerle überrumpelte seinen Torsteher mit einer ungewollten Rückgabe, die Quinn verwertete. Der Rest mag unrühmlich aber mittlerweile Standard sein. Weder Iren noch Niederländer starteten weitere Versuche, das Resultat zu verbessern. Aus dem Radio hatten sie die frohe Kunde vom 1:0 (Wright) der Engländer gegen Ägypten erfahren. Ein Ergebnis, das schließlich England zum Gruppenersten kürte, Iren und Holländer teilten sich Rang drei in der Gewißheit, das Achtelfinale erreicht zu haben. Erstmals entschied bei einer WM das Los über die Plazierung in einer Gruppe und bestimmte den Europameister als Dritten zum Gegner der DFB-Auswahl.

Das schönste Spiel der Gruppe F lieferten sich die Niederlande und Irland am 21. Juni in Palermo. Ständige Szenenwechsel und mitreißende Sturmläufe (Bild oben: Gullit erzielt das 1:0) hielten die Fans auf den Rängen in Atem. Van Breukelen (linke Seite) kassierte in der 71. Minute den 1:1-Ausgleich durch Quinn, beide Teams waren damit für das Achtelfinale qualifiziert.

Deutschland

Niederlande

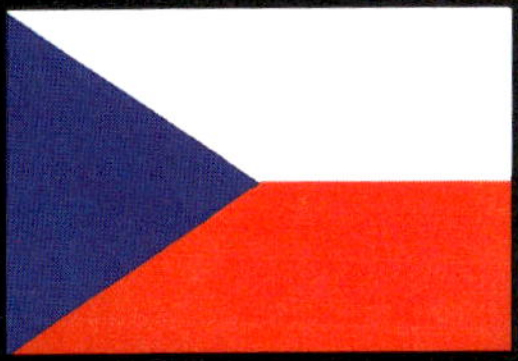

Tschechoslowakei

Costa Rica

England

Belgien

Kamerun

Kolumbien

Italien

Uruguay

Irland

Rumänien

Spanien

Jugoslawien

Brasilien

Argentinien

Achtelfinale

Afrikas Traum heißt Miller

Irgendwo da unten mußte Albert Roger Mooh Miller stecken. Irgendwo unter seinen Mannschaftskameraden, die sich wie wild auf den Torschützen gestürzt hatten. Irgendwo unter dem Knäuel, auf das sich Kameruns Kapitän Tataw breit grinsend immer wieder im Salto warf. Wie schon im Vorrundenspiel gegen die Rumänen hatte Miller zwei Tore für sein Team geschossen, doch dies war nicht mehr eins von drei Gruppenspielen – dies war der Einzug ins Viertelfinale.

Das Achtelfinale war das Höchste, was man krassen Außenseitern ja noch zugestand, und auch Kamerun stufte man im Hinterkopf trotz des Gruppensieges weiterhin als solche ein. So schnell kann sich die Welt im Fußball nicht umkehren, dachten sich wohl auch die Kolumbianer und hatten damit bereits den entscheidenden Fehler begangen. Ideenlos schoben sie den Ball im Mittelfeld hin und her, kein langer Paß brachte Überraschung und Tempo in die Partie. 105 Minuten hatten die Südamerikaner sich selber in geradezu schläfriger Sicherheit gewiegt.

Das Aufwachen war um so furchtbarer. Plötzlich war Miller auf der linken Seite in Ballbesitz, sprang über einen Verteidiger und beförderte die Kugel auf kürzestem Weg am linken Pfosten vorbei ins Tor. Nur drei Minuten später wurde Kolumbiens Torhüter jene Spielweise zum Verhängnis, die ihn unter den staunenden Fachleuten ins Gerede gebracht hatte. Wieder einmal

unternahm Higuita einen seiner ausgiebigen Ausflüge bis weit vor den Strafraum, als vor ihm Miller auftauchte, ihm den Ball kurzerhand abjagte, auf das nunmehr leere Tor zurannte und nur noch einzuschießen brauchte. »So was ist mir noch nie passiert«, staunte Higuita und entschuldigte sich bei seiner Mannschaft.
»Nennt ihn den Mythos Miller«, forderte die italienische Zeitung »La Gazzetta« angesichts der Cleverneß des 38jährigen Miller, dessen Kam-sah-und-siegte-Charisma dadurch verstärkt wurde, daß er im Olympiastadion zu Rom wieder erst in der zweiten Halbzeit von Trainer Nepomniachi aufs Feld geschickt worden war. Längst staunten alle nur noch über »Opa Miller«, (Zeitung »La Stampa«), als Redin drei Minuten vor dem Abpfiff wenigstens der Anschlußtreffer für die Kolumbianer gelang.
Wieder war die Taktik Nepomniachis aufgegangen. In der ersten Hälfte wurde das Spiel verlangsamt und dem Gegner die Initiative überlassen. Sind erst einmal seine Stärken und Schwächen beobachtet, halten sich die Kameruner schadlos an seinen Fehlern. »Unser Sieg«, sagt Miller, »ist eine großartige Sache für ganz Afrika.« Recht hat er. Zum ersten Mal war es einer Auswahlmannschaft eines afrikanischen Landes gelungen, in das Viertelfinale einer Fußball-WM einzuziehen. Damit standen die Kameruner plötzlich im Kreis der besten acht der Welt.
»La Repubblica«: »Afrikas Traum heißt Miller.«

»La Gazzetta« verkündete: »Nennt ihn den Mythos Miller. Der alte Löwe frißt Kolumbien auf«, und »La Repubblica« stellte fest: »Afrikas Traum heißt Miller.« Für die Kolumbianer (im Bild: Herrera) geriet der 38jährige Wundermann allerdings zum Alptraum, der mit zwei Traumtoren Kamerun ins Viertelfinale schoß und damit den bislang größten Erfolg Afrikas im Fußball perfekt machte. In Jaunde wird ihm nun ein Denkmal gesetzt, und Miller lächelt dazu: »Ich habe mich nie als Außenseiter gefühlt.«

Achtelfinale
CSFR – Costa Rica
4:1 (1:0)

Mit erhobenem Haupt nach Hause

40 Flugminuten quer über den italienischen Stiefel entfernt von Rom, wo das Herz der 14. Weltmeisterschaft pochte, schlug für das Team aus dem mittelamerikanischen Kleinstaat Costa Rica die Stunde des Abschieds. Mit 1:4 Toren war das Achtelfinalspiel gegen die in der Mannschaft der CSFR vereinigten Tschechen und Slowaken verlorengegangen, doch Trainer Bora Milutinovic haderte um Mitternacht nicht mit des Geschickes Mächten, sondern sprach weise Worte: »Der Traum ist zu Ende, das Leben geht weiter.« Sehr zufrieden sei er damit, wie seine Fußballer während der WM gekämpft und gespielt hätten: »Wir haben unserem Volk eine Freude bereitet.« Neben ihm saß bei der Pressekonferenz stumm und staunend, aber keineswegs niedergeschlagen, der 19jährige Ronald Gonzalez, dem mit einem Kopfball das 1:1 gelungen war, gleichsam als Versprechen für die Zukunft.

Sichtlich bewegt folgte ein mittelgroßer, auffällig korrekt gekleideter Herr im dunklen Anzug, bescheiden im Hintergrund stehend, den Worten von Milutinovic. Dann wurde er nach vorn ans Mikrofon gebeten und zierte sich nicht. »Wir dürfen nicht vergessen, wir sind ein kleines und armes Land«, erklärte Oscar Arias, ehemaliger Staatspräsident von Costa Rica, für sein Engagement um die Befriedung Mittelamerikas mit dem Friedensnobelpreis ausgezeichnet, »und unsere Spieler müssen auch arbeiten, um in Würde leben zu können.« Von Applaus begleitet, zog Arias sich wieder in die Menge zurück. Er hatte alle vier Spiele seiner kickenden Landsleute beobachtet, als Patriot und aus Freude am Fußball. »Es ist ein Menschenrecht, Fußballfan zu sein«, hatte Arias erklärt und davon regen Gebrauch gemacht, ohne sich deshalb zu genieren.

Im Stadion von Bari, das einer an den Strand gespülten Auster gleicht, die sich halb geöffnet hat, weit draußen vor der Stadt ziemlich lieblos in eine karge, von neuen Straßen zerfurchte und mit Parkplätzen versiegelte Landschaft gesetzt, schien es in der Hitze der Nacht ein paar Minuten lang so, als würden die Costaricaner die Favoriten aus der CSFR in Schwierigkeiten bringen können. Das war, als Gonzalez nach einem Freistoß von Ramirez zum 1:1 ausgeglichen hatte, weil er im Kopfballduell mit dem 1,92 m großen Skuhravy obsiegte. »Psychologisch gesehen war das ein heikler Moment«, räumte Trainer Jozef Venglos später ein.

Doch eben dieser Tomas Skuhravy, der seine 92 Kilo klaglos zwischen den beiden Strafräumen hin- und herschleppte, um bei jeder der sogenannten Standardsituationen mit seiner Körpergröße der Abwehr beizustehen, erwies sich als Garant für den Erfolg der CSFR. Schon in der zwölften Minute hatte der Stürmer mit einem Kopfball das Führungstor erzielt, nach einer Flanke des in der Bundesliga für den FC St. Pauli tätigen Knoflicek. Zweimal noch nützte Skuhravy seine naturgegebene Überlegenheit, um den Ball mit dem Kopf ins Tor zu wuchten, und stieg damit kometengleich zum bis dahin erfolgreichsten Angreifer des Tur-

Entsetzen im Blick des costaricanischen Torwarts Barrantes: Tomas Skuhravy hat ihn mit einem weiteren Kopfballtor überlistet. Aber nicht nur im Sturm, auch in der Abwehr überzeugte der Fußballstar aus Prag. Trainer Jozef Venglos: »Im Strafraum ist Tomas sehr flexibel und mobil – im eigenen wie im gegnerischen.«

Nicht nur wegen seiner 1,92 m zählte der Prager Stürmer Tomas Skuhravy zu den überragenden Spielern in Italien. Im Achtelfinale, gegen Costa Rica, wuchtete er den Ball dreimal in das Tor von Costa Rica, stieg damit zum »Torschützenkönig« (5 Treffer) auf und lehrte nicht nur die tapferen Mittelamerikaner, sondern auch alle anderen das Fürchten, die noch was werden wollten bei der Weltmeisterschaft.

niers auf mit fünf Treffern in vier Spielen.
Die ihn umdrängende Reporterschar überragend, stand Skuhravy vor dem Umkleideraum Rede und Antwort, und zwischen den beiden goldenen Halsketten baumelte unsichtbar ein Preisschild. Eine Fünf mit sechs Nullen hatte Vaclav Jezek, der Manager seines Vereins Sparta Prag, draufgeschrieben, und es traf sich gut, daß Jezek der CSFR-Mannschaft als Cotrainer diente bei der WM, der Transferverhandlungen wegen. Die fünf Millionen waren nur als Verhandlungsbasis gedacht, und Nationaltrainer Venglos urteilte darüber: »Was Skuhravy kann, muß mit viel Geld aufgewogen werden.« Venglos läßt seine Fußballer ohne Wehmut ins Ausland ziehen, auf dem Weg, den andere vorangegangen sind: Knoflicek und Kocian zum FC St. Pauli nach Hamburg, Straka zu Borussia Mönchengladbach, Kubik zum AC Florenz, Chovanec zum PSV Eindhoven, Griga nach Rotterdam zu Feyenoord, Moravcik zu AS St. Etienne nach Frankreich. Die einzige Bedingung des Verbands für die Freigabe ist, daß im Gastland ordentlich Fußball gespielt wird, damit die Nationalmannschaft davon profitiert.
Im Spiel gegen Costa Rica setzte Skuhravy seine körperliche Überlegenheit schonungslos ein. Er habe, berichtete er, »schon im Tunnel auf dem Weg zum Spielfeld gesehen, wie klein die Spieler aus Costa Rica sind«, und sich dabei gedacht, »das ist gut für Kopfbälle«. Vermutlich hat der Stürmer den Ausführungen seines Trainers keinen

»Im Tunnel auf dem Weg zum Spielfeld habe ich gesehen, wie klein die Spieler aus Costa Rica sind, und mir gedacht: das ist gut für Kopfbälle«, plauderte der dreifache Torschütze Tomas Skuhravy nach dem 4:1 über Costa Rica aus dem Nähkästchen. Das war freilich nicht

abwertend gemeint, denn die Überraschungssieger über Schottland und Schweden (in der Vorrunde) boten »großen« Fußball (oben: Hector Marchena mit einer »Beinschere«) und hinterließen einen guten Eindruck in Italien und der gesamten Fußball-Welt.

Glauben geschenkt, denn natürlich war dieser Umstand bei der Festlegung der Taktik mit vielen Flanken berücksichtigt worden, und die sah nicht vor, was Venglos nachher rügte: »Mehr Respekt als nötig« hätte seine Mannschaft gezeigt, vor allem während der ersten Halbzeit. Da wurde Skuhravys 1:0 nicht als Basis für ein überlegen geführtes Spiel genützt. Der viel besser als in der Bundesliga auftretende Knoflicek scheiterte beim Versuch, den Ball über Torwart Conejo hinweg ins Netz zu lupfen, weil der die List rechtzeitig durchschaut hatte. Moravcik sah seinen Schuß von Conejo entschärft, und zwischendurch drohte sogar Gefahr bei costaricanischen Kontern, weil die Mittelfeldspieler der CSFR wenig Neigung zeigten, Lücken zu schließen, so daß sich Mittelverteidiger Straka und Libero Kocian ein paar Mal ziemlich alleingelassen vorkamen beim Bemühen, sich einer Überzahl von Angreifern zu erwehren. Cayasso wäre auf diese Weise beinahe der Ausgleich gelungen, und Trainer Venglos kritisierte später: »Wenn Abwehrschwächen auftreten, muß man die Schuld nicht immer bei den Verteidigern suchen.«

In der Pause hatte Venglos seinen Spielern nahegelegt, einen Zahn zuzulegen. Zuerst aber wurde ihnen ein Zahn gezogen. Zwar hatte in der 50. Spielminute Moravcik mit einem Weitschuß, der von der Querstange des Tores zurückprallte, seinen Mannschaftskameraden in etwa den Weg zum Erfolg gewiesen, doch die waren ihm nicht gefolgt. Erst als Gonzalez das 1:1 erzielt hatte, schien ihnen der Ernst der Lage bewußt zu werden. Skuhravy setzte das 2:1 drauf, und Trainer Venglos beobachtete mit Genugtuung: »Dann war der Widerstand bald gebrochen.« Vor dem Abschlußtreffer von Skuhravy schlenzte Kubik beim Freistoß den Ball über die Mauer der costaricanischen Spieler zum 3:1 ins Netz.

Die Mannschaft aus Costa Rica hat das WM-Turnier bei ihrem ersten Auftritt bereichert. Keiner hätte ihnen gegen die Schweden, die sie 2:1 schlugen, eine Chance gegeben. Trainer Bora Milutinovic, der 1986 Coach der Mexikaner gewesen war, die im Viertelfinale der bundesdeutschen Auswahl beim Elfmeterschießen unterlagen, hat in Mittelamerika gute Arbeit geleistet. Milutinovic schied von Costa Rica in Freundschaft und kehrte zurück nach Mexiko. Derweil feierten die Spieler aus der CSFR den Einzug ins Viertelfinale. Skuhravy über den nächsten Gegner: »Die Deutschen sind dynamisch und stabil, wir haben höllischen Respekt vor ihnen.«

Achtelfinale
Deutschland – Holland
2:1 (0:0)

Das Glück der Besseren

Als alles vorüber war, tollten die zwei wie Kinder auf dem Rasen: Guido Buchwald trug Jürgen Klinsmann huckepack, dann wieder hüpften sie nebeneinander, und nichts war mehr zu sehen von Erschöpfung und Mühsal. Ein glückseliges Kinderlächeln stand in Klinsmanns Gesicht, und der Glanz seiner Augen hätte das Giuseppe-Meazza-Stadion allein erleuchten können. Dann umarmte er Ruud Gullit lang und innig. Der letzte Akt eines bemerkenswerten Schauspiels, der Schluß der bis dahin besten Aufführung bei der Weltmeisterschaft.
Friedlich hatten deutsche und holländische Fans den heißen Tag in Mailand verbracht, viele auf der Suche nach Eintrittskarten. An der einzigen offiziellen Verkaufsstelle regelten Carabinieri den Andrang, doch jedem ein Ticket besorgen – das konnten die Freunde und Helfer schließlich auch nicht. Wer Geduld hatte, wurde belohnt, denn während die Preise auf dem Schwarzmarkt tagsüber bis auf 700 Mark angehoben wurden, fielen sie in den Keller, je näher der Anpfiff von Schiedsrichter Loustau rückte. Für 30 Mark hätte man dabeisein können.
Die deutschen Fans auf den teuren wie billigen Plätzen trauten zunächst ihren Augen nicht, als sie ihre Mannschaft sahen. Sechs defensive Spieler – Augenthaler, Kohler, Buchwald, Reuter, Berthold und Brehme – hatte Teamchef Beckenbauer aufgeboten, dafür den Frankfurter Bein auf die Bank gesetzt, und manch einer murmelte ein leises »Feigling«. Wollte denn der Teamchef ausgerechnet in

Lothar Matthäus und Ruud Gullit, die Kapitäne, vor dem Anpfiff der (traditionsgemäß) dramatischen Auseinandersetzung zwischen Deutschland und den Niederlanden im Achtelfinale. Der häßlichen Szene zum Trotz, die zum Platzverweis für Rijkaard und Völler geführt hatte, blieb am Ende der Eindruck eines großartigen Fußballspiels, »einer insgesamt fairen Partie« (Beckenbauer). Gullit versöhnlich: »Ein Spiel unter Nachbarn – unter guten Nachbarn.«

WELTMEISTE
ITALIA
ACHTELFINALE
ITALIA '90

diesem wichtigen Spiel jetzt doch wieder auf Nummer Sicher gehen? Er wollte, doch als der Ball erst rollte, nahm ihm das kaum noch jemand übel. Denn der Schutzgürtel, den die sechs geschickt um das Tor von Bodo Illgner legten, war nicht das einzige, was die Truppe zu bieten hatte. Sie griff an, sobald sich Gelegenheit dazu bot. So auch in der 22. Minute, als der Römer Rudi mit Macht auf das holländische Tor zustrebte. Frank Rijkaard stoppte Völlers Vorwärtsdrang, säbelte ihn um und durfte beobachten, wie der argentinische Schiedsrichter Loustau auf Freistoß für Deutschland entschied und ihm die gelbe Karte zeigte. Doch Rijkaard hatte noch nicht genug. Er folgte Völler und spuckte ihn von hinten an (schade, daß die armen, unschuldigen Lamas immer für den Vergleich herhalten müssen). Völler versuchte, Loustau begreiflich zu machen, was ihm soeben widerfahren war, doch der Mann in Schwarz verstand das bloß als schnöde Meckerei. Und so zeigte er auch Völler die gelbe Karte. Erster Teil dieser Geschichte, doch der zweite folgte sogleich. Wieder bewegte sich Völler auf van Breukelens Tor zu, doch um den Keeper der Niederländer nicht zu gefährden, zog Völler noch im Sprung die Beine an. Daß sich die beiden im Flug trotzdem berührten, war eher van Breukelens Schuld, doch Rijkaard hatte das ganz anders gesehen. Wie ein Schutzmann stapfte er auf auf den am Boden liegenden Völler zu und zupfte ihn frech am Ohr. »Jetzt langt's mir«, dachte sich wahrscheinlich Loustau und schritt zur Tat. Rot für Rijkaard, Rot aber auch für Völler, der nun wirklich nichts verbrochen hatte und sich zu allem Überfluß beim Abgang noch einmal vom bösen holländischen Buben bespukken lassen mußte, der sich für sein Verhalten zwei Tage später wie folgt entschuldigte: »Eine absolute Ver-

»Eine absolute Verrücktheit« nannte Rijkaard selbst sein Verhalten gegen Rudi Völler, das ihm in der Sportpresse den Titel »Lama« einbrachte. Aus einem Foul Rijkaards an Völler und einem (nur von Rijkaard so gesehenen) Foul Völlers an van Breukelen erwuchs ein handfester Krach (oben), der von Rijkaard mit Ohrenzwicken und Gespucke auf die Spitze getrieben wurde (rechts). »Es tut mir leid für Holland, für die Fans und für meinen Freund Rudi Völler«, so Rijkaard später, und Völler gab zurück: »Der Frank hat eben manchmal eine feuchte Aussprache.«

rücktheit! Es tut mir leid für Holland, leid für die Fans, vor allem aber für meinen Freund Rudi Völler. Er hatte die rote Karte nie und nimmer verdient.«

Doch manchmal geschehen auch im Fußball merkwürdige Dinge. So skandalös und falsch das Farbenspiel des Schiedsrichters gewesen war und so sehr es die Menschen an den bundesdeutschen Bildschirmen empörte, so heilsam wirkte sich das Fehlurteil auf dem Spielfeld aus. Die zuvor recht rüden Duelle wurden nun mit etwas mehr Mäßigung ausgetragen, und die deutsche Mannschaft – ja, die mußte sich fast bedanken für Loustaus Aktion. Denn nun spielte sie auf nach dem Motto: Jetzt zeigen wir's euch aber mal richtig. Littbarski rückte für Völler in die Spitze des Angriffs neben Klinsmann und half mit, eine leichte Feldüberlegenheit zu sichern. Und van Breukelen hatte nun, Ende der ersten, Anfang der zweiten Hälfte, alle Händevoll zu tun. Einen Volleyschuß von Buchwald parierte er mit Mühe, ebenso den Abschluß eines Doppelpasses zwischen Matthäus und Klinsmann. Und dann machten Buchwald und Klinsmann das Meisterstück. Wieder tauchte der Stuttgarter Verteidiger ungewohnt leichtfüßig und elegant an der holländischen Strafraumgrenze auf, düpierte zwei Kollegen in Orange, flankte schließlich kurz und scharf, und Klinsmann war zur Stelle, lenkte den Ball zum 1:0 ins Tor. Jahrelang haben die beiden zusammen beim VfB Stuttgart gespielt, aber ein solcher Treffer ist ihnen da nie gelungen. Im Giuseppe-Meazza-Stadion zu Mailand wurden die schwarzrotgoldenen Fahnen geschwenkt, und jeder der Fans empfand dieses Tor ein wenig auch als Genugtuung für Loustaus Irrtum. Und Völler saß derweil auf der Ehrentribüne, fiel dem Pressesprecher des DFB, Wolfgang Niersbach, um den Hals.

Unten auf dem Rasen drehten ihre Jungs jetzt erst so richtig auf. Klinsmann war überhaupt nicht mehr zu bremsen und arbeitete seinen Gegenspieler van Aerle auf, mit dem Trainer Beenhakker endlich in der 67. Minute ein Einsehen hatte und ihn zum Duschen entließ. Kieft kam, ein weiterer Stürmer, und die Holländer gewannen leicht die Ober-

Ein entscheidender Faktor für den Sieg der Deutschen war Jürgen Kohler, der aus seinem mittlerweile schon klassischen Duell mit Marco van Basten einmal mehr als klarer Punktsieger hervorging (linke Seite). Daran konnte auch der wegen eines angeblichen Fouls von Kohler an van Basten verhängte Elfmeter nichts ändern, den Koeman (oben) zum 1:2-Ehrentor verwandelte.

hand. Zweimal rettete Jürgen Kohler in letzter Sekunde gegen van Basten. In der sechsten Auflage dieses immergrünen Duells zwischen den beiden überzeugte der Münchner Verteidiger als klarer Punktsieger.

Und Klinsmann, noch einmal, zum letzten. Nach einem Sololauf knallte er den Ball an den rechten Pfosten, daß der erzitterte, und wenn van Breukelen ein wenig mehr Zeit gehabt hätte, hätte er sich sicher angeschlossen. Danach wurde der völlig erschöpfte Stürmer von Beckenbauer vom Platz geholt. Drei Minuten saß er ganz still auf der Bank, doch dann kehrte alles Leben zurück in den strapazierten Körper. Klinsmann sah, wie Andreas Brehme fünf Minuten vor dem Ende der Partie mit einem Kunstschuß von links nach rechts das 2:0 erzielte – die Entscheidung. Der Sieg gegen den Europameister war unter Dach und Fach. Auf der Tribüne folgte der Umarmung zweiter Teil zwischen Völler und Niersbach, und in der Nähe der deutschen Bank herzte jeder jeden.

Kaum jemand ließ sich noch stören von Loustaus abschließender Glanzleistung, als er einen Umfaller von van Basten mit Elfmeter belohnte, den Koeman zum 1:2 verwandelte. Die beste Tat des Argentiniers war sein überzeugender Schlußpfiff. Franz Beckenbauer, der Teamchef, stand auf und setzte seine Brille ab. Und er sah aus wie ein siebzehnjähriger A-Jugend-Spieler, der im entscheidenden Spiel das entscheidende Tor geschossen hat. Fußball macht jung – nach dem Spiel.

Nach dem Ausfall Völlers fiel Pierre Littbarski (oben) automatisch die Aufgabe zu, die niederländische Abwehr zu beschäftigen und Klinsmann zu entlasten, was er mit Bravour bewerkstelligte. »Er ist heute soviel gelaufen wie nie in einem Spiel zuvor«, wurde »Litti« vom Teamchef gelobt. Anerkennende Worte gab es auch für Hollands glücklosen Trainer Leo Beenhakker: »Die Holländer sind und bleiben eine Weltklassemannschaft.« Der Held des Tages war Jürgen Klinsmann (rechte Seite, mit Gullits Trikot), der sich 79 Minuten lang total verausgabte und sein Tor Rudi Völler widmete. Der meinte nachher: »Das war nicht mehr normal, wie der gerannt ist.«

ORLD
CUP
6

Achtelfinale
Brasilien – Argentinien
0:1 (0:0)

Maradonas Paß zum Sieg

Die Trommeln verstummten. Der Mann, der sie ausdauernd und begeisternd geschlagen hatte, stand da wie benommen und verstand die Welt nicht mehr. Tränen liefen über sein Gesicht. Ob er in Italien bleibe, wisse er nicht. Für ihn wie für alle brasilianischen Fans hatte diese Weltmeisterschaft bereits im Achtelfinale ihre Bedeutung verloren nach der Niederlage gegen Argentinien. Aber er und die vielen Schlachtenbummler schlichen nicht mit hängen-

Siegesgewiß flatterten Brasiliens Farben, hier gehalten von einer kaffeebraunen Schönheit, im piemontesischen Nachmittagswind. Doch das Duell der Erzrivalen Brasilien und Argentinien endete unglücklich für den favorisierten dreifachen Weltmeister. Günter Netzer mochte den Ausgang der Partie geahnt haben, als er, auf Maradona anspielend, um seinen Tip gebeten wurde: »Alles kommt darauf an, was der kleine Dicke macht.«

Wie ein Bild doch täuschen kann – Caniggia fällt über Galvao (rechte Seite), am Ende stolperte Fußball-Supermacht Brasilien über die Argentinier. Das »Jornal do Brasil«, im Nachtritt: »Lazaroni wollte mit europäischem Fußball siegen. Wir gönnen ihm dieses Ende.«

den Schultern davon. Nein, ihr Team schied nicht aus, weil Trainer Lazaronis neues System europäischer Kühle nicht paßte. Erstmals spielte Brasilien brasilianisch, und prompt unterlag die Mannschaft. Ein Sieger bestätigte das Unglück Brasiliens. Diego Armando Maradona sagte, daß Brasilien es nicht verdient hatte zu verlieren: »Sie waren vom Pech verfolgt, ganz einfach vom Pech verfolgt.«

Sebastiao Lazaroni, der in Italien bleibt als Trainer des AC Florenz, traf keine Schuld, auch wenn das zu Hause in Südamerika niemand verstehen will. Er ließ die Zügel los nach den drei zähen Spielen der Vorrunde, in der er hart kritisiert wurde von ehemaligen Aktiven, allen voran Pelé, der als Fernsehreporter in Italien dabei war. Er, Pelé, begreife nicht, wie Brasilien plötzlich mit einem Libero spielen könne. »Vorne, im Sturm, fehlt dieser Mann«, meinte Pelé. Erst als Brasiliens Einzug ins Achtelfinale feststand, als Lazaroni ihm und den anderen mit seinen Erfolgen die Grundlagen ihrer Argumente entzogen hatte, verstummten die Besserwisser. Und sie waren sich nicht zu schade, mit einem Male Lazaroni sogar den Rücken zu stärken. Brasilien war deshalb auch für Pelé Favorit im 74. Aufeinandertreffen der beiden Erzrivalen. Careca und Muller machten das bereits in den ersten fünf Minuten auch deutlich mit zwei riesigen Torchancen. Eine Viertelstunde später setzte sich Dunga durch, zur Führung fehlten nur ein paar Zentimeter. Der Ball krachte an den Pfosten. Brasilien zauberte, Argentinien staunte. Noch schlugen die Trommeln im Samba-Rhythmus. Brasilien war erwacht bei diesen Titelkämpfen, gerade zum richtigen Zeitpunkt. Pelé hatte dazugelernt, Sebastiao Lazaroni erwies sich als geschickter Taktiker, als einer, der scheinbar auch unter starkem Druck eiserne Nerven behält und beim Poker um die WM erst in der Schlußphase die besten Karten auf den Tisch legt.

Antreiber war Alemao, der gemeinsam mit Diego Armando Maradona beim SSC Neapel spielt. Der brasilianische Regisseur war klar besser als sein Klubkamerad, der freilich verletzt war. Er trat mit einem Knöchel an, der dick und bunt war wie ein Osterei; Folgen der vielen Fouls gegen ihn. Eine der zahlreichen Statistiken, die nimmermüde Computer bei der WM ausspuckten, wies auf, daß Maradona derjenige Spieler war, der am häufigsten attackiert worden war. Nach der Partie gegen Brasilien wurden Maradona fünf Tage Pause verordnet.

Ein angeschlagener Maradona, dazu weitere zehn Argentinier, die auf dem schwachen Niveau ihrer enttäuschenden Vorstellungen der Vorrunde weiterspielten: Brasilien schien auf dem Weg ins Viertelfinale nicht aufzuhalten zu sein. Nach dem Seitenwechsel lenkte Argentiniens Ersatztorhüter Goycochea den Ball nach einer Flanke von Careca fast ins eigene Tor. Exakt elf Sekunden später war wieder das metallene Gestänge Endstation eines Torschusses, diesmal ließ Alemao aus 25 Metern einen Schuß los, der an Goycochea vorbeipfiff, aber eben wieder nicht im Netz landete. Beunruhigt waren die Brasilianer noch nicht, denn da war ja auch noch Mittelstürmer Muller, der Serien von Torschußmöglichkeiten hatte. Genutzt wurde keine. »Wer so viele Chancen ausläßt, darf sich nicht wundern, wenn er nicht gewinnt«, meinte ein völlig verwirrter Trainer Lazaroni nach dem Schlußpfiff von Schiedsrichter Joel Quiniou aus Frankreich. Nur das Versagen beim Torschuß beendete die Träume von einem vierten Weltmeistertitel für Brasilien – und der geniale Diego Armando Maradona. »Es kommt ganz darauf an, was der kleine

Nach Traumpaß von Maradona Tor durch Caniggia. Umarmung des Siegduos.

Dicke macht«, sagte Günter Netzer zuvor. Maradona ist zwar längst wieder schlank, aber eben auch weit entfernt von der Form, in der er Argentinien vor vier Jahren zur Weltmeisterschaft geführt hatte. Und doch gab er den entscheidenden Impuls. »Maradona«, so Lazaroni, »ist der beste Spieler der Welt, das war mit ausschlaggebend.« Er gab den Paß zu dem blonden, mitunter sehr schwerfällig wirkenden Caniggia, der danach freie Bahn hatte. Wie er dann allerdings Brasiliens Schlußmann Taffarel umkurvte, war beste Schule, der Torschuß nur noch ein Kinderspiel. Maestro Maradona durfte sich feiern lassen. Neun Minuten waren nur noch zu absolvieren, als er, wie früher, zunächst Alemao, dann Jorginho und schließlich noch Ricardo Gomez verlud. Statt, was erwartet worden war, den Alleingang nun fortzusetzen, schlenzte er den Ball gefühlvoll zu Canigga, der nicht im Abseits stand, wie die Brasilianer meinten.
Maradona hatte selbstlos den Siegtreffer vorbereitet, nur ein Augenblick seiner Genialität hatte genügt, um den Gegner zu besiegen. »Für uns ist der Ball nicht mehr die Fortsetzung des Körpers, sondern ein fremder Gegenstand. Der einzige, der mit dem Ball ein brasilianisches, ein sexuelles Verhältnis hat, ist dieser unausstehliche Maradona«, meinte Gilberto Gil, der brasilianische Poet. Respekt für den Argentinier schwang in seinen Worten mit. Verbitterung aber vor allem über seine Brasilianer. Was denn nur war in Muller gefahren, als er zwei Minuten vor Schluß den Ausgleich

hätte schießen müssen? Mit Wucht drosch er den Ball über die Latte, Brasilien spielte nur noch mit zehn Mann in dieser Phase, da Gomez des Feldes verwiesen wurde, als er den für Stuttgart spielenden Basualdo nur mit einem rüden Foul daran hindern konnte, ebenso alleine auf Taffarel zuzustürmen wie zuvor der erfolgreiche Caniggia. Der brasilianische Torhüter Claudio Taffarel galt vor der Weltmeisterschaft als einer der Besten seiner Zunft, was man von seinen Vorgängern nie behaupten konnte. Doch Taffarel bekam nur selten Gelegenheit, sein Können unter Beweis zu stellen. Gegen Argentinien hielt er Schüsse von Maradona und Burruchaga, das Tor für Argentinien konnte er nicht verhindern. Taffarel immerhin hat den Trost der Jugend, er ist erst 24 Jahre alt. Die Fans waren dagegen kaum zu trösten. 15 000 hatten die Reise von Südamerika nach Italien auf sich genommen und wollten als stolze und fröhliche Weltmeister zurückfliegen.

Nun mußten sie mitansehen, wie Brasilien ausschied, als es anfing, den Fußball zu spielen, den alle sehen wollten. Länger als 90 Minuten.

Das Spiel der Brasilianer (im Bild Careca, bedrängt von Monzon) war gekennzeichnet von Eleganz und Dynamik – und reihenweise vergebenen Möglichkeiten. Der Sieger selbst war es, der die 90 Minuten auf den entscheidenden Nenner brachte, Diego Maradona: »Brasilien hatte es nicht verdient zu verlieren. Es war ganz einfach vom Pech verfolgt.«

Achtelfinale
Irland – Rumänien 0:0 n. V.
5:4 im Elfmeterschießen

»Big Jacks« größter Triumph

Wollte denn gar keine Entscheidung fallen? 120 Minuten hatten beide Mannschaften gar nicht getroffen, und im Elfmeterschießen erwiesen sich Hagi, Sheedy, Lupu, Houghton, Rotariu, Townsend, Lupescu und Cascarino als sichere Schützen. Jetzt war die Reihe an Daniel Timofte, dem Rumänen. Würde er Torhüter Pat Bonner überwinden und danach der Ire O'Leary sein Gegenüber Silviu Lung, dann hätte sogar die nervenzerreibende Elfmeterprozedur verlängert werden müssen.

»The Irish Independent« sah die »Hände Gottes« am Werk, als Pat Bonner den Elfmeterschuß von Timofte parierte. Während sich Irlands sympathischer Torhüter mit Freudentränen in den Augen auf den Rasen kniete, trat der zweite Held des Tages auf den Plan, David O'Leary, und schoß das Leder zum 5:4-Triumph über Rumänien in die Maschen. Der »Elfmeter-Krimi von Genua« war beendet, WM-Neuling Irland stand im Viertelfinale.

Erst in der 98. Minute war Timofte für den ausgelaugten Sabau ins Spiel gewechselt worden, die 30 Grad Hitze und 81 Prozent Luftfeuchtigkeit in dem Genueser Luigi-Ferraris-Stadion konnten also nicht so sehr an seinem Körper gezehrt haben. Und doch: Timofte lief kurz an, schob den Ball, mehr als daß er schoß, nach links. Genau dorthin ließ sich Bonner fallen und versperrte den Weg über die Torlinie. Der Rumäne sank in die Knie, schlug die Hände still vors Gesicht.

Bonner indes sprang auf und hatte sofort einen Mannschaftskameraden jubelnd am Hals. Die Faust ballend lief er zur Mitte des Spielfeldes, als ihm O'Leary entgegenkam. Bedächtig, fast gelassen, legte der 32jährige sich den Ball auf dem kreideweißen Punkt zurecht, taxierte Torwart Lung und schoß in die Maschen des Netzes. Fast drei Stunden nach Anpfiff löste sich die Anspannung in der kaum nachlassenden Schwüle des Genueser Schwitzkastens, und lautstärker noch als während des Spieles schrien die 15000 irischen Kehlen unter den 32000 Zuschauern auf. WM-Neuling Irland hatte sich ins Viertelfinale durchgekämpft, wo das Team auf Turnierfavorit Italien treffen sollte. Das versprach zumindest einen ehrenvollen Abschied.
Jack Charlton konnte wenigstens fünf Tage weiter davon träumen, nach dem Titelgewinn vor 24 Jahren als Spieler der englischen Mannschaft auch als Trainer der irischen Auswahl Weltmeister zu werden. Mit seinem Engagement im Februar 1986 und dem vieler englischer Fußballer, die längst vergessene irische Ahnen in ihren Stammbäumen entdeckt hatten, hatte der Aufschwung des Nationalteams von der Grünen Insel begonnen. Nun war es ein echter Eingeborener, der den Rumänen den entscheidenden Stoß versetzt hatte: David O'Leary, auch wenn er auf der Nachbarinsel beim englischen Erstdivisionär Arsenal London kickt. »Danke, David!« entfuhr es Charlton schlagzeilenkurz. »Für mich ist dieser Tag schöner als der WM-Sieg 1966.«

»Schulter-Schuß« von Andone durch die Rechte Townsends – rumänisch-irischer Sitzfußball. Insgesamt war es ein schwaches Spiel, in dem die Rumänen

zwar als bessere Techniker auftraten, die Iren aber durch ihr undurchlässiges Abwehrbollwerk und ihre unbekümmerte Spielfreude überzeugten.

Wohl kaum weniger als damals hat »Big Jack«, wie die Iren ihren Nationaltrainer stolz nennen, während des Spiels leiden müssen unter der Dramatik. Seine Mütze hatte er mit den mächtigen Händen zerknittert, die sorgfältig über die Kopfesbreite gescheitelten Haare gaben zerzaust die Glatze wieder frei, und mit der demonstrativen Ruhe war es spätestens zu Beginn der zweiten Halbzeit vorbei, als der eingewechselte Cascarino zuerst an Torhüter Lung gescheitert war und dann über das Tor geköpfelt hatte. Nicht zum letztenmal verzog Charlton das Gesicht vor Enttäuschung.

In der 108. Minute, kurz nachdem Houghton den Ball über Lungs Gehäuse gesetzt hatte, schickte der brasilianische Schiedsrichter Wright den wild am Spielfeldrand mit den Armen rudernden Charlton zurück auf die Bank. Die fünf Mann fürs Elfmeterschießen auszusuchen, überließ er der Mannschaft. Nur sie selber konnte noch ermessen, wem die Kraft reicht.

Die 120 Minuten hatten viel Substanz gekostet. In der ersten halben Stunde rannten die Rumänen gegen die Abwehr der Iren an, bis diese ihrerseits mit passablem Flügelspiel die Osteuropäer zurückdrängten. Mitte der zweiten Halbzeit wiederum bewahrte Bonner reaktionsschnell sein Team bei Schüssen von Raducioiu und Hagi vor einem vorentscheidenden Rückstand. In der Verlängerung forderte dann die drückende Hitze ihren Tribut, der Spielfluß erlahmte zusehends.

»Für mich ist dieser Tag schöner als der WM-Sieg 1966«, ließ Jack Charlton, den sie auf der Grünen Insel »Big Jack« nennen, die Welt nach dem Abpfiff wissen. Sein zweiter Spitzname ist »Giraffe«, weil er mit seinem langen Hals alle überragt und das Spielgeschehen stets fest im Blick hat. Nicht so beim Elfmeterschießen gegen die Rumänen: »Ich habe gar nicht hingesehen«, bekannte Englands Ehren-Ire.

Lockerungsübungen der Rumänen vor dem Elfmeterschießen. Nach dem 4:5-Endstand präsentierte sich Trainer Jenei als schlechter Verlierer und suchte nach Ausflüchten für das Versagen seiner ideenlosen Mannschaft: »Der Schiedsrichter hat viele Fouls der Iren nicht geahndet. Wir sind ebenso unglücklich ausgeschieden wie Brasilien.«

Nach dem einzigen Elfmeterschießen des Achtelfinales fiel das Wort »Glück« in so ziemlich allen Variationen. »Ein Glücksspiel«, resümierte Charlton, »ich habe gar nicht hingesehen.« Seine Mannschaft sei hingegen »unglücklich ausgeschieden«, haderte Rumäniens Trainer Emerich Jenei mit dem Schicksal. Und der erfahrene Haudegen Pat Bonner bekam nach der Entscheidung feuchten Auges nur noch den Satz heraus: »Ich bin glücklich.« Es bleibt dabei: Ein Spiel auf diese Art zu verlieren oder zu gewinnen – das ist eine der tiefgreifendsten Erfahrungen in einem Fußballerleben.

Erst recht, wenn es danach weitergeht. »Wir fahren nach Rom. Das ist das Größte«, befand selbstbewußt der irische Kapitän Mick McCarthy.
Die Iren durften ihre erste WM so richtig auskosten, und Charlton baute für die Begegnung mit den bis dahin viermal siegreichen Italienern schon vor: »Wir werden alles geben«, verkündete er vor der Abreise in die Hauptstadt, »um im Falle einer Niederlage erhobenen Hauptes aus dem Stadion zu gehen.« Wem die Glücksgöttin Fortuna einmal so nahe stand, der braucht sich um sein weiteres Schicksal wenig Sorgen zu machen.

Achtelfinale
Italien – Uruguay 2:0 (0:0)

Italiens viertes »Toto«-Spiel

Eines war Oscar Washington Tabarez bereits vor dem Spiel gegen Italien klar: »Unseren Tiefpunkt haben wir schon erreicht«, sagte der Trainer der Uruguayaner, »schlimmer geht es nicht.« Jenes Match gegen Südkorea, das letzte der Gruppe F, hatte das Team aus Südamerika nach einer erschreckend schwachen Leistung erst durch einen Treffer von Fonseca in allerletzter Sekunde gewonnen und sich so fürs Achtelfinale qualifiziert. Noch Stunden nach dem Spiel standen Tabarez die Schweißperlen auf der Stirn, als er versuchte, das Geheimnis seiner Mannschaft zu erklären: die vielfach stark schwankenden Leistungen. Die Natur der Uruguayos sei dafür verantwortlich, ließ er wissen, »entweder meine Männer sind alle Stars oder alle Flaschen. Heute waren sie letzteres.«

Also, es konnte nur besser werden gegen die Squadra Azzurra, den ungeschlagenen Gewinner der Gruppe A. Doch die Italiener begannen ihr viertes WM-Spiel längst nicht so souverän, wie es ihre Favoritenstellung vor mehr als 73000 Zuschauern in Rom hätte erwarten lassen. Zögerlich im Mittelfeld, wo der verletzte Spielmacher Roberto Donadoni und auch Carlo Ancelotti fehlten, ohne die letzte Konsequenz in der Sturmspitze. Dort war Salvatore »Toto« Schillaci, der Mann aus Messina, der während der Vorrunde vom Ersatzspieler zum Nationalhelden befördert wurde, wegen seiner beiden Treffer gegen Österreich und die CSFR, fast auf sich allein gestellt. Denn Roberto Baggio hing weit zurück. Als Traumpaar

Der englische Schiedsrichter Courtney in Aktion – Alvez sieht »Gelb« (oben). Nach dem Abpfiff der Partie Italien – Uruguay, die die »Squadra Azzurra« durch Treffer von Schillaci und Serena 2:0 für sich entschied, sah man in Italien nur noch Grün-Weiß-Rot – der fußballbegeisterte Gastgeber stand im Viertelfinale.
Unten: Italienische Ordnungshüterin mit ihrem »deutschen Schäfer«.
Daß es vom nationalen Überschwang für eine Minderheit nicht weit zur Randale ist, zeigten von Spiel zu Spiel auch immer deutlicher die Italiener. »Es gibt auch Hooligans mit italienischem Paß«, schrieb der »Corriere della Sera«.

waren Schillaci und Baggio von der italienischen Presse nach den jüngsten Siegen gefeiert worden; nun ließ der eine Partner den anderen erst einmal recht allein. Von einer Sturmspitze allerdings, und sei sie noch so kompakt und wild entschlossen wie der Sizilianer, war die massierte und positionssichere Abwehr der Südamerikaner nicht zu verwirren. Eher schon von einer Pfeife. Denn Schiedsrichter George Courtney (Großbritannien) erwies sich als verläßlicher Freund der Italiener, und daß er bei einigen seiner Entscheidungen nach dem Pfiff lächelte, machte die Sache für die »Urus« auch nicht gerade einfacher.
Die Südamerikaner beschränkten sich darauf, das eigene Tor zu sichern, Mittelfeld und Angriff lagen bisweilen so brach wie ein ausgetrocknetes Feld. Mit Absicht, wie Tabarez verriet: »Das ist doch selbstmörderisch, gegen die beste Mannschaft des Turniers anzugreifen.« Nur – die Zeit der Nützlichkeit eines Unentschiedens war mit der Vorrunde zu Ende gegangen, jetzt zählte nur noch der Sieg. Wäre einer ihrer Stars richtig in Form gewesen, Francescoli oder die in Italien engagierten Sosa (Lazio Rom) und Paz (FC Genua), hätte sich zumindest eine kontrollierte Offensive leichter verwirklichen lassen. Aber so...
Was kümmerte das alles unseren Freund »Toto« Schillaci? Mehrfach tauchte er gefährlich vor Torhüter Fernando Alvez auf, der dabei gute Gelegenheit fand, etwas von seinem Können zu zeigen. Größere Unterstützung erhielt der Stürmer

Im gleichen Takt: Die Sturmspitzen Ruben Pereira, im Spiel gegen Italien Uruguays bester Mann

auf dem Platz, und Roberto Baggio, der neben Schillaci zum Liebling der Tifosi avancierte.

nun aus den eigenen Reihen, denn kurz nach der Pause hatte Trainer Azeglio Vicini für den diesmal unzuverlässigen Berti Aldo Serena von Inter Mailand eingewechselt. Der war gerade gut zehn Minuten im Spiel, als er mithalf, den allmählich nervös werdenden Tifosi auf den Rängen Beruhigung und Aufregung gleichermaßen zu verschaffen. Baggio schlenzte den Ball zu Serena, der gab weiter zu Schillaci, und der hämmerte den Ball aus vollem Lauf in Alvez' Kasten. Schon wieder dieser »Toto«! Diesmal kein Treffer mit dem kantigen Schädel, sondern ein perfekter Schuß aufs Tor.

Aldo Serena schließlich hatte noch etwas zu erledigen. Auch er bewies wieder, welch glückliche Hand Vicini bei dieser Weltmeisterschaft mit seinen Auswechslungen hatte. Fünf Minuten vor Ende der Partie wuchtete Serena nach einem Freistoß von Giannini den Ball per Kopf zum 2:0 ins Tor, und nun konnte dem Favoriten wirklich nichts mehr passieren. Als Courtney die Partie beendete, war es längst beschlossene Sache: Nur noch zwei Siege bis zum Finale. Die Mannen aus Uruguay machten sich danach ans Kofferpacken. Wenn sie auch wieder im Achtelfinale gescheitert waren und spielerisch eigentlich nur bei ihrer Niederlage gegen Belgien überzeugt hatten, so unterschied sich ihr Auftritt auffällig von denen früherer Jahre. Statt der einstigen »Holzertruppe« präsentierte sich diesmal eine faire Mannschaft, aus der niemand vom Platz gestellt werden mußte – Novum bei einer Weltmeisterschaft. Wenigstens etwas.

Achtelfinale
Spanien – Jugoslawien
1:1 (0:0)
nach Verlängerung 1:2

Stojkovics Sternstunde

Applaus für Spanien von zarter Hand – doch zu früh gefreut. Dank ihres überragenden Mittelfeldregisseurs Stojkovic gewannen die Jugoslawen 2:1 und qualifizierten sich erstmals seit 1974 wieder für die Runde der letzten acht.

Bei der WM werden Stars gemacht – oder Stars werden wieder vom Himmel geholt und schlimmstenfalls gleich zu Versagern degradiert. Wer wüßte das besser als Emilio Butragueno? Vor vier Jahren begann sein Stern hell zu leuchten, als er als unbekannter 23jähriger auf Torjagd ging und fünfmal traf. Jetzt hatte er gegen die Jugoslawen eine Menge bester Chancen nicht genutzt. In Mexiko war das Achtelfinale seine Sternstunde, als er den Dänen vier Treffer versetzte. Diesmal, gegen die Jugoslawen, war der Tag des Spieles der schwärzeste Tag seines Lebens. »Vielleicht war er das. Doch, das war er«, sagte Butragueno.

»Wenn einer nur mal ins Tor gegangen wäre«, klagte der Stürmer mehr verzweifelt als wütend, »dann wäre alles anders, alles besser gekommen.« In der fünften Minute hatte »Il Butre«, der Geier, wie man ihn in seiner Heimat nennt, den von Torhüter Ivkovic abprallenden Ball neben das Tor geschossen. In der 62. Minute köpfelte er den Ball nach Michels Flanke nur gegen den Innenpfosten und in Ivkovics Arme. Vier, fünf weitere Gelegenheiten ließ er aus. Es mußten ja nicht vier Tore wie gegen die Dänen sein – ein einziges hätte Butragueno so viel weitergeholfen. Mit einem bißchen Glück hätte er seine mäßigen Leistungen in der Vorrunde vergessen machen können. So aber mußte er ohne eine einzige Notierung in der WM-Torschützenliste die Heimreise antreten.

In der 79. Minute hatte Emilio den allerschwärzesten Moment seiner Laufbahn erlebt. Trainer Luis Suarez nahm ihn, den Kapitän der spanischen Nationalmannschaft, vom Platz. Die Binde streifte er vom Arm, das Symbol aus Stoff übernahm ein anderer. Gerade als sich Dragan Stojkovic anschickte, den Jugoslawen ein Star zu werden, denn eine Minute vorher hatte er sein Team in Führung geschossen. Geschickt hatte er den Ball angenommen, den Gegner ins Leere laufen lassen und einfach getroffen. Und das war noch längst nicht alles, was er zu bieten hatte. Salinas glich nur fünf Minuten später aus, und gleich zu Beginn der Verlängerung war es erneut Stojkovic, der mit einem um die Abwehrmauer gedrehten Freistoßtor aus zwanzig Metern den spielerisch überlegenen Spaniern den K.o. versetzte.

Der Starkult hatte einen neuen Fußballer aufs Podest gestellt. »Der schönste Sieg meiner Laufbahn«, jubelte der Jugoslawe mit der Rükkennummer 10. »Ich habe allen bewiesen, daß sie mich zu früh abgeschrieben haben.« Was er in der Vorrunde gebracht hatte, war kaum der Rede wert gewesen, jedenfalls nicht für einen Mittelfeldspieler, der für 15 Millionen Mark Ablösesumme von Roter Stern Belgrad zu Olympique Marseille wechselt.

Jetzt verglich man ihn sogar bereits mit dem Star der Stars, mit Diego Maradona. »Danke für das Kompliment, eine schöne Idee«, entgegnete »Picie« Stojkovic, sichtlich den Rummel um seine Person genießend. Denn: »Italia '90 hat lange auf Dragan Stojkovic warten müssen«, schrieb der Londoner »Daily Telegraph«. Und der Jugoslawe

Jugoslawiens Torhüter Ivkovic bei der Faustabwehr. Spaniens Coach Luis Suarez über die Niederlage seiner Mannschaft: »Der Gegner hat uns dafür bestraft, daß wir unsere Chancen nicht genutzt haben.« Sein jugoslawischer Kollege Ivica Osim: »Unser großer Siegeswille hat die Partie entschieden.«

nahm die Rolle mit Freude an: Mit Sonnenbrille erschien er auf der Pressekonferenz und fuhr anschließend statt im Mannschaftsbus in einem ebenso weißen wie noblen Auto davon.
Schon auf dem Rasen des Veroneser Stadions Bentegodi, bei 34 Grad brütender Hitze, hatte Stojkovic eine gewisse Lässigkeit an den Tag gelegt. Zu laufen hatten andere, er begnügte sich damit, im richtigen Augenblick am richtigen Platz zu stehen. »Stojkovic ist ein großer Spieler«, lobte sein Trainer Ivica Osim, »aber ihm fehlen noch Konstanz und Kontinuität, um ihn mit Maradona vergleichen zu können.« Und mit einem verschmitzten Lächeln fügte er an: »Stojkovic ist wie Jugoslawien.« Will sagen: Wenn ihn die Lust packt, kann er das Spiel an sich reißen. Aber nur dann, und er ist – wie eine launische Diva – großen Formschwankungen unterworfen. »Es leben die Anarchisten des europäischen Fußballs«, verkündete der »Corriere della Sera«, »es lebe Picie, ihr Oberhaupt.«
Ob er dem Vergleich mit Maradona standhält, konnte das Viertelfinale zeigen, denn der Gegner in Florenz hieß nun also Argentinien. »Wenn wir so stark wie gegen Spanien antreten, können wir sie schlagen«, erklärte Stojkovic, den der Mut gepackt hatte. Eine vor der WM oft geäußerte Ahnung der Experten hatte sich deutlich bestätigt: Die Jugoslawen waren so unberechenbar wie die Form ihres Spielmachers.
In Mexiko waren die Spanier im Elfmeterschießen des Viertelfinales an den Belgiern gescheitert. Auch diesmal war ihnen das Glück nicht hold. »Wir waren klar die bessere Mannschaft«, klagte Suarez, und sogar sein Gegenüber Osim gab ohne große Umschweife zu: »Das Spiel hätte auch anders ausgehen können.« Wenn der Ball bei Butraguenos Versuchen statt an den Pfosten oder daneben nur einmal ins Tor gegangen wäre, wenn so Emilio den Jugoslawen einen Schock hätte versetzen können – dann wäre für Butragueno die WM vielleicht erst richtig losgegangen und Stojkovic wäre immer wieder die gleiche Frage gestellt worden: Warum konntest du in diesem wichtigen Moment nicht deine Fähigkeiten ausspielen?
Hätte, wäre... Das alles zählt nicht. »Wenn der Ball ›nein‹ sagt«, weiß Butraguenos spanischer Stürmerkollege Michel, »kann man noch so gut spielen.«

Achtelfinale
England – Belgien 0:0
nach Verlängerung 1:0

Vorteile für Belgien, Sieg für England

»Wir haben überlebt. Das ist das einzige, was zählt«, sagte Englands Teammanager Bobby Robson, der sich von der seit dem WM-Start anhaltenden Kritik an dem phantasielosen Kraftfußball seiner Mannschaft nie irritieren ließ, nach dem Abpfiff des Achtelfinalspiels gegen Belgien. Die Belgier (im Bild: Claesen) waren die Besseren gewesen und hatten doch 0:1 verloren. »Von zehn Spielen würden wir neun gegen sie gewinnen«, haderte Demol mit Belgiens Schicksal.

Was hat Fußball mit Gerechtigkeit zu tun? Gibt es ein Anrecht darauf, nach drei dicken Chancen endlich ein Tor zu erzielen, und andersherum, hat jener kein Tor verdient, der schon im zweiten Versuch die große Gelegenheit nutzt? Das wäre ja alles zu einfach und auch irgendwie langweilig. Also geschah es folgerichtig im Achtelfinalspiel zwischen England und Belgien in den letzten Sekunden der Verlängerung nach fast 120 Minuten, daß David Platt mit einem faszinierenden Treffer seiner Mannschaft den Sieg bescherte, obwohl die Belgier die Partie dominiert hatten. Als sich jeder im schmucken Stadion von Bologna bereits auf Elfmeterschießen eingestellt hatte, fiel die Entscheidung zur grenzenlosen Enttäuschung der Belgier.

Mit leichten Vorteilen waren sie ins Spiel gegangen, die Flamen und Wallonen. Der englische Löwe war zuvor recht schlapp durch die Vorrunde geschlichen mit nur zwei Törchen in drei Spielen. Deren Dompteur Bobby Robson war vor allem in der britischen Presse immer wieder kritisiert worden wegen des berechenbaren, einfallslosen Fußballs, den die Mannschaft zeigte. »Doch wartet ab«, sagte Bobby Charlton, der Spielmacher der Weltmeister-Mannschaft von 1966, »wir steigern uns noch.«

In der Tat gaben die Engländer nach der ersten Drangphase der Belgier zu Beginn des Spiels wenigstens einige Proben ihres Könnens. Wenn Chris Waddle an den Ball kam, versuchte der, die eingefahrenen Wege des Kick-and-rush zu verlassen; doch seine Auftritte waren nicht repräsentativ für die Spielanlage seiner Mannschaftskameraden. Die bevorzugen einen Stil, der so recht zu manchem Namen paßte: Gascoigne, Butcher, Bull und Platt, da wird es einem ja angst und bange.

Die Belgier freilich ließen sich nicht schocken. Angetrieben von den Routiniers Gerets (36 Jahre) und Ceulemans (33) bauten sie ihr sicheres Kombinationsspiel auf. Die erste große Chance bot sich Mittelfeldmann Bruno Versavel schon nach drei Minuten, doch der 40 Jahre alte Peter Shilton, der zum 122. Mal im Tor der Engländer stand, konnte gerade noch mit einer Hand parieren. Der nächste Streich folgte eine Viertelstunde später von Ceulemans, der nach einem überraschenden Paß den Ball schon fast verstolpert hatte, schließlich aber doch wuchtig abzog und das linke Lattenkreuz traf. Mehr Glück hatten die Belgier später, als der souveräne dänische Schiedsrichter Mikkelsen einen Treffer von Barnes wegen Abseits nicht anerkannte – zu Unrecht, wie die Fernsehbilder bewiesen.

So wichtig wie Gerets für die Moral der Mannschaft war an diesem Abend in Bologna Regisseur Enzo Scifo für großzügige Pässe und Beweise spielerischer Leichtigkeit. Und auch Scifo stand der Pfosten im Wege. In der 51. Minute landete dort sein mit viel Effet getretener Distanzschuß. Ein Meisterschuß, der nicht belohnt wurde.

Dem hatten die Engländer nicht viel entgegenzusetzen. Gary Lineker, Torschützenkönig der Weltmeisterschaft 1986, kam meist eine Zehntelsekunde zu spät an den

Waddle überspringt Versavel, England überwand Belgien. Mit Blick auf die Auseinandersetzung mit Überraschungsgegner Kamerun

im Viertelfinale kündigte Teammanager Bobby Robson an: »Wir haben noch Reserven und wollen weiter durchmarschieren.«

Gille

Ball; immer noch ein guter Spieler, aber eben kein unwiderstehlicher Torjäger mehr. Und so zogen Lineker und alle anderen in die Verlängerung ein; zum vierten Mal reichte im Achtelfinale die reguläre Spielzeit nicht, um einen Sieger zu ermitteln. Alles ging so weiter wie bisher: die Belgier dominierend, die Engländer reagierend, mit fortschreitender Zeit zeichnete sich ein Sudden death im Elfmeterschießen immer deutlicher ab.
Doch dann kam Platt, der blonde Junge mit Statur und Frisur eines Eton-Schülers. Der Freistoß von Gascoigne – harte Strafe für einen harmlosen Rempler von Gerets – landete beim eingewechselten Stürmerstar von Aston Villa, und aus war der Traum für die Belgier. Kein Wunder, daß sie mit ihrem Schicksal haderten. »Es ist grausam, so auszuscheiden«, klagte Enzo Scifo. Und Demol meinte: »Von zehn Spielen gegen sie würden wir neun gewinnen.« Und warum dieses eine nicht? »Um hier zu gewinnen, muß man nicht gut spielen, man braucht nur Glück«, sagte Demol. Wer aber hätte jemals davon gehört, daß Glück etwas mit Gerechtigkeit zu tun hat?

Sie können es nicht fassen: Preud'Homme, van der Elst und Scifo nach dem »Platt-Schuß«, der Belgien aus dem Rennen warf (links). David Platt hatte in der 120. Spielminute einen von Paul Gascoigne gefühlvoll über die belgische Abwehrmauer gezirkelten Freistoß ins Tor verlängert. Das Ergebnis stellte den Spielverlauf weitgehend auf den Kopf (was oben von Claesen veranschaulicht wird), hatte doch Belgien das Spiel weitgehend bestimmt.

Viertelfinale
Halbfinale und Finalspiele

Argentinien

Jugoslawien

Italien

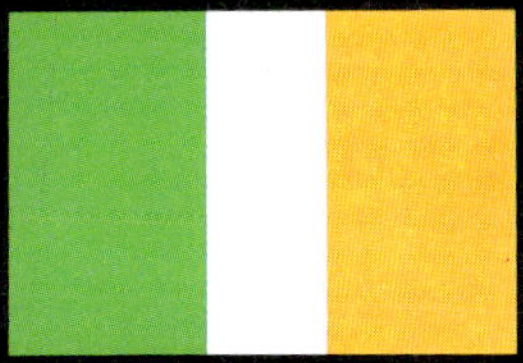

Irland

Deutschland

Tschechoslowakei

England

Kamerun

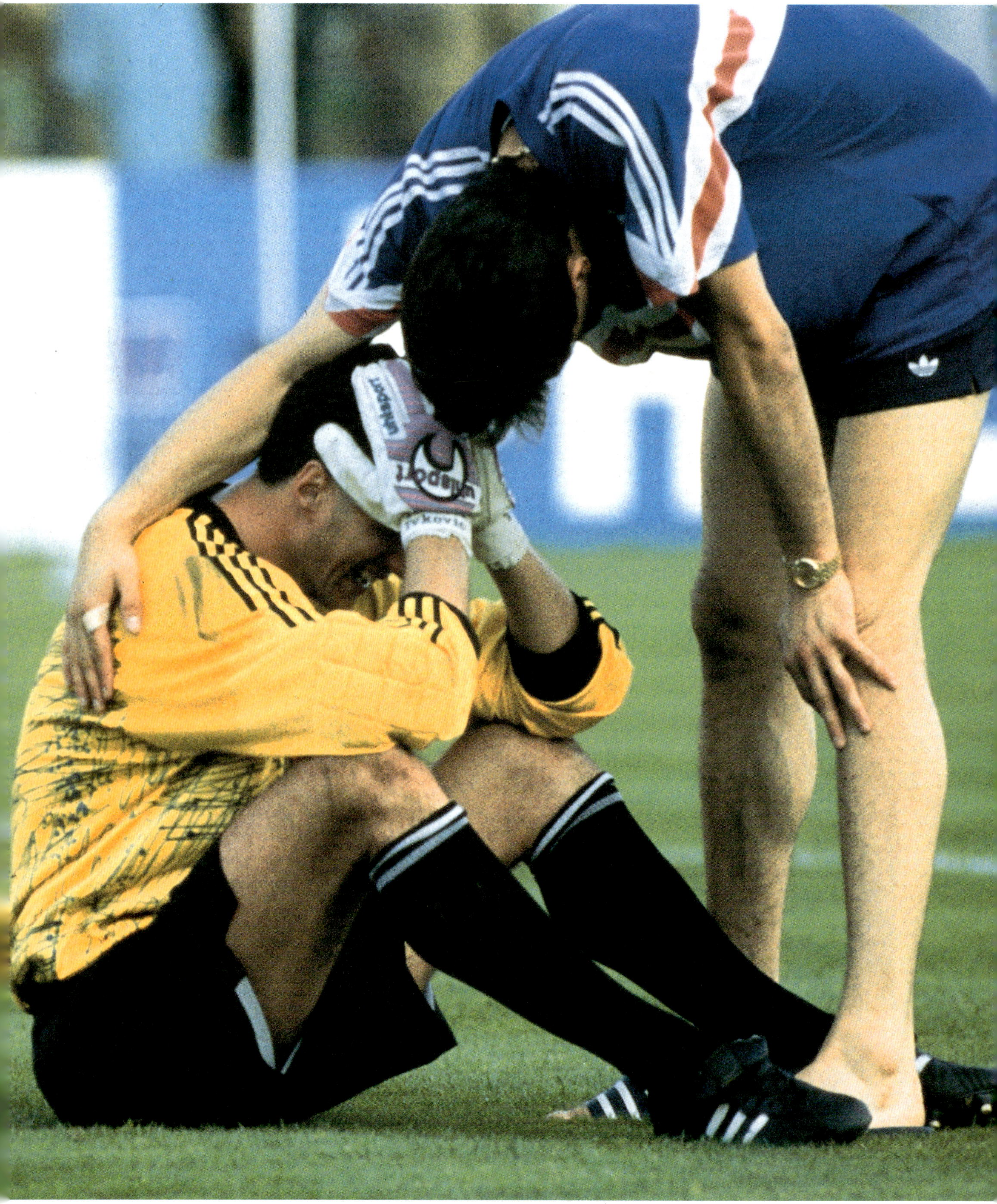

Viertelfinale
Jugoslawien – Argentinien
nach Verlängerung 0:0
2:3 im Elfmeterschießen

Frau Fortuna, Argentiniens »zwölfter Mann«

Es ist nicht schwer sich vorzustellen, wie sich einer fühlt nach 120 Minuten Fußball bei 38 Grad im Schatten: den dröhnenden Puls an der Schläfe oder in der Halsschlagader spüren wie den überhitzten Körper, das Zucken in den Waden, Boten des Krampfes. Und wie hinter einer Nebelwand fliegen Fetzen von Gedanken über das Spiel, dieses Viertelfinale zwischen dem Weltmeister Argentinien und Jugoslawien. An die Szenen beispielsweise, die den Fortgang des Geschehens maßgeblich beeinflußten: In der 24. Minute entschied der Schweizer Schiedsrichter Kurt Roethlisberger auf Freistoß für Argentinien, und Sabanadzovic in der Mauer der Jugoslawen hielt den erforderlichen Abstand von 9,15 Meter nicht ein. Dafür sah er die gelbe Karte. Sieben Minuten später foulte Sabanadzovic Maradona, weder bösartig noch mit Folgen für Maradona, klassischer Fall für einen simplen Freistoß ohne Farbenspiel. Doch Roethlisberger, der bis zu diesem Viertelfinale zur Gruppe der Favoriten für die Leitung des Endspiels gehörte, fand, die Aktion sei wieder mit Gelb zu ahnden. Auch zwei halbe gelbe Karten führen zu einer roten, und Sabanadzovic mußte gehen.

Nun mag es ja die alte Fußballweisheit geben, wonach ein reduzierter Gegner oft gefährlicher spielt als eine komplette Mannschaft, und die Jugoslawen taten auch alles, um sie zu bestätigen, doch in der Hitze des Florentiner Sommertages waren ihren Bemühungen Grenzen gesetzt. Trotz allem: Sie besaßen die besseren Torchancen. Allein dreimal nach Flanken von Stojkovic, dem schmächtigen Star der Jugoslawen, kamen Mitspieler frei zum Schuß auf das Tor von Goycochea, zum letztenmal kurz nach Beginn der Verlängerung, doch ohne Erfolg. Natürlich, auch die Argentinier hatten ihre Möglichkeiten, doch bei Gefahr war Ivkovic im Tor der Jugoslawen auf dem Posten.

Und dann lag der Ball plötzlich doch im Tor, Sekunden vor dem Ende der Verlängerung. Schütze Burruchaga blickte sich freilich schon im ersten Jubel fragend nach Roethlisberger um. Ob der nun das Handspiel des Argentiniers tatsächlich gesehen hatte (erst mehrfache Zeitlupen-Wiederholungen im Fernsehen machten es deutlich), oder ob er nur eine Konzessionsentscheidung für den Rausschmiß von Sabanadzovic fällte –

Der 1. Juli war ein schwarzer Tag für die Jugoslawen. Vergebens versucht ein Spieler, Torhüter Ivkovic zu trösten, der beim Elfmeterschießen einmal zuviel danebengriff (linke Seite). Die internationale Sportpresse war sich einig: Die Jugoslawen hatten 120 Minuten lang das bessere Spiel gezeigt, davon 90 Minuten zu zehnt (Sabanadzovic war in der 31. Minute wegen Fouls an Maradona vom Platz gestellt worden), während sich die Argentinier vor allem auf ihren »zwölften Mann« verlassen konnten, nämlich Frau Fortuna…

Kurze Verschnaufpause vor der Verlängerung – Argentiniens Trainer Dr. Carlos Bilardo leistet moralische Aufrüstung (oben). Er führte den amtierenden Weltmeister ins Halbfinale, doch mochte über die glanzlose Art und Weise seiner Siege keine rechte Freude in der Heimat aufkommen. »Ich habe 30 Millionen Feinde in Argentinien – das ganze Volk!«, beklagte sich Bilardo, und fuhr trotzig fort: »Hier bin ich, hier bleibe ich und mache was ich will. Wir sind unter den letzten vier, und das trotz der vielen Verletzungen – was wollen also die Schwätzer?«

Oh, Diego! Der bestbezahlte Fußballspieler der Welt hatte Argentiniens Sieg auf dem Fuße, doch diesmal, beim Elfmeterschießen gegen Jugoslawien, waren ihm die Fußballgötter nicht hold. 2:1 stand es für Argentinien, als Maradona zu einem unplacierten Schuß ansetzte, der dann direkt in Ivkovics Händen landete. Anschließend glich Savicevic zum 2:2 aus, Troglio und Brnovic verpaßten, Hadzibegic trat an…

wer weiß. Kein Tor, Elfmeterschießen, Zumutung für marode Körper und müde Geister nach 120 Minuten. Am besten nichts fühlen, nichts denken, nur rein mit der Kugel. Serrizuela ist der erste. Anlauf, Schuß, Tor, 1:0. Dann kommt Stojkovic, jongliert den Ball noch kurz zweimal auf dem Fuß und sieht maßlos nervös aus dabei. Gegen seinen Schuß hat Goycoechea keine Chance, doch es bleibt beim 1:0, denn der Ball landet an der Latte. Stojkovic zieht sich das Trikot über den Kopf, und die Gedanken kreisen: jetzt unsichtbar sein und darauf warten, daß doch noch alles gut ausgehen möge. Burruchaga trifft, 2:0; Prosinecki auch, 2:1. Maradona ist dran. Legt den Ball zurecht, nimmt kurz Anlauf und schiebt dann die Kugel so langsam und unplaciert, daß Ivkovic keine Mühe hat, zu halten. Die Jugoslawen jubeln, Maradona schlägt die Hände vors Gesicht und schickt einen verzweifelten Blick zum Himmel. Will er schon wieder Hilfe von dort? Savicevic gleicht aus zum 2:2, anschließend trifft Troglio nur den Pfosten. Gibt es schließlich doch einen verdienten Sieg für die Jugoslawen? Dann löst sich Hadzibegic aus dem Lager der Lauernden im Mittelkreis, geht zum Elfmeterpunkt, doch wird von Roethlisberger zurückgeschickt. Die angegebene Reihenfolge der Schüt-

zen sieht zunächst einen anderen vor, Brnovic. Der ist ein wenig überrascht, alles geht sehr schnell, und so läßt auch er einen lauen Schuß los, den Goycoechea halten kann. Alles wieder offen: Dezotti bewahrt die Ruhe, verwandelt zum 3:2, und dann macht sich Hadzibegic noch einmal auf den Weg. Er weiß, daß alles vorbei ist, wenn er jetzt nicht trifft; es gibt niemanden, der mit ihm tauschen möchte. Er scheitert, wieder hält Goycoechea; Argentinien steht im Halbfinale. Während sich der Torhüter jubelnd in die Arme seiner Mannschaftskameraden wirft, schleicht Hadzibegic davon; irgend jemand will ihn trösten, doch er ist jetzt unerreichbar. Fertig mit der Welt.

Als die Jugoslawen längst in der Kabine verschwunden sind, hüpfen die Sieger immer noch auf dem Rasen umher, Maradona und seine Männer. Einige mit nacktem Oberkörper, einer im jugoslawischen, einer im eigenen Trikot. Es ist der Moment, in dem jagender Puls und Krämpfe vergessen sind, der Moment, in dem sich das Glück über den Sieg und die Erleichterung darüber, wieder davongekommen zu sein, treffen. »Es stimmt«, sagt Diego Maradona später, »wir haben glücklich gewonnen. Aber Glück bekommt man nicht geschenkt; das muß man sich erarbeiten.« Muß man wirklich?

...und der Mann zwischen den Pfosten war auf dem Posten. Goycoechea hielt und hievte damit die Argentinier ins Halbfinale. Während sie einen Freudentanz aufführten, verließen die Jugoslawen mit hängenden Köpfen das Stadion. Ihr Trainer Ivica Osim murrte: »Elfmeterschießen ist ein Glücksspiel. Wir hatten genügend erstklassige Chancen, um das Spiel für uns zu entscheiden. Daß es nicht hat sein sollen, ist mehr als tragisch.«

Viertelfinale
CSFR – Deutschland
0:1 (0:1)

Nach souveränem Start im Zickzack übers Feld gestolpert

Helmut Kohl (Österreich) zeigt Moravcik (CSFR) die rote Karte (oben). Der hatte nach einem verlorenen Laufduell gegen Littbarski wütend ein Loch in die Luft getreten und dabei seinen linken Stiefel verloren, was der Schiedsrichter mit übertriebener Strenge ahndete. Ausgleichende Gerechtigkeit: Mit zehn Mann spielte das CSFR-Team verstärkt auf und brachte die deutsche Elf des öfteren in Bedrängnis. Eine gute Figur machte wieder Jürgen Kohler (rechts), der gegen den Stürmer-Star Skuhravy hart, aber fair zur Sache ging.

Franz Beckenbauers wildes Gesten- und Mienenspiel gegen Ende der Partie sprach Bände. Steil senkrecht und vor allem zornig ragte seine Stirnfalte auf, immer wieder breitete er die Arme als Zeichen der Hilflosigkeit und Ungeduld aus, das innere Beben stand funkelnd in seinen Augen. Dabei führte seine Elf zu diesem Zeitpunkt hochverdient 1:0 gegen die CSFR, und wenig sprach dafür, daß der Gegner doch noch das Halbfinale der 14. Fußball-WM erreichen könnte. »Gegen zehn Leute noch in Gefahr zu kommen, dieses Spiel aus der Hand zu geben, dazu fällt mir nichts ein«, zeterte Beckenbauer. Muß ihm aber doch, denn was er seinen Leuten vom Spielfeldrand zurief, dürfte nicht vom Feinsten gewesen sein. »Das will ich hier nicht wiedergeben«, sagte schnaubend der Teamchef.

Doch letztlich – Affe tot, Klappe zu, die Auswahl des Deutschen Fußball-Bundes schaffte den Einzug ins Halbfinale. Damit ist das zuvor gesteckte Ziel, unter die letzten Vier zu kommen, erreicht. Immerhin.

Beckenbauers Aufstand an der Außenlinie wurde von den Zehntausenden bundesdeutscher Fans auf den Rängen des Mailänder Giuseppe-Meazza-Stadions zwar nicht mitgetragen, doch auch sie werden enttäuscht gewesen sein, daß ihre Favoriten nach einstündiger Demonstration von Weltklasse plötzlich und nur schwer erklärlich in ein Tief stürzten, das viele fast vergessene Fehler und Nachlässigkeiten der Vergangenheit offenbarte. Ein anfangs leichtes Spiel geriet auf diese Weise noch zu harter Knochenarbeit. Auslöser des unvermittelten Schwächeausbruchs war paradoxerweise der Platzverweis des CSFR-Mittelfeldspielers Lubomir Moravcik, der für sich wiederum sehr viel Heiterkeit hervorrief – nur bei den Tschechoslowaken nicht. Denn der bereits verwarnte Moravcik hatte nach einem verlorenen Duell mit Littbarski wütend ein Loch in die Luft getreten und dabei seinen Stiefel verloren, was Schiedsrichter Helmut Kohl offenbar als groben Verstoß gegen die Regel-Etikette betrachtete: Eine rote Karte für schlecht gebundenes Schuhwerk, das sieht vermutlich nicht einmal der Knigge vor. Profitiert von dieser Lachnummer jedenfalls hat allein das CSFR-Team, das in den letzten 20 Minuten stark aufkam und sich einige Male gefährlich dem Tor von Bodo Illgner näherte.

Es ist auch bei dieser WM schon einige Male zu beobachten gewesen, daß Mannschaften in Überzahl von ihrer spielerischen Linie abkommen und im Zickzack über das Feld stolpern. Die Ursache dafür liegt gewiß im Psychologischen, der numerische Vorteil verleitet offenbar direkt zu geistiger Überheblichkeit. Jedoch an diesem brütendheißen Nachmittag (33 Grad im Schatten) hat es noch einen anderen ganz wesentlichen Grund für den schroffen Leistungsabfall gegeben. »Die CSFR hat von Anfang an nicht mitgespielt, die Begegnung verzögert und uns kommen lassen«, klagte Beckenbauer. Und wie sie kamen! Zweikampfstärker, schneller, kompakter und auch technisch reifer schälten die Deutschen ihre Tormöglich-

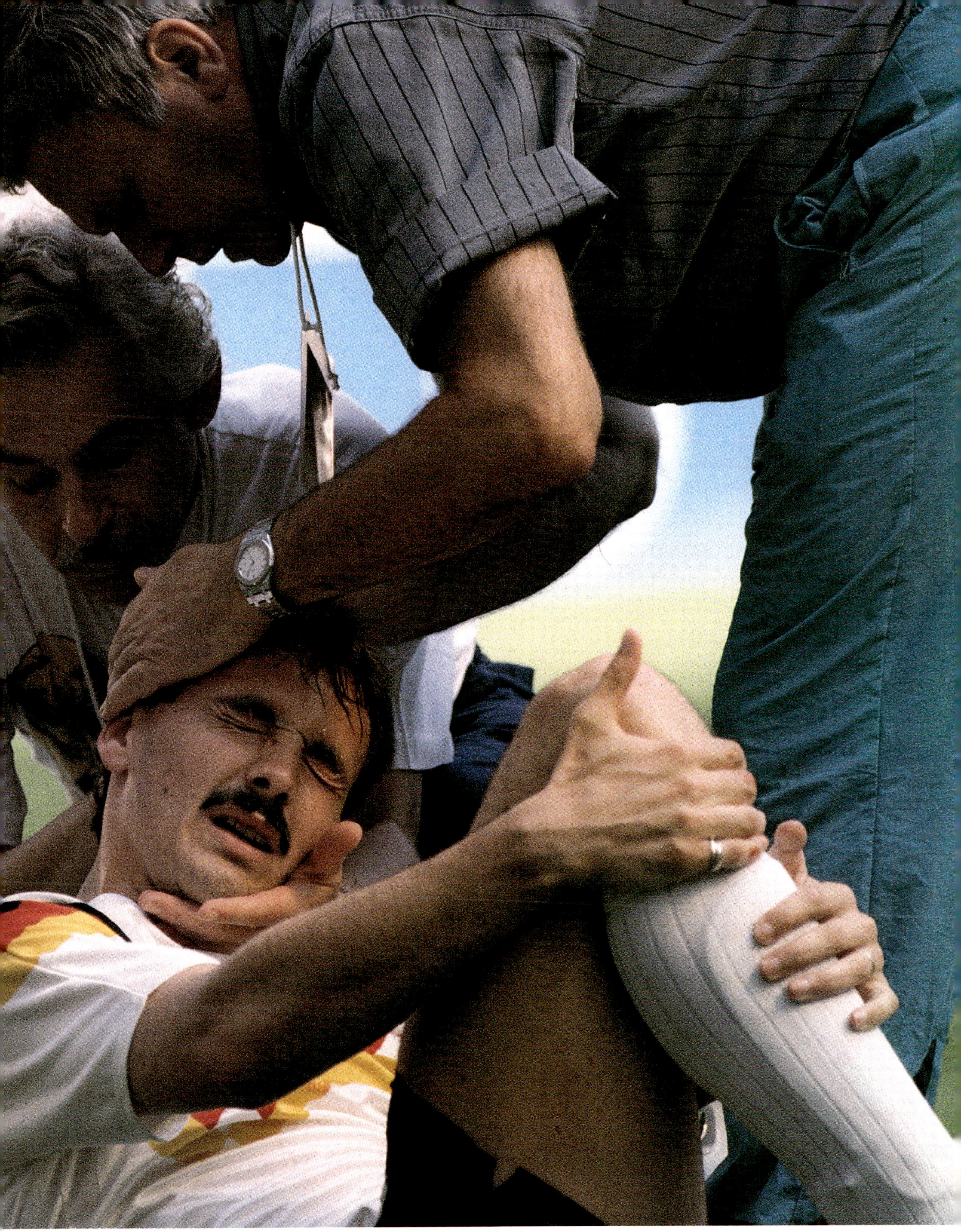

Die 25. Spielminute. Nach Foul von Straka und Chovanec an Klinsmann wurde Deutschland ein Strafstoß zugesprochen. Kapitän Lothar Matthäus, vom jugoslawischen »Sportjournal« als »Hirn und Organisator des deutschen Teams« gepriesen, legt sich den Ball zurecht (rechte Seite), der kurz darauf mit 107 Stundenkilometern ins rechte Eck von Stejskals Tor schießt (oben). Der Elfmeter sollte der einzige Treffer in dieser Begegnung bleiben, die von den Deutschen schnell als »Arbeitssieg« abgehakt wurde.

keiten heraus wie Bananen aus der Schale. Buchwalds Direktannahme und sein Kopfball nach anschließendem Eckball fanden in Schlußmann Jan Stejskal und dem in eine stark defensive Rolle gezwungenen Spielmacher Ivan Hasek ihre Meister. Wenige Sekunden vor der Pause rettete Hasek ein zweites Mal per Kopf auf der Linie, als Klinsmann aus sechs Metern abgezogen hatte. Und eine Minute nach der Halbzeit hatte sich Bilek so günstig postiert, daß er Buchwalds Kopfball für den geschlagenen Stejskal aus dem Torraum wegschlagen konnte. Dazwischen lag eine Vielzahl aller Attraktivitäten, die der Fußball so bietet, insgesamt eine Augenweide. Seine Kritik kann Teamchef Franz Beckenbauer da nur an der mangelnden Konsequenz im Abschluß geübt haben.

Bei all diesem Ballzauber sprang nämlich nur ein Erfolg heraus, und der kam auch noch durch einen Strafstoß zustande. Klinsmann, dessen Auftritt in den ersten 45 Minuten den Traum von seinem fliegenden Flügelspiel gegen die Holländer wach werden ließ, schlängelte sich zwischen seinen Gegenspielern Straka und Chovanec durch, irgendeiner streckte das Bein in seinen Lauf und brachte den blonden Sprinter zu Fall. Den Elfmeter trat Lothar Matthäus mit aller Wucht halbrechts in die Maschen zum 1:0 (25.). Dies wirkte wie das Signal zu einem kleineren Schützenfest, blieb letztlich aber die Entscheidung und der einzige Treffer. Ein weiteres Mal hätte Schiedsrichter Helmut Kohl (Österreich) auf den Punkt zeigen können, als Uwe Bein den CSFR-Torwart bereits ausmanövriert hatte, von diesem aber nicht ganz hasenrein am erfolgreichen Torschuß gehindert wurde. Eine Premiere feierte der Deckungsverband, indem er erstmals in Italien das Geschenk eines Gegentreffers verweigerte. Libero Klaus Augenthaler trumpfte sicherer auf als zuvor, gewann seine Privatduelle und leitete manch ansehnliche Attacke ein. Sein Assistent Jürgen Kohler beging keinen wesentlichen Fehler, Tomas Skuhravy schraubte sich lediglich einmal zu einem seiner gefürchteten Kopfstöße in die Luft. Auch Ivo Knoflicek richtete gegen Thomas Berthold keinen Schaden an. Andreas Brehme freilich riß sich, wie man in der Fußballersprache sagt, keinen Fuß raus. »Der kann mehr, der hat zu wenig getan«, tadelte der Teamchef. Der Mann für alle Fälle ist erneut Guido Buchwald gewesen, gleich stark in der Defensive wie im Angriff. Sein frisch erwachtes Selbstbewußtsein eröffnete ihm völlig neue Möglichkeiten. Buchwald, das Musterexemplar an Konstanz, schwang sich zum besten Spieler auf. Besser jedenfalls als Matthäus, dessen Motor, wie es schien, nicht recht ansprang, dessen Dynamik diesmal ein wenig verborgen blieb. Pierre Littbarski, zu Beginn ein wirbelnder Unruhestifter, ließ später ebenso nach wie alle anderen, vielleicht von Uwe Bein abgesehen, der sich redlich mühte, in der Phase der Konfusion zu retten, was an Konzeption übrig war. Karlheinz Riedle, der Ersatz für den gesperrten und mit stürmischen Sprechchören auf der Tribüne begrüßten Rudi Völler, spielte wacker mit, eine Alterna-

adidas

tive zum Römer-Rudi ist er nicht. Das Duo Klinsmann-Völler muß die Konkurrenz Riedles nicht fürchten.
Angsterregend haben diesmal auch die Tschechoslowaken nicht eben aufgetrumpft, sie vermittelten lange den Eindruck, als hätten sie in ihrem lärmenden Hotel etliche Tage nicht geschlafen, als hätte auch der Umzug in ein anderes Etablissement am Tag vor dem Spiel nur wenig gefruchtet. Nicht einmal ein Telegramm von ihrem Staatspräsidenten Vaclav Havel vermochte sie zu beflügeln, der geschrieben hatte, er vergleiche deren Siegeswillen mit den Bemühungen der CSFR-Bevölkerung, welche »alles nur mit anständigen Mitteln erreichen will«. Ganz schön haben sie einige Male hingelangt, sind dafür aber vom schwarzen Herrn Kohl über die Maßen hart bestraft worden mit drei gelben und einer roten Karte. Die Deutschen, die in dieser an und für sich fairen Begegnung nicht weniger energisch zu Werke gingen, handelten sich nur eine Verwarnung ein. Ausgerechnet für ihren zurückhaltendsten Mann, für Jürgen Klinsmann. Mit seiner freundlichen Haltung mag sich Helmut Kohl vielleicht in der Bundesrepublik beliebt gemacht haben, kaum aber bei den FIFA-Verantwortlichen im Hinblick auf das Finale. Dort fehlte er. Dem DFB-Team wäre es ebenso ergangen, hätten sich Bekkenbauers düstere Ahnungen bewahrheitet: »Wenn wir so im Halbfinale spielen, haben wir keine Chance«, wetterte der Teamchef über die schwache Vorstellung im letzten Spieldrittel. Den Rest aber verschwieg er.

Deutsch-tschechische »Wurschtelei« im Mittelfeld. »Jetzt können wir uns nur noch selber schlagen«,

hatte der Teamchef nach dem Holland-Spiel gemahnt, um nach dem CSFR-Spiel zu klagen: »Heute hätten wir das fast geschafft.«

Viertelfinale
Italien – Irland 1:0 (1:0)

Veni, vidi, Schillaci!

Die leidenschaftlich kämpfenden Männer von der Grünen Insel lieferten den hochfavorisierten Italienern im Viertelfinale die bis dahin schwierigste Partie auf dem grünen Rasen. Die »Blauen«, die »Azzurri« also, taten sich schwer gegen diese »irren Iren« (respektvoll gemeint), die völlig respektlos zur Sache gingen (wie auf dem Bild gegen Maldini) und keinen Augenblick lang an Defensive dachten. »Wir haben zwar nicht die Weltmeisterschaft, aber die Welt gewonnen«, freute sich Irlands Presse.

Es geschieht selten, daß ein Trainer sich dafür entschuldigt, daß seine Mannschaft nur knapp gewonnen hat und nicht haushoch. »Es tut uns leid, daß wir keine besseren Ergebnisse erzielt haben«, beteuerte Azeglio Vicini, »obwohl wir immer phantasievoll gespielt haben.« Der Phantasie seiner italienischen Mannschaft waren allerdings im Viertelfinale in Rom Grenzen gesetzt, und es bedurfte der Gewaltanwendung sowie eines Abspielfehlers der Iren, um diese 1:0 zu besiegen und in die Runde der letzten vier Einzug zu halten.

Donadoni schoß in der 37. Spielminute aus halblinker Position derart kraftvoll, daß dem hochspringenden McGrath die Lederkugel über den Krauskopf flitzte und Torhüter Bonner sie so spät sah, daß er ihre Geschwindigkeit total unterschätzte; 92 Stundenkilometer ermittelte der Computer. Bonner hätte den Ball fausten statt fangen sollen, so warf ihn die Wucht des Schusses zu Boden und Schillaci, der Mann mit dem sechsten Sinn, fand Muße, den Ball ins Netz zu schlagen. Hochbeglückt sank der Schütze in die Knie und reckte die Arme himmelwärts. »Schillacissimo!«, so schlagzeilte anderntags die »Gazzetta dello Sport«.

Der Sizilianer mit dem animalischen Spieltrieb hätte seinen frischen Ruhm als Retter des italienischen Fußballs an diesem Abend weiter mehren können, wäre er vom Glück begünstigt gewesen und vom Schiedsrichter nicht benachteiligt worden. Beim Freistoß wuchtete er den Ball gegen die Unterkante der Querstange, und es wunderte sich einmal mehr alle Welt, woher dieser kleine Treibauf dazu die Kraft hernimmt. Die Lederkugel prallte auf die Torlinie und von dort ins Feld zurück. Später umkurvte Schillaci Torhüter Bonner und traf ins Tor, doch hatte der Linienrichter die Fahne gehoben, um eine Abseitsposition anzuzeigen, eine Fehlentscheidung, wie die Fernseh-Zeitlupe bewies.

Vicini reagierte darauf ungewohnt heftig. »Ich verliere nicht so leicht die Nerven, aber so ein Fehler ist unzulässig bei einer Weltmeisterschaft«, rügte er. »Alle Menschen haben Augen im Kopf und ich erwarte, daß sie die offenhalten. Wir haben Unrecht erfahren, darüber kann es überhaupt keinen Zweifel geben.« Er müsse damit an die Öffentlichkeit, denn »meine Mannschaft muß das Gefühl haben, daß ich mich für sie einsetze«. Über diese Klage amüsierte sich Jack Charlton, der Teammanager der unterlegenen Iren. »Das hat Vicini wirklich gesagt? Also, dann erinnern Sie sich bitte daran, daß *er* das gesagt hat, nicht ich.« Denn auch Charlton hätte allen Grund gehabt, Beschwerde zu führen über die Pfeiferei des Portugiesen Valente, denn der hatte den Iren ganze 13 Freistöße zugesprochen und deren 35 gegen sie verhängt, eine krasse und ganz offensichtliche Benachteiligung.

Ungeachtet dessen und obwohl sie in keiner Phase des Spiels so sehr unter Druck gerieten, daß verhängnisvolle Fehler die Folge gewesen wären, blieben Jack Charltons aufopferungsvoll kämpfende Boys chancenlos in ihrem Bemühen um den

Sieg. Einmal übersprang der lange Quinn während der ersten Halbzeit die Abwehr, ohne Torhüter Zenga mit seinem Kopfball in Verlegenheit zu bringen. Später versuchten die Iren ihr Glück über die Flügel, sie verbesserten damit allerdings nur den optischen Eindruck. Und den Ball möglichst lange in der Luft zu halten, um Vorteile im Kopfballspiel zu nützen, erwies sich als ebenso kurios wie nutzlos.

Immerhin sind den Italienern Grenzen aufgezeigt worden von einer Mannschaft, die mit zwei Treffern und ohne Sieg, erfolgreich nur im Elfmeterschießen, in das Viertelfinale gelangt war. Sie kreiste Schillaci ein, der jammerte, es sei »eine Qual gewesen gegen diese Riesen. Drei waren immer um mich herum«. Obgleich hoffnungslos unterlegen bei Kopfballduellen mit McCarthy, versuchte er es immer wieder, und sein Trainer lobte ihn für diesen selbstlosen Einsatz. Es fehlte Schillaci die Unterstützung durch den müde wirkenden Baggio, der Serena weichen mußte, dem As aus Vicinis Ärmel, das diesmal allerdings nicht stach. Beim Konter setzte Serena einen Kopfball neben das Ziel und scheiterte etwas später an dem ihn entgegenstürzenden Bonner.

Die italienische Mannschaft mußte danach weiter mit dem Makel leben, den Titel mit dem geringstmöglichen Aufwand und einem ebensolchen Ertrag anzustreben: 1:0, 1:0, 2:0, 2:0, 1:0. Wäre Schillaci nicht gewesen, hätte gar ein 0:0 in dieser mageren Bilanz auftauchen können. Aber es saß im römischen Olympiastadion ja

Jack Charlton, Chef der »Bank von Irland«. Nach dem Abpfiff verkündete er: »Ich möchte jetzt noch ein bißchen feiern und singen und am Montag fischen gehen.« Aus letzterem wurde nichts: Am Montag wartete eine halbe Million Iren am Flughafen von Dublin auf »die grünen Jungs« und ihren Lieblings-Engländer, der von Premierminister Charles Haughey flugs zum »Ehren-Iren« ernannt wurde. Außerdem befreite er »Big Jack« von allen Zukunftssorgen: »Wenn Sie jemals einen Job suchen, können Sie meinen haben.«

Freistoß »Toto« Schillaci – der Ball nahm einen ähnlichen Lauf wie dereinst derjenige von Wembley, prallte an die Querlatte, fiel auf die Torlinie und sprang zurück ins Feld. Doch diesmal wurde kein Tor gegeben. »Toto« war trotzdem der Held des Tages – sein Treffer in der 38. Spielminute brachte Italien den Einzug ins Halbfinale. Schillaci anerkennend über den Gegner: »Es war eine Qual gegen diese Riesen.« Goodbye, Jack Charlton. Die Iren waren eine große Bereicherung der 14. Fußball-Weltmeisterschaft.

noch Vialli sprungbereit auf der Bank, der als Torjäger eingeplant gewesen war, ehe Schillaci ihn verdrängte. Das passierte auch Giannini, für den Trainer Vicini den Routinier Ancelotti einwechselte, einer Denk- und Verschnaufpause wegen, aber auch, weil im Mittelfeld auffällig viele Fehlpässe zu beobachten waren und lediglich de Agostini auf der linken Seite mit gewohnter Präzision spielte.

Schillaci versprach »Arrivederci Roma« und verabschiedete sich in Richtung Neapel zum Semifinalspiel gegen die Argentinier. Jack Charlton, der englische Trainer der Iren, wünschte good bye! und bedankte sich, eine Dose Tonicwasser pur in der Hand, für die Gastfreundschaft, die seine Mannschaft in Sizilien, Sardinien und auf dem Festland genossen habe. Die Aufzählung der Reisestationen konnte allerdings als Kritik daran verstanden werden, wie sie von dem Veranstalter herumgeschubst worden waren. Das irische Team habe zwar »heute nicht so gut gespielt, wie das möglich gewesen wäre«, sei aber im 17. Länderspiel innerhalb von 581 Tagen zum erstenmal besiegt worden, erklärte Charlton.

Gleich nach dem Spiel hatte Charlton mißgelaunt auf dem Rasen zwei Fernseh-Kameraleute handgreiflich aus dem Weg geräumt und auf dem Rückweg eine liegengebliebene Plastikflasche mit dem gewaltigen Fußtritt des ehemaligen Stoppers und Weltmeisters durch die Luft befördert. Später war er wieder nett und sagte, vorerst habe er genug vom Fußball: »Ich möchte jetzt nach Hause gehen, noch ein bißchen singen und am Montag zum Fischen fahren.« Indes begannen sich die irischen Fans in Dublin zusammenzurotten zum Empfang, und es sollen an die 500000 gewesen sein, die Charlton und seine Boys begrüßten. Und in den Pubs der Hauptstadt geschah, was der irische Teamkapitän Mick McCarthy genau prophezeit hatte: »Man wird uns mit einer historischen Sauferei feiern.«

Viertelfinale
Kamerun – England 2:2 (0:1)
nach Verlängerung 2:3

Jenseits von Afrika

Die Uhr war abgelaufen an diesem 1. Juli 1990, eine halbe Stunde vor Mitternacht. Doch ganz hatten sie ihre Mission noch nicht erfüllt. Unbeschwert und lokker, am Leib jeder einzelne das schweißdurchtränkte, ehemals weiße Trikot vom Gegner, traben dreizehn Fußballer aus Kamerun durchs Oval des mit über 55000 Zuschauern besetzten Stadions San Paolo von Neapel. Es ist ihre Ehrenrunde. Trommeln, afrikanische, geben den Rhythmus dieses Laufes vor. Die Oberkörper sind nicht gebeugt, die Köpfe schlackern nicht kraft- und mutlos auf dem Hals hin und her. Sie haben verloren, sind ausgeschieden im Viertelfinale der Fußball-Weltmeisterschaft. Doch wer interessiert sich dafür, jetzt, in diesem Augenblick. Für die Sieger interessiert sich kaum einer. Englands Kicker brüllen sich allein die Anspannung der zurückliegenden 120 Minuten aus dem Leib. Am lautesten John Barnes. Der einzige Künstler im Team der Kämpfer war erneut total von der Rolle und wurde früh aus dem Geschehen genommen. Die Gesichter der Engländer sind die Gesichter von Menschen, die sich aus einer Panik befreit haben und gar nicht wissen, wie.

David Platt hatte das Team von der Insel in Führung gebracht. Nach 25 Minuten gewann Verteidiger Pearce auf dem linken Flügel in Nähe der Eckfahne einen Sprint um den Ball, drosch diesen placiert auf die Stirn des heransegelnden Platt, der Kameruns Torsteher N'Kono ohne Mühe bezwingen konnte. Es war die erste Torchance Englands, eine einzige würde in der regulären Spielzeit folgen. Was für ein Team, das Kameruns Trainer Valerij Nepomniachi aufbot, um die erste Semifinalteilnahme eines afrikanischen Landes zu erkämpfen. Vier aus dem Stamm mußten nach zweimaliger Verwarnung durch die Schiedsrichter ersetzt werden. Darunter N'dip Akem, der Libero, und auch der schmächtige, quirlige Mbouh, als Ballschlepper zuvor von größter Wichtigkeit. Alle waren sie der Ansicht, der Verlust derartiger Kräfte allein würde die Briten entscheidend begünstigen: Kommentatoren, ehemalige Nationalspieler, andere Experten der Zunft. Unverhohlen verschenkten sie ihre Sympathien an die Himmelsstürmer aus dem Westen Zentralafrikas, nostalgisch wurde bereits bewertet, welche Folgen das bisherige Abschneiden Kameruns für den Fußball auf dem Schwarzen Kontinent zeitige. Dabei wollten die gar kein Mitgefühl, sie wollten Anerkennung. Nicht solche, die man an die Außenseiter, die Randfiguren verteilt, die für Momente in die bestehende Ordnung eingreifen und Unterhaltung ins Business bringen. Hat es denn überhaupt noch eines Beweises bedurft, daß eine fußballerische Entwicklungshilfe andere nötig haben?

Libiih hätte mit seinem Schädel neun Minuten vor dem Wechsel das Resultat verändern müssen. Omam-

Cyrille Makanaky, einer der Besten im Team um den »alten Löwen« Roger Miller. Brasiliens lebende Fußball-Legende Pelé tröstete: »Für mich seid ihr die wahren Weltmeister!« Und selbst von der britischen Insel ertönte es mitleidig und selbstkritisch: »Robson bedankte sich bei den glücklichen Sternen. Deklassiertes England stoppte Afrikas Löwen.« (»Daily Mail«)

»Das afrikanische Märchen endete im Viertelfinale«, bedauerte der »Corriere della Sera«, »aber Kamerun hat seine WM mehr als gewonnen.« Auf allen Kontinenten wurde dieser Schmerz über das unglückliche Ausscheiden der »unbezähmbaren Löwen«, die das weltweite Publikum mit ihrem Spiel entzückten, geteilt. Acht Minuten fehlten noch zum Halbfinale gegen Deutschland – dann wurde Kamerun zwei Mal aus elf Metern von Gary Lineker (links) bezwungen: 2:2, 2:3, aus.

Biyik, dieser hochgewachsene, grazile Angreifer, rannte schon nach zwölf Minuten bar jeder Begleitung auf den 40jährigen englischen Schlußmann Peter Shilton zu, ohne diesen zu bezwingen. Cyrille Makanaky vom französischen Zweitligisten SC Toulon, der allein schon auffällt, weil ihm die Haarpracht als Rastalocken ins Gesicht fällt, umkurvte die englischen Profis ein ums andere Mal wie einst Ingemar Stenmark auf der Skipiste die Slalomstangen. Und dann Roger Miller. Ist dieser Fußballer wirklich schon 38 Jahre alt? Kann der nicht noch 20 Jahre kicken, für alle, die den Fußball lieben? Paul Gascoigne, sicherlich der Stärkste seines Teams, wurde von Miller zum Schulbuben degradiert. Ob er dem englischen Kraftprotz, der erstaunlicherweise über eine veritable Technik verfügt, die Lederkugel mit der Brust übers Haupt schlenzte, sie ihm zwischen die strammen Waden hindurchzwirbelte, ob er ihm beim Antritt auf den ersten sechs Metern einen Meter abnahm: Wie macht er das bloß, der Roger Miller? Seine Landsleute haben Lieder auf ihn getextet. Lieder, die von Gleichheit, Glück und Zukunft handeln.

Nach einer Stunde bringt Gascoigne Miller aus schierer Not im englischen Strafraum zu Fall. Kunde trifft zum Remis. Sechs Minuten später bedient Miller den 38 Sekunden zuvor eingewechselten Ekeke. Shilton ist ohne Chance, wie seine Vorderleute zu diesem Zeitpunkt. Später wird Kameruns Art Fußball zu spielen mit dem Prädikat »zukünftiger« bedacht: körperlich resolut (kein Team foulte während der WM mehr), taktisch diszipliniert, am Ball brillant. Makanakys Schuß blockt Wright (der sich trotz eines klaffenden Risses über dem linken Augenlid wacker in Szene setzte) mit letzter Kraft ab, Omam-Biyik, nach Doppelpaß mit Miller, verfehlt mit der Hacke nur, weil Shilton überragend reagiert. Und plötzlich pfeift Schiedsrichter Edgardo Codesal aus Mexiko Strafstoß. Lineker fiel mit Massings Unterstützung über dessen langgestrecktes Bein. Der Weisheit zum Trotz, nach der der Gefoulte nie selbst vollstrecken sollte, wuchtet Lineker, 1986 mit sechs Treffern WM-Bester, das Leder zum 2:2 in die Maschen. Verlängerung. Das einzige, was bei den Engländern zu laufen scheint, ist der Schweiß, Kamerun bleibt weiter die bessere, überlegene Mannschaft. Es sind immer dieselben Namen: Omam-Biyik köpfelt Shilton in die Hände, Makanaky probiert sich aus spitzem Winkel. Dann fällt der Ball unvermutet Gascoigne vor die Füße. Den Bruchteil einer Sekunde braucht er, um den verhängnisvollen Stellungsfehler Kundes zu erkennen und das Leder auf Lineker zu passen. Torwart N'Kono bleibt nur der Griff zum Fuß des Anstürmenden. In der 115. Minute bauscht sich das Netz hinter ihm zum dritten Mal, wieder hatte Lineker verwandelt. Am Ende jubeln die Verlierer. Nie hat eine afrikanische Formation besser abgeschnitten, nie hat das Establishment dieser Sportart so deutlich erkennen können, daß Afrika Anschluß gefunden hat an den Fußball Europas oder Südamerikas, überdies seine Entwicklung vorantreibt.

Am nächsten Morgen müssen die Gewinner in heimischen Zeitungen lesen, sie hätten gekickt wie zu Großvaters Zeiten: konzept- und ideenlos. Sie haben Glück gehabt, berichten fast alle und formulieren daraus einen Vorwurf. Englands Teamchef Bobby Robson, Sohn einer Bergarbeiterfamilie aus der Grafschaft Durham, hat schon vor der Viertelfinal-Begegnung seinen schreibenden Peinigern den Zutritt zum Mannschaftsquartier verweigert. Der Mann kann nicht verstehen, was plötzlich so schlecht ist am britischen Way of life, der auf dem Fußballplatz seine Entsprechung findet. Kantig, kompromißlos und schnörkellos verrichten die Kicker aus Liverpool, London, Tottenham oder Glasgow ihre Tätigkeit auf dem Rasenrechteck. Ehrliche Maloche, wie Robson findet. Vorher hatte die Meute aus der Londoner Fleet Street bereits beschlossen, »Neapel« sei ein schönes Wort für Robsons Abschied. Nachher erstikken der und seine Elf, trotz des 3:2-Erfolges, beinahe am britischen Chauvinismus, der das Vergangene nicht vergessen und das Jetzige nicht begreifen kann. Bis 1961 war Kamerun zu Teilen Treuhandgebiet des Empire. In dieser lauen Sommernacht, 30 Jahre später, ist viel vom Triumph der Afrikaner über ihre Lehrmeister die Rede. Und kaum davon, daß England seit 1966 wieder im Halbfinale eines Endrundenturniers steht, zum zweiten Mal überhaupt.

»England torkelte unter die letzten vier«, konstatierte die Londoner »Times«, »Kamerun hat England überrollt und ein Spiel verloren, das es bereits gewonnen hatte.« Acht Minuten vor Ablauf der regulären Spielzeit foulte Kunde Lineker (oben), der den Strafstoß zum 2:2-Ausgleich verwandelte. In der Verlängerung brach sich dann mehr und mehr der britische Kampfgeist Bahn, den die Afrikaner mit ihrer Spielkunst zu konterkarieren versuchten (linke Seite: Tataw überspielt Wright). Der zweite Elfmeter für die Engländer beendete dann die Träume der Afrikaner, die mit einer Ehrenrunde vielumjubelt Abschied von der WM nahmen. Englands Trainer Bobby Robson: »Ich verstehe, daß alle für Kamerun die Daumen gedrückt haben. Ich war bisher auch immer für Kamerun.«

Halbfinale
Argentinien – Italien
1:1 (0:1)
nach Verlängerung 1:1
4:3 im Elfmeterschießen

Arrivederci Roma

Eine hundsgemeine Intrige habe dieser kleine Teufel namens Maradona gesponnen, um die italienische Squadra Azzurra zu vernichten, tönte drohend die Stimme des Volkes gleich hinter Neapel stiefelaufwärts. Wenn auch in der Nacht der Tränen geboren, aus Wut und Verzweiflung über den Rauswurf ihrer Mannschaft aus dem Weltmeisterschaftsturnier, so geschah die Schuldzuweisung der Tifosi nicht ganz grundlos. »Es stört mich, daß man bei dieser Gelegenheit die Neapolitaner um Unterstützung bittet«, hatte der in Diensten des SSC Neapel

»Un'estate italiana«, der italienische Fußballsommer, endete für Italien frühzeitig am 3. Juli gegen 22.30 Uhr. So wie die beiden Tifosi (oben) versank das ganze Land an diesem schwülen Sommerabend in abgrundtiefe Trauer: keine Autokorsi, keine Jubelszenen, allerorten zwischen Salurn und Agrigent nur heiße Tränen und hängende Köpfe. »Der blaue Traum ist aus«, titelte »Tuttosport«. Argentinien hatte in einem 120 Minuten währenden Spiel (rechte Seite: Troglio ist de Agostini »über«) hervorragenden Fußball gezeigt und am Ende beim Elfmeterschießen einfach mehr Glück gehabt.

stehende argentinische Fußballer gerügt, »während sie für die restlichen Tage des Jahres nicht als Italiener anerkannt werden.«
Was half es, daß Neapels Bürgermeister Pietro Lezzi den neapolitanischen Gastbürger Maradona zurechtwies und ihm vorwarf, er sei zwar ein außergewöhnlicher Ballkünstler, habe aber »unser Land nicht verstanden«? Nichts mehr, und ebensowenig, daß die Zuschauer Tausende grün-weiß-roter Fahnen schwenkten im Stadion San Paolo und die argentinischen Spieler beim entscheidenden Elfmeterschießen mit gellenden Pfiffen zu irritieren versuchten. Donadonis Schuß wurde von Goycoechea pariert, Serena knallte die Lederkugel dem argentinischen Torhüter auf den Leib, das Spiel, das nach zwei Stunden erbitterten Fights 1:1 geendet hatte, war verloren mit drei gegen vier Elfmetertreffern, der »Intrigant« Maradona mit seinen argentinischen Eindringlingen ins Finale eingezogen und die Dolchstoßlegende geboren. Der italienische Teamkapitän Bergomi: »Rom war alles für uns, alle haben uns da unterstützt. Heute waren nicht alle für uns.«
Ist also ein Wunder geschehen im wundergläubigen Neapel? Davon könne keine Rede sein, hat Maradona erklärt. Der Sieg über Brasilien, der sei ein Wunder gewesen. »Heute hat der Wille Argentiniens gesiegt. Vor dem Spiel hätte man von einem Wunder sprechen können, jetzt nicht mehr.« Diego liebt das Pathos in seinen Worten, aber er hat recht. Denn anfangs schien seine Mannschaft chancenlos, als die Italiener programmgemäß die Führung übernahmen, in der 18. Spielminute schon und nach einem verwirrenden Angriffswirbel. Über mehrere Stationen flog der Ball zu Giannini, der ihn über einen Gegner lupfte und mit seinem Kopfball den statt Baggio eingesetzten Vialli in eine günstige Schußposition brachte. Torhüter Goycoechea ließ die Lederkugel abprallen, und Schillaci schien geahnt zu haben, was passieren würde. Ohne mit der Wimper zu zucken

schlug der Sizilianer mit dem sechsten Sinn für günstige Gelegenheiten den Ball ins Netz, zum fünftenmal in diesem Turnier.
Es waren nun ein starker Wille und ein fester Glaube an den Sieg vonnöten bei dem Versuch, den Italienern im Mittelfeld die Macht zu entreißen.
Im Team der Argentinier fehlte nach der Pause Calderon, für den Trainer Bilardo zur Belebung des Spiels im Mittelfeld Troglio eingewechselt hatte. Das gelang, allerdings verbunden mit erheblichem Risiko. Zwar ermöglichten Maradona und Burruchaga mit einem Angriff über die linke Seite Serrizuela einen Torschuß, und Burruchaga drang bei seinem Solo in Tornähe vor, doch fand Vialli im Gegenzug freie Bahn vor, ehe er sich beim Querpaß verschätzte. Dann begann in dieser Phase der Partie das italienische Spiel im Mittelfeld zu erlahmen, wie insgesamt bei der Mannschaft ein Leistungsabfall zu beobachten war.
Der Mut, ohne Rücksicht auf Verluste auf Angriff zu setzen, wurde in der 69. Minute belohnt. Maradona schlug den Ball auf die linke Seite zu Olarticoechea, der zog die Flanke herein und Caniggia ließ den Ball über den Kopf zum 1:1 ins Netz rutschen. Torhüter Zenga war zum ersten Mal bei dieser Weltmeisterschaft bezwungen, nachdem er 518 Minuten lang in WM-Spielen fehlerlos geblieben war. Dieser Rekord bereitete Zenga allerdings keinerlei Freude, zumal ihn sein Mannschaftskapitän Bergomi eines Fehlers zieh: »Walter hat falsch reagiert.« Anstatt dem Ball entgegenzuspringen, war der Torhüter zögernd stehengeblieben.
Vicini reagierte sofort, schickte die in Reserve gehaltenen Angreifer Baggio und Serena in den Kampf für Vialli und Giannini, und daß er den aus dem Spiel nahm, ist allseits mit Kopfschütteln registriert worden. Es gelang nicht mehr, das Geschehen auf dem Rasenrechteck wieder in den Griff zu bekommen, das längst Diego Maradona und seine Freunde bestimmten. Die stürzten Baresi und seine Verteidigungslinie von einer Verlegenheit in die andere, und die Italiener konnten von Glück sagen, daß sie sich in die Verlängerung retteten.
In der zusätzlichen halben Stunde schien die Entscheidung doch noch zugunsten des italienischen Teams zu fallen. Plötzlich lag Baggio am Boden, rappelte sich wieder auf, hielt sich die linke Gesichtshälfte. Der Schiedsrichter, Monsieur Vautrot, rannte zu seinem Linienrichter, besprach sich mit ihm, kehrte zurück und hielt Giusti die rote Karte unter die Nase. Giusti soll, was keiner gesehen hat (der Linienrichter ausgenommen) und auch der Fernsehkamera verborgen geblieben war, Baggio en passant ins Gesicht geschlagen haben.
Den dezimierten Argentiniern blieb als einzige Hoffnung, sich ins Elfmeterschießen zu retten. Maradona verschaffte ihnen mit sensationellen Dribblings Luft, und Caniggia hielt mit langen Spurts über die Flügel den Gegner auf Distanz. Als Vautrot nach reichlich zwei Stunden das Schlußsignal gab, jubelte Maradona, als

Für die Italiener hatte alles so verheißungsvoll begonnen: 1:0 in

der 18. Minute durch Schillaci! Doch in der zweiten Halbzeit kamen die Argentinier – mit Caniggia, der per Kopfball zum 1:1 ausglich.

»Kriegsrat« der Argentinier vor dem Elfmeterschießen (oben), das Bilardos Männer mit 4:3 für sich entschieden. Wer hätte nach deren demütigender Niederlage gegen Kamerun im Eröffnungsspiel noch einen Pfifferling auf ihre Finalteilnahme gesetzt? »Wir brauchen Monate, um das zu vergessen!«, klagte »Toto« Schillaci (links, mit verspanntem Rücken), der Komet dieser WM, Italiens neuer Nationalheld, den man beim Endspiel in Rom gern in den Himmel gehoben hätte. So mußte »Gazzetto dello Sport« schreiben: »Maradona bleibt der König« (rechte Seite, mit Bergomi). Des Königs Fazit: »Dieses Spiel ist eines der saubersten der WM gewesen, ein Spiel unter Menschen, die sich nicht wehtun wollten.«

sei das Finale schon erreicht. Baresi, der Libero, schoß den ersten Elfmeter und traf unhaltbar in die linke Torecke. Serrizuela ließ sich von den ohrenbetäubenden Störmanövern der Zuschauer nicht beirren und glich zum 1:1 aus. Danach war Baggio das Glück hold, denn Goycoechea berührte den Ball mit den Fingerspitzen. Burruchaga erzielte das 2:2, de Agostini und Olarticoechea erhöhten auf 3:3. Alle hatten sie nach links gezielt, Donadoni versuchte es rechts. Das war ein Fehler. Goycoechea hatte die Zielrichtung geahnt und wehrte den Ball ab. Ein Schrei des Entsetzens stieg aus dem Stadionkessel in den Nachthimmel. Maradona blieb in der Schwüle der 29 Grad eiskalt und täuschte Zenga mit einem unverschämt lässigen Rollerball zum 3:4. Alle Last der Verantwortung trug Serena auf den Schultern, und sie erdrückte ihn. Wie von allen guten Geistern verlassen schoß er den Torhüter an, und während die argentinischen Fußballer freudetrunken übereinanderpurzelten, stürzten die Besiegten wie vom Blitz getroffen zu Boden.

»Benvenuti in Maradonia«, willkommen im Land Maradonas, hatte ein Transparent im Stadion San Paolo verkündet. Anderntags bestätigte die »Gazzetto dello Sport« ihren Lesern: »Maradona bleibt der König.« Und »Il Tempo« rückte die Dinge in wohltuender Sachlichkeit zurecht: »Argentinien, bisher zärtlich vom Glück umarmt, hat es ehrlich verdient, im Finale zu stehen.« Der Triumphator blieb ganz Mensch. Er denke in dieser Stunde an seine Freunde vom SSC Neapel, an de Napoli, Ferrara, Carnevale, weil er wisse, wie traurig die seien, sagte Diego Maradona. Dabei trug er ein blaues italienisches Trikot wie den Skalp eines besiegten Feindes. Es trug die Nummer 15. Baggio hatte es durchgeschwitzt bei dem erfolglosen Bemühen, Maradonia zu erobern.

18

Halbfinale
Deutschland – England
1:1 (0:0)
nach Verlängerung 1:1
4:3 im Elfmeterschießen

Ein Kampf um Rom

Im Kampf Mann gegen Mann: Wright und Klinsmann. Über 120 Minuten lang lieferten sich Deutschland und England einen schaurig-schönen »Fight« um den Einzug ins Finale, der am Ende durch Elfmeterschießen entschieden werden mußte, wie zuvor im Halbfinalspiel Argentinien – Italien. »Auf beiden Seiten gingen die Spieler über ihre Leistungsgrenzen«, lobte Beckenbauer, und Robson sekundierte: »Es war ein großes Spiel.«

Man kennt die Szene inzwischen, und doch hat sie nichts an Faszination eingebüßt: Der Torwart, die Arme hoch in den Himmel reckend, dann erst einer, zwei, schließlich alle Spieler und Ersatzleute auf ihn stürzend, bis der Schlußmann von einem außer Rand und Band geratenen Menschenknäuel begraben wird. Als Chris Waddle den entscheidenden Strafstoß mit ebensolcher Wucht wie mangelnder Präzision hoch über die Querlatte pfefferte, traf der umsichtige Schlußmann eine weise Vorsichtsmaßnahme: »Ich hab' mich gleich flach auf den Rücken geworfen, weil mir der Jürgen Kohler beim letzten Mal fast das Kreuz gebrochen hat.« Nun aber hielt sich die Qual und die damit verbundene Angst des Torwarts nach dem Elfmeter in Grenzen. »Nur der Rudi Völler war schlecht rasiert und hat gekratzt.«

Das läßt sich aushalten, wenn einer zum Star und Retter der bundesdeutschen Auswahl geworden ist, in einem »an Spannung und Dramatik kaum zu überbietenden Spiel, das vielleicht das beste dieser WM war«, wie Teamchef Franz Beckenbauer nach dem Halbfinalerfolg über England feststellte. 1:1 war die Partie nach der Verlängerung ausgegangen, im folgenden Elfmeter-Roulette hatten dann die Deutschen ihre Nerven besser unter Kontrolle. Brehme, Matthäus, Riedle und Thon trafen kühl ins Tor des Keeper-Oldies Peter Shilton (40), für die Briten taten Lineker, Beardsley und Platt ihre Pflicht. Linksverteidiger Pearce, »eigentlich ein absoluter Spezialist«, wie sein Trainer Bobby Robson betonte, schoß dem sich werfenden Illgner gegen das Schienbein. Und Waddle machte den Triumph der Deutschen perfekt.

Es war ein glücklicher, aber durchaus verdienter Sieg in einer Begegnung, die einen Musikkritiker vielleicht an Maurice Ravels Bolero erinnert hätte. Nach einem langsamen, fast getragenen Beginn wurde der Rhythmus allmählich schneller, lauter, stürmischer, ehe ein wildes Crescendo die Partie beendete. 5:4-Sieg für die Bundesrepublik Deutschland heißt es in den offiziellen Annalen der FIFA, aber das ist nur statistisches Beiwerk und sagt nichts über die hohe Tugend aus, die beide Teams über 120 Minuten bewiesen. »Es war eine große Werbung für den Fußball in einem erstaunlich fairen und sportlichen Rahmen«, lobte Beckenbauer.

Seine Mannschaft, schon früh gehandicapt durch verletzungsbedingten Ausfall von Stürmer Rudi Völler, hatte einen schwachen Start

Ken Baily, Britannias berühmtester Fußballfan, traut seinen Augen nicht: Die Deutschen fahren nach Rom und die Engländer zur »Provinzposse«, dem Spiel um den dritten Platz, nach Bari. O no, die guten alten Zeiten von 1966 sind unwiderruflich dahin. Möge ihn der folgende »Nachruf« der Zeitschrift »Today« getröstet haben: »Unsere Jungs gingen erhobenen Hauptes. Ihr Land fühlte nichts als Stolz.«

erwischt. Möglicherweise, weil sie selbst überrascht worden war von einer Aufstellung, die Mittelfelddribbler Pierre Littbarski nur mit einem Wort kommentierte: »Sauerei.« Verständlich, denn er und Kollege Uwe Bein mußten als die Opfer eines kaiserlichen Schachzugs herhalten. Weil beide nicht ganz fit gewesen seien, wovon sich weder Littbarski noch Bein überzeugen ließen, wurden sie von Thomas Häßler und Olaf Thon ersetzt. Letzterer wähnte sich schon im Urlaub und war über seine Nominierung total verblüfft.

Beckenbauers Coup war nicht schwer zu durchschauen. Zwergenaufstand mit Häßler (1,66 Meter), Thon (1,67 Meter) und Matthäus (1,73 Meter) gegen die englischen Riesen, Flachpaßspiel als Herausforderung an die englischen Kopfballspezialisten. Aber einen Überraschungseffekt hatte er damit wohl nicht erzielt, nach nur 45 Sekunden mußte sich Illgner mächtig strecken, um den von Gascoigne getretenen Ball mit den Fingerspitzen um den Pfosten zu lenken.

Auch die Engländer verharrten nicht im Gewohnten, Trainer Bobby Robson versuchte, seiner Auswahl durch zwei gravierende Änderungen neue Impulse zu geben. Im Angriff stürmte Beardsley für den formschwachen Barnes, in der Abwehr ordnete sich der zuletzt als Libero eingesetzte Wright weiter vorne in die auf einer Linie spielende Vierer-Kette ein. Umstellungen, die keine Probleme bereiteten, während im DFB-Team besonders die Hintermannschaft ein paarmal übernervös reagierte. Vorne versuchte Häßler in der Arena seines neuen Clubs Juventus Turin das Spiel zu lenken, stieß dabei aber bei seinen Nebenleuten auf nur wenig Verständnis. Nach der Rückkehr des gegen die CSFR gesperrten Völler ins Team diskutierten er und Klinsmann anfangs so heftig, als wollten sie zunächst noch ihre Territorien in Strafraumnähe aufteilen. So entwickelte sich ein ereignisarmes Treiben, bei dem die Deutschen in der ersten halben Stunde nicht einmal das Tor des 40jährigen Peter Shilton trafen.

Die 60. Spielminute: Brehme schießt einen Freistoß an das Bein von Parker, der Ball fliegt in hohem Bogen in die Luft und stürzt in Shiltons Tor wie eine Sternschnuppe vom Abendhimmel – 1:0 für Deutschland. Doch wer nun glaubte, »Bobby Rob-

sons Supermänner« (»Today«) würden verzagen, sah sich getäuscht: Die Engländer machten Druck, erzielten durch Lineker den Ausgleich (81. Minute) und erzwangen die Spielverlängerung. Der »Elfmeter-Krimi« konnte beginnen.

Die Verhältnisse auf dem Rasen stellten sich anders als erwartet dar. Die Rebellion der Kleinen wurde bis zur Halbzeit niedergehalten, technisch versierter spielten die Briten im Mittelfeld über Gascoigne, Waddle und Platt den Ball. Erst in der letzten Viertelstunde übernahm das DFB-Team die Regie, doch in dieser Phase war Völler schon nicht mehr dabei. Bei einer schmerzhaften Begegnung mit Wright bekam er einen Schlag auf den Nerv des Schienbeinköpfchens. Unfähig, sein rechtes Bein noch zu bewegen, mußte er ersetzt werden, in der 39. Minute nahm Riedle seinen Platz ein. Kurz darauf erzwang Augenthaler die einzig gefahrbringende Aktion für das Tor von Shilton, als dieser einen Freistoß des Liberos gerade noch über den Querbalken lenkte (41.). Resonanz bei den Zuschau-

»Trouble« vor dem Tor der Engländer – Klinsmann ante portas. »Die Engländer waren ein gleichwertiger Gegner«, sagte er nach der

Entscheidung, »tragisch für sie, daß so ein Spiel durch Elfmeter beendet wird.« Robson revanchierte sich: »Viel Glück fürs Finale.«

ern ergab das keine. Nur zu zwei Drittel war die Arena gefüllt, und die da waren, sahen mit einiger Distanz dem Spiel zu.
53 Minuten dauerte es, ehe Thon sich bei seinen Schußversuchen gefährlicher in Richtung Zielobjekt vorarbeiten konnte. Shilton hatte Mühe, den Ball zu parieren. Da deutete sich an, wie die Rechnung Beckenbauers aufgehen könnte, die stark mit einer Ermattung der Engländer nach dem Seitenwechsel kalkulierte. In der 60. Minute allerdings ruhte das Spiel, als der Ball ins Tor von Shilton stürzte wie eine Sternschnuppe vom Abendhimmel. Brehme hatte beim Freistoß das Bein von Parker getroffen, die Kugel stieg fast senkrecht auf und fiel zwischen Querbalken und Shiltons Handspitze zum 1:0 ins Netz.
Vom Glück des Tüchtigen konnte noch keine Rede sein, denn erst langsam hatten die Deutschen auf dem Platz die Macht übernommen. Meist ausgelöst von Häßler, der in der 67. Minute Reuter weichen mußte, nachdem er kurz zuvor mit einem Tritt gegen den Knöchel in die Horizontale befördert worden war. Gerechnet wurde mit wütenden Angriffen der Engländer, aber noch immer plätscherte das Spiel dahin, versuchte das DFB-Team

Er war der Held des Tages – Bodo Illgner, der Torhüter der deutschen Nationalmannschaft. »Deutschland mußte gegen England auf die gleiche infarktgefährdete Weise gewinnen wie Argentinien«, hieß es in der argentinischen Zeitschrift »Clarin«. 3:3 stand es im Elfmeterschießen, als Pearce antrat. Illgner rief ihm noch zu: »This ball is mine!«, und machte seine Worte wahr.

Pechvogel Peter Shilton, mit seinen 40 Jahren der »Oldie« bei der WM. Die »Daily Mail« schrieb: »Die ganze Nation hielt zwei Stunden lang den Atem an. Dann sank sie in quälender Gemeinsamkeit in die Knie mit einem Team, dem das Glück in der grausamsten Sport-Lotterie ausging.«

durch von Thon und Matthäus initiierte Rhythmuswechsel den Lauf der Dinge unter Kontrolle zu halten.
Das gelang bis zur 81. Minute, ehe der fast von der Außenlinie geflankte Ball wie ein Überraschungsei im bundesdeutschen Strafraum landete. Von Kohlers Fuß hüpfte er am erstaunten Augenthaler vorbei, passierte den fahrig und fahrlässig agierenden Berthold – eine Verkettung von Mißverständnissen, die Gary Lineker mit einem flachen Schuß ins lange Eck zu seinem vierten WM-Treffer nutzte.
Durch »Kick-and-rush«, dem Traditionsrezept englischen Fußballs, war die Verlängerung erzwungen worden: Wilde Hereingabe, irgend jemand erwischt sie schon. Die Dramatik nahm ihren Lauf.
Nach diesem Fußball-Krimi voller technischer Delikatessen glaubte sich Franz Beckenbauer gut gerüstet für das Finale gegen Argentinien: »Meine Lieblingszahl ist die 6.« Also ließ er sich innerhalb der DFB-Delegation die Nummer 66 zur Kenntlichmachung der einheitlichen Koffer und Taschen geben. »Und dieses Endspiel ist das 66. und letzte Länderspiel, das ich betreue.« Doch abergläubisch, sagte der Teamchef, abergläubisch sei er nicht. Gott bewahre.

Spiel um den 3. Platz
Italien – England 2:1 (0:0)

Großes Spiel im kleinen Finale

8 Stunden und 38 Minuten lang war Italiens Torhüter Walter Zenga (linke Seite) in Länderspielen unbezwungen geblieben. Dann, gegen Ende der zweiten Halbzeit im Halbfinale gegen Argentinien, ging seine Weltrekordserie im ungünstigsten Augenblick zu Ende: Caniggia traf zum 1:1, im Elfmeterschießen ließ Fortuna Italien im Stich, der Gastgeber wurde ins »kleine Finale«, in das Spiel um den 3. Platz gegen England, nach Bari verbannt. Dort gab es für den Gastgeber nach einer heftigen, aber kurzen Depression wieder Grund zur Freude ...

Vermutlich hätten die italienischen Fußballspieler sehr gerne einen Bogen um Bari gemacht, hätten die Weltmeisterschaft am liebsten für beendet erklärt nach dem Scheitern im Halbfinale gegen Argentinien. Aber das Reglement der FIFA sieht eben auch ein Spiel um den dritten Platz vor, das nur eine Bedeutung hat: Noch einmal können Einnahmen erzielt werden. Nach offiziellen Angaben schauten sich dieses Match zweier ungeschlagener Mannschaften (auch England verpaßte das Finale erst im Elfmeterschießen) 54813 Zuschauer an. Ausverkauft, hieße das. Die Wahrheit sah wie so oft ganz anders aus. 30000 waren vielleicht im Stadion Vittoria, aber das undurchsichtige Kartenverteilungssystem führte auch diesmal dazu, daß viele Plätze leer blieben, obwohl noch viele ins Stadion wollten, die keine Karten hatten. Italiens Fußballpräsident Matarrese brauchte natürlich nicht zu löhnen, die Kasse seines Verbandes wurde indes arg gebeutelt. Matarrese hatte seinen Spielern gedroht, daß er ihnen die Prämie für das Erreichen des Halbfinales streichen würde, wenn sie jetzt auch noch im Spiel gegen England den dritten Platz verpaßten. Das wirkte. Selbst für die kickenden Millionäre sind 300000 Mark (für das Halbfinale wie gesagt, und nicht für den WM-Titel) schon eine Summe, die müde Beine munter machen kann. Die Engländer benötigten keinerlei zusätzlichen Ansporn. Sie wollten beweisen, daß die gute Leistung gegen Deutschland im Halbfinale kein Zufall war. Und weil ihnen dies gelang, wurde es eines der besten Spiele um den dritten Platz bei einer Weltmeisterschaft. Italien besiegte dabei England mit 2:1, blieb damit bei diesen Titelkämpfen im eigenen Land ungeschlagen. Auch das ist ein Novum. Natürlich stand Salvatore Schillaci im Mittelpunkt; wenigstens den Torschützenkönig der WM wollte Italien stellen. Und alle spielten für »Toto«, wie er liebevoll genannt wird, doch dieser hatte Ladehemmung, Shilton gab anschließend seinen Rücktritt bekannt, nach 125 Länderspielen. Niemand hat öfters als er für sein Land gespielt, der Rekord wird lange Zeit Bestand haben. Der ganz große Erfolg allerdings blieb Peter Shilton, der in Italien mit 40 Jahren der älteste Spieler des Turniers war, verwehrt. Schade, daß er ausgerechnet in seiner letzten Partie so vorgeführt wurde. Daß England in diesem »kleinen Finale« auf

verpaßte ein paar gute Chancen. Gefährlich freilich blieb Schillaci; er wechselte schnell wie ein Wiesel die Seiten, setzte sogar uneigennützig seine Nebenleute ein wie Baggio, der wieder einmal den Vorzug erhielt vor Vialli. Schillaci luchste dem englischen Torwart-Routinier Peter Shilton den Ball ab, als dieser ihn allzu lässig vor sich herrollte. Dann trickste der neue Star der Italiener einen Abwehrspieler aus, schob den Ball zu Baggio, der das 1:0 erzielte. Baggio stand allerdings im Abseits, nach der alten wie auch nach der neuen Regel. Der Treffer galt trotzdem.

... denn Italien und England (oben: Butcher und Ancelotti im Kampf um den Ball) zeigten in Bari das ansehnlichste und engagierteste Match, das je um den 3. Platz bei einer Fußball-WM gespielt wurde. Italien siegte mit 2:1, England mußte sich mit dem 4. Platz und dem »Fairplay-Pokal« begnügen. »Azzurro ein Drittel der Welt«, titelte »Il Tempo«, und die »Gazzetta dello Sport« rief: »Ciao, Italia, du bist schön.«

Paul Gascoigne verzichten mußte, fiel kaum auf, andere schoben sich in den Vordergrund wie Libero Mark Wright, einer der Besten auf dieser Position bei der Weltmeisterschaft, von ähnlicher Ausstrahlung wie Franco Baresi auf der Gegenseite. Bobby Robson, der zum PSV Eindhoven wechselt, was in England viele seiner Kritiker mit Erleichterung aufgenommen haben, wollte sich als Nationaltrainer von England wenigstens mit einem dritten Platz verabschieden, das frühe Scheitern bei der Europameisterschaft 1988 hat man ihm auf der Insel nie verziehen. Nach dem schulmäßig erzielten Kopfballtor von David Platt durfte er noch einmal kurz hoffen, doch fünf Minuten vor Schluß erhielt Italien einen Elfmeter zugesprochen, nachdem Schillaci über seine eigenen Beine gestolpert war. Schillaci schoß selbst, erzielte mit sechs Schritten Anlauf seinen sechsten WM-Treffer.

Daß Italien noch zu einem weiteren Treffer kam, der wegen Abseits nicht gegeben wurde, paßte ins Bild, denn diesmal war alles mit rechten Dingen zugegangen. Ausgleichende Gerechtigkeit also, und weil auch rund um das Stadion Ruhe herrschte, war es ein wirklich schönes Spiel um Platz drei. Die Engländer werden es verschmerzen können, daß sie in der Statistik der Weltmeisterschaft 1990 auf Platz vier geführt werden. Für die Italiener bleibt nur der Trost, daß der dritte Platz die Prämie sicherte. Bestimmt hätte so mancher Azzurro gern darauf verzichtet – zugunsten einer Teilnahme am Finale.

Shilton, der »große alte Mann« im englischen Tor, und »Toto« Schillaci, der schillerndste Star und

Torschützenkönig der WM. Sein sechster Treffer bedeutete das »Aus« für England. »Toto auf dem Thron«, jubelte »Tuttosport«.

Endspiel
Argentinien – Deutschland
0:1 (0:0)

Triumph in Rom

Es schien, als sei die Welt um ihn herum versunken. Im dunkelbraunen Blazer und in beigen Hosen, die Krawatte exakt gebunden, hatte Franz Beckenbauer mit über der Brust verschränkten Armen die letzten Minuten beobachtet und den Eindruck eines Menschen vermittelt, den das alles überhaupt nicht bewegte, was sich auf dem Spielfeld des römischen Oympiastadions ereignete. Aber als der mexikanische Schiedsrichter Edgardo Codesal Mendez mit seiner Pfeife dann das Schlußsignal setzte und die bundesdeutschen Fußballer in weltmeisterlicher Glückseligkeit einander in die Arme sanken, ging Beckenbauer gemessenen Schrittes über die blaßrote Laufbahn zum Spielfeldrand und wurde, in dem Augenblick, da er den Rasen betrat, endlich mitgerissen von dem explosiven Ausbruch der Freude. Jürgen Klinsmann war der erste aus seiner Mannschaft, der dem Teamchef in die Arme fiel und ihn aus der Erstarrung riß, in welcher er so lange verharrt hatte, während eines Endspieles um die Weltmeisterschaft, das seine an Glanzpunkten reiche Laufbahn krönte, kaiserlich sozusagen. 1974 hatte er als Spieler den Titel gewonnen, diesmal als Trainer. Später gab er zu, nun schon wieder Herr seiner Gefühle: »Man kann mich sicherlich im Moment als einen sehr glücklichen Menschen betrachten.«

Die deutsche Nationalmannschaft hatte im Endspiel, einer Neuauflage des Finales von 1986, den Titelverteidiger Argentinien 1:0 besiegt durch einen Elfmetertreffer von Andreas Brehme, sechs Minuten vor Schluß. Wie ein Haufen glücklicher Kinder hüpften die Fußballer vor der Tribüne herum, klatschten sich rhythmisch selber Beifall und konnten den Augenblick der Bescherung kaum erwarten. Als dann endlich die geschlagenen Argentinier ihren Trostpreis in Form einer Medaille um den Hals hängen hatten und mit ihrem schluchzenden Teamkapitän Diego Maradona abtraten, führte Lothar Matthäus seine Weltmeister aufs Podium. Während vier Grazien in weißen Gewändern im Mittelkreis ruhig ihre schwarzrotgoldenen Fahnentücher schwenkten und bengalische Feuer die Arena in rotes Licht tauchten, ehrte Italiens Staatspräsident Francesco Cossiga die neuen Weltmeister. Um 22.07 Uhr hielt Lothar Matthäus den Goldpokal hoch über seinen Kopf, und im Triumph trugen sie die Trophäe auf der Ehrenrunde mit sich.

Die Kapitäne beim »shakehands« vor dem Anpfiff des Finales: Lothar Matthäus und Diego Maradona. »Wir haben 90 Minuten lang die Argentinier in die eigene Abwehr zurückgedrängt. Nie war ein Titelgewinn verdienter als dieser«, sagte Franz Beckenbauer nach dem Spiel. Der ehemalige französische Nationalspieler Alain Giresse sekundierte: »Deutschland hatte das Monopol über Ball und Gegner.«

Besser als Jürgen Kohler in Rom

kann ein Vorstopper nicht agieren. Seinen Gegenspieler Dezotti stellte er ebenso »kalt« wie hier Troglio, als der einmal stürmte.

Die Argentinier haben sich nachher bitter beklagt. Unisono jammerten sie über Benachteiligungen, die sie hätten erleiden müssen in Italien, bis zuletzt. Tatsächlich wurde in der Fernseh-Zeitlupe deutlich, daß Rudi Völler zwar eindrucksvoll in sich zusammengefallen war, allerdings Sensini gar keine Schuld am Sturz des Stürmers angelastet werden konnte, wie es der Schiedsrichter mit seinem Elfmeterpfiff tat. Eigentlich hätte Lothar Matthäus den Strafstoß schießen sollen, womit er im Erfolgsfall auf den zweiten Platz der Torschützenliste vorgerückt wäre, gleichauf mit Skuhravy (CSFR) und hinter Schillaci, dem mit sechs Treffern erfolgreichsten Angreifer der Weltmeisterschaft. Hat er sich gedrückt? Nein, keineswegs. »Nach einer Viertelstunde sind aus meinem Schuh, den ich schon vier Jahre lang trage, Stollen herausgebrochen«, erläuterte Matthäus. »Ich war nicht mehr hundertprozentig sicher, daß ich den Elfmeter verwandeln würde.« Brehme schon, der blieb kühl bis ans Herz und schob die Lederkugel unerreichbar flach in die linke Torecke.

Es ist der deutschen Mannschaft der Vorwurf gemacht worden, sie hätte zeitweise aufreizend rückwärts gespielt. Dem widersprach Matthäus energisch und bat für das Verhalten in der Schlußphase um Verständnis mit dem Hinweis: »Viele entscheidende Tore sind bei dieser Weltmeisterschaft in den letzten Minuten gefallen. Deshalb wollten wir das 1:0 auch gegen neun Argentinier über die Zeit retten. Man soll nicht vergessen,

Das dickste Einzellob, das der »Kaiser« zu vergeben hatte, wurde Guido (»Diego«) Buchwald zuteil

(»in allen 7 WM-Spielen weltmeisterlich«), der im Finale Diego Maradona zur Untätigkeit verurteilte.

daß wir bei dieser Weltmeisterschaft den attraktivsten Fußball gespielt haben und die meisten Tore schossen.«
Das bittere Ende für den Titelverteidiger war abzusehen gewesen, als in der 65. Spielminute Monzon, gerade mal 19 Minuten dabei, weil erst nach der Pause für den enttäuschenden Ruggeri eingewechselt, des Feldes verwiesen wurde nach einem spektakulären Foul an Klinsmann, das aber schlimmer aussah als es war, weil der Getroffene eindrucksvoll durch die Luft segelte. Beckenbauer nützte die Schwächung des angeschlagenen Gegners und sagte Stefan Reuter, dem schnellsten Spieler im Kader, er solle den ohnehin schwachen Thomas Berthold ablösen. Der entscheidende Vorstoß aber gelang Matthäus, nach dessen Steilpaß für Völler der Elfmeterpfiff ertönte. Drei Minuten vor dem Ende mußte auch noch Dezotti abtreten, dem der Schiedsrichter die rote Karte vorhielt, eine richtige Entscheidung, wie Jürgen Kohler bestätigte: »Der hat mir mit dem Ellbogen auf das Kinn geschlagen.«
Im Gefühl der Ohnmacht hatten sich die Argentinier zu Grobheiten hinreißen lassen, die man lieber nicht gesehen hätte. Sie wußten von vornherein, daß ihre Chance gering sein würde, den Titel erfolgreich zu verteidigen. Franz Beckenbauer auch, und das hat er seinen Spielern auch gesagt: »Fünf Stammspieler ersetzen, ich nehme den Torhüter Pumpidu dazu, der verletzt ist, das kann keine Mannschaft, auch die Argentinier nicht. Deswegen waren wir sehr selbstbewußt und haben von Anfang an

Völler und Klinsmann beim Versuch, die argentinische Abwehr zu durchbrechen. Der ehemalige brasilianische Nationalspieler Zico:

»Deutschland hätte schon vor dem Elfmeter Tore schießen müssen.«

angegriffen, weil wir wußten, daß diese argentinische Mannschaft nicht in der Lage war, uns Paroli zu bieten.« Taktische Geplänkel habe es dabei nicht gegeben. »Wir wußten, daß die Argentinier sehr viel durch die Mitte spielen, darauf haben wir uns eingestellt und über die Flügel angegriffen, da sind sie verwundbar.«
Dabei machte sich vor allem Brehme auf der linken Seite verdient. Die beiden Kölner Thomas Häßler und Pierre Littbarski, die Beckenbauer im Finale überraschend gemeinsam auftreten ließ, wählten allerdings anfangs häufig diese Angriffsseiten, was das Spiel linkslastig machte, indes Berthold rechts nicht viel zuwege brachte. Die ersten beiden Torchancen ergaben sich nach Flanken von Brehme, doch beide Male verfehlten Völler wie Klinsmann den Ball. Völler hämmerte mit der Faust auf den Rasen, als sein Kopfball am Ziel vorbeigeflogen war.
Es stimmt zwar nicht, daß die Argentinier nicht ein einziges Mal in die Nähe des von Bodo Illgner bewachten Tores vorgestoßen sind, wie Beckenbauer behauptete, doch eine Torchance vermochten sie tatsächlich nicht herauszuspielen.
Diego Maradona, sonst vom Beifall umrauscht, erntete höhnisches Gelächter, als er kurz vor der Pause beim Freistoß über die Abwehrmauer und über das Tor schlenzte. Der alternde Star trat glanzlos ab. Zwar bescheinigte ihm Franz Beckenbauer, er sei nach wie vor einer der besten Spieler der Welt, doch der Teamchef des neuen Weltmeisters hatte dazu beigetragen, daß Maradona seinen Abschied nicht feierte, sondern dabei litt, indem er Guido Buchwald auf ihn angesetzt hatte, »einen unerbittlichen Gegenspieler«. Vor vier Jahren war der Teamchef eines Morgens kurz vor der Abreise nach Mexiko in Buchwalds Zimmer in der Sportschule Kaiserau erschienen, um diesem mitzuteilen, er müsse leider daheim bleiben und sich die Weltmeisterschaft im Fernsehen anschauen. In Rom erklärte nun Beckenbauer: »Buchwald hat in allen sieben Spielen eine Weltklasseleistung gezeigt, deshalb würde ich ihn bei einer Bewertung unserer Mannschaft vornanstellen.«
Mit noch mehr Schwung als zuvor nahm die deutsche Nationalmannschaft nun die zweite Spielhälfte in Angriff. Littbarski schlängelte sich an vier Gegnern vorbei, immer die Strafraumlinie entlang, und schoß überraschend mit dem rechten Fuß knapp am Tor vorbei. Auch Bertholds Kopfball traf nicht, zu dem ihm Brehme verholfen hatte mit einer seiner ungezählten Flanken. Als der argentinische Trainer Carlos Bilardo auch noch Burruchaga auswechseln mußte, weil der Siegtorschütze des Finales von 1986 völlig erschöpft war, fehlte dem auf verlorenem Posten kämpfenden Maradona jegliche Unterstützung. Er mußte sogar in der Abwehr aushelfen, um das Schlimmste zu verhindern, während der deutsche Libero Klaus Augenthaler sich ohne Risiko ganz weit vorwagen konnte. In der 58. Spielminute versuchte der Münchner, Torhüter Goycoechea zu umspielen, und es scheint, als habe ihn der dabei mit der Hand am Fuß

gepackt. Schiedsrichter Codesal ließ aber weiterspielen, und Völler schoß, traf aber den auf der Torlinie postierten Monzon.

»Wir waren von Anfang an so überlegen, irgendwann mußte ein Tor fallen«, sagte Beckenbauer, und er behielt recht. Sein Kollege Bilardo, der gleichfalls seinen Job aufgekündigt hat, schickte sich drein und machte das Beste aus der Niederlage, indem er sich rühmte: »Innerhalb von acht Jahren einmal den Titel und einmal den zweiten Platz zu holen, ist für Argentinien großartig. Das muß erst einmal jemand nachmachen.« Bilardo ist damit exakt so erfolgreich wie Beckenbauer. Es gab nach dem harten Fight auch versöhnliche Szenen. Wie ein Häufchen Elend saß Maradona im Gras. Buchwald sah ihn, ging zu ihm hin, reichte ihm die Hand, half ihm auf. Es bleibt einer der Vorzüge des Sports, daß da nichts unmöglich ist. Buchwald, ein

Die 85. Spielminute: Andreas Brehme (Franz Beckenbauer: »Mein perfektester Spieler!«) verwandelt den alles entscheidenden Elfmeter gegen Argentinien. »Wichtig war, daß ich ganz genau geschossen habe«, sagte er später im Interview,

»sonst wäre Goycoechea mit den Fingern fast noch drangekommen.« Während Millionen Deutschen in diesem Moment ein Stein vom Herzen fiel, mußten Millionen Argentinier mit den Tränen kämpfen. Der Titel war verloren.

bisweilen ungelenk wirkender Fußballer, dessen Trainer lange Zeit die Augen zugemacht haben, wenn ihr Sorgenkind sich über die Mittellinie wagte, anstatt in der Abwehr Fleißaufgaben zu erledigen, ein Aufsteiger mit 29, hat dem gleichaltrigen Weltstar Diego Maradona, der am Ende seiner Karriere steht, Mut zugesprochen.

Franz Beckenbauer ist aus den Diensten des Deutschen Fußball-Bundes geschieden. Er hatte sich in einer schwierigen Zeit in die Pflicht nehmen lassen und sich ihrer so entledigt, wie es alle von ihm erwarteten. Seinem Nachfolger Berti Vogts hinterließ er eine intakte Mannschaft und kündigte in Rom eine große Zeit an: »Wir sind jetzt Weltmeister, aber unsere Auswahl an Spielern wird noch größer sein, wenn die aus der DDR dazukommen. Ich glaube, daß die deutsche Mannschaft über Jahre hinaus nicht zu besiegen sein

wird. Das tut mir leid für den Rest der Welt.«
Da hat er seinem Nachfolger, der ganz oben anfängt und nicht ganz unten wie Beckenbauer nach dem frühzeitigen Rauswurf bei der Europameisterschaft 1984, eine ziemliche Last aufgebürdet. Für den bleibt das Problem auf der Position des Libero zu lösen, weil der Münchner Augenthaler als ältester der Mannschaft nicht mehr mitmacht. Den Münchner Reuter und Berthold hat Vogts als Kandidaten genannt.

Die Weltmeisterschaft in Italien hat leider kein Finale erlebt, das auch in der Erinnerung derer fortleben wird, die es nicht gewonnen haben. Die Argentinier waren nicht in der Lage, dazu einen Beitrag zu leisten. Ein Endspiel zwischen den Italienern und seiner Mannschaft wäre natürlich attraktiver gewesen, sagte Beckenbauer. Aber nicht so leicht zu gewinnen – weshalb keiner darüber traurig war, daß die Gastgeber im Semifinale auf der Strecke blieben.

Oben: Für ihn war es ein Heimspiel: Rudi Völler vom AS Rom, für Franz Beckenbauer »der weltbeste Stürmer«. Auch wenn er im Finale kein Tor beisteuern konnte, erwies er sich als unermüdlicher Wühler und Unsicherheitsfaktor im argentinischen Strafraum. »Es war ein schwerer Kampf«, meinte Völler, »aber wir alle hatten das Herz, ihn siegreich durchzustehen. Die Argentinier hatten keine Chance.«

Rechts: Der Pokal gehört ihnen, die Gefühle dürfen raus: Zum dritten Mal nach 1954 und 1974 ist Deutschland Fußball-Weltmeister geworden. »Man kann mich sicherlich im Moment als einen sehr glücklichen Menschen betrachten«, konzedierte der Teamchef, der in Rom zum zweiten Mal zum »Kaiser« gekrönt wurde. Und Mannschaftskapitän Lothar Matthäus befand: »Ich glaube, wir dürfen ein bißchen stolz auf uns sein.«

Vorrunde

Gruppe A

Italien–Österreich	1:0 (0:0)
USA–CSFR	1:5 (0:2)
Italien–USA	1:0 (1:0)
Österreich–CSFR	0:1 (0:1)
Italien–CSFR	2:0 (1:0)
Österreich–USA	2:1 (0:0)

1. Italien	4:0	6:0
2. CSFR	6:3	4:2
3. Österreich	2:3	2:4
4. USA	2:8	0:6

Gruppe B

Argentinien–Kamerun	0:1 (0:0)
UdSSR–Rumänien	0:2 (0:1)
Argentinien–UdSSR	2:0 (1:0)
Kamerun–Rumänien	2:1 (0:0)
Argentinien–Rumänien	1:1 (0:0)
Kamerun–UdSSR	0:4 (0:2)

1. Kamerun	3:5	4:2
2. Rumänien	4:3	3:3
3. Argentinien	3:2	3:3
4. UdSSR	4:4	2:4

Gruppe C

Brasilien–Schweden	2:1 (1:0)
Costa Rica–Schottland	1:0 (0:0)
Brasilien–Costa Rica	1:0 (1:0)
Schweden–Schottland	1:2 (0:1)
Brasilien–Schottland	1:0 (0:0)
Schweden–Costa Rica	1:2 (1:0)

1. Brasilien	4:1	6:0
2. Costa Rica	3:2	4:2
3. Schottland	2:3	2:4
4. Schweden	3:6	0:6

Achtelfinale

Kamerun–Kolumbien n. V. 2:1 (0:0)
CSFR–Costa Rica 4:1 (1:0)

Brasilien–Argentinien 0:1 (0:0)
Deutschland–Holland 2:1 (0:0)

Irland–Rumänien n. V. 0:0 (Elfm. 5:4)
Italien–Uruguay 2:0 (0:0)

Viertelfinale

Argentinien–Jugoslawien n. V. 0:0 (Elfm. 3:2)

Irland–Italien 0:1 (0:1)

CSFR–Deutschland 0:1 (0:1)

Halbfinale

Argentinien–Italien n. V. 1:1 (Elfm. 4:3)

Deutschland–England n. V. 1:1 (Elfm. 4:3)

Spiel um den 3. Platz

Italien–England 2:1 (0:0)

Gruppe D

V.A. Emirate–Kolumbien	0:2 (0:0)	
Deutschland–Jugoslawien	4:1 (2:0)	
Jugoslawien–Kolumbien	1:0 (0:0)	
Deutschland–V.A. Emirate	5:1 (2:0)	
Deutschland–Kolumbien	1:1 (0:0)	
Jugoslawien–V.A. Emirate	4:1 (2:1)	
1. Deutschland	10:3	5:1
2. Jugoslawien	6:5	4:2
3. Kolumbien	3:2	3:3
4. V.A. Emirate	2:11	0:6

Gruppe E

Belgien–Südkorea	2:0 (0:0)	
Uruguay–Spanien	0:0	
Belgien–Uruguay	3:1 (2:0)	
Südkorea–Spanien	1:3 (1:1)	
Belgien–Spanien	1:2 (1:2)	
Südkorea–Uruguay	0:1 (0:0)	
1. Spanien	5:2	5:1
2. Belgien	6:3	4:2
3. Uruguay	2:3	3:3
4. Südkorea	1:6	0:6

Gruppe F

England–Irland	1:1 (1:0)	
Holland–Ägypten	1:1 (0:0)	
England–Holland	0:0	
Irland–Ägypten	0:0	
England–Ägypten	1:0 (0:0)	
Irland–Holland	1:1 (0:1)	
1. England	2:1	4:2
2. Irland	2:2	3:3
3. Holland	2:2	3:3
4. Ägypten	1:2	2:4

Spanien–Jugoslawien n. V. 1:2 (0:0)
England–Belgien n. V. 1:0 (0:0)

Kamerun–England n. V. 2:3 (0:1)

Endspiel

Argentinien–Deutschland 0:1 (0:0)

Nach dem Spiel gegen England: DFB-Trainer Holger Osieck, Jürgen Klinsmann und Teamchef Franz Beckenbauer, dem es nicht nur gelungen war, eine technisch brillante und kampfstarke, sondern vor allem auch eine harmonische Mannschaft zu formen.

Torschützenliste der XIV. WM

6 Tore: Schillaci (Italien)
5 Tore: Skuhravy (CSFR)
4 Tore: Matthäus (Deutschland)
Miller (Kamerun)
Michel (Spanien)
3 Tore: Klinsmann (Deutschland)
Völler (Deutschland)
Brehme (Deutschland)
Platt (England)
2 Tore: Caniggia (Argentinien)
Baggio (Italien)
Careca (Brasilien)
Muller (Brasilien)
Bilek (CSFR)
Jozic (Jugoslawien)
Pancev (Jugoslawien)
Stojkovic (Jugoslawien)
Balint (Rumänien)
Lacatus (Rumänien)
Redin (Kolumbien)

Drei fahnenschwingende Grazien ehren den Weltmeister. Germania schlägt Argentina 1:0, dank des »marcatore« Andi Brehme...

Alle 52 Spiele der XIV. Fußball-Weltmeisterschaft in Italien auf einen Blick

Namen, Daten, Fakten der WM-Partien

Vorrunde

Gruppe A

Italien – Österreich 1:0 (0:0)
Austragungsort: Olympiastadion in Rom
Italien: Zenga; Baresi, Bergomi, Ferri, Maldini, Donadoni, Ancelotti (46. de Agostini), de Napoli, Giannini, Vialli, Carnevale (75. Schillaci)
Österreich: Lindenberger; Aigner, Russ, Pecl, Streiter, Artner (61. Zsak), Linzmaier (78. Hörtnagl), Schöttel, Herzog, Ogris, Polster
Tor: 1:0 Schillaci (78.)
Schiedsrichter: José Ramiz Wright (Brasilien)
Zuschauer: 72303
Gelbe Karte: Herzog

USA – CSFR 1:5 (0:2)
Austragungsort: Stadion Comunale in Florenz
USA: Meola; Windischmann, Trittschuh, Armstrong, Caligiuri, Stollmeyer (61. Balboa), Ramos, Harkes, Wynalda, Vermes, Murray (78. Sullivan)
CSFR: Stejskal; Kocian, Kadlec, Straka, Bilek, Hasek, Kubik, Chovanec, Moravcik (82. Weiss), Skuhravy, Knoflicek (77. Luhovy)
Tore: 0:1 Skuhravy (25.), 0:2 Bilek (39., Foulelfmeter), 0:3 Hasek (50.), 1:3 Caligiuri (59.), 1:4 Skuhravy (79.), 1:5 Luhovy (90.)
Schiedsrichter: Kurt Röthlisberger (Schweiz)
Zuschauer: 33266
Gelbe Karten: Meola, Trittschuh – Kubik, Kadlec
Rote Karte: Wynalda wegen Tätlichkeit (51.)

Italien – USA 1:0 (1:0)
Austragungsort: Olympiastadion in Rom
Italien: Zenga; Baresi, Bergomi, Ferri, de Napoli, Donadoni, Giannini, Berti, Maldini, Vialli, Carnevale (52. Schillaci)
USA: Meola; Windischmann, Doyle, Armstrong, Ramos, Balboa, Harkes, Caligiuri, Banks (81. Stollmeyer), Murray
Tor: 1:0 Giannini (12.)
Schiedsrichter: Edgardo C. Mendez (Mexiko)
Zuschauer: 73423
Gelbe Karten: Ferri – Banks

Österreich – CSFR 0:1 (0:1)
Austragungsort: Stadion Comunale in Florenz
Österreich: Lindenberger; Aigner, Russ (46. Streiter), Pecl, Pfeffer, Zsak, Schöttel (46. Ogris), Herzog, Hörtnagl, Rodax, Polster
CSFR: Stejskal; Kocian, Nemecek, Kadlec, Bilek, Hasek, Kubik, Chovanec (31. Bielik), Moravcik, Skuhravy, Knoflicek (82. Weiss)
Tor: 0:1 Bilek (30., Foulelfmeter)
Schiedsrichter: George Smith (Schottland)
Zuschauer: 38962
Gelbe Karten: Pecl, Zsak, Pfeffer, Aigner, Streiter – Moravcik, Kubik

Italien – CSFR 2:0 (1:0)
Austragungsort: Olympiastadion in Rom
Italien: Zenga; Baresi, Bergomi, Ferri, de Napoli (66. Vierchowod), Donadoni (51. de Agostini), Giannini, Berti, Maldini, Baggio, Schillaci
CSFR: Stejskal; Kadlec, Kinier, Nemecek (46. Bielik), Hasek, Moravcik, Chovanec, Bilek, Weiss (59. Griga), Skuhravy, Knoflicek
Tore: 1:0 Schillaci (10.), 2:0 Baggio (78.)
Schiedsrichter: Joel Quiniou (Frankreich)
Zuschauer: 73303
Gelbe Karten: Baggio, Berti – Chovanec, Skuhravy

Österreich – USA 2:1 (0:0)
Austragungsort: Stadion Comunale in Florenz
Österreich: Lindenberger; Aigner, Pecl, Pfeffer, Artner, Herzog, Zsak, Streiter, Ogris, Polster (46. Reisinger), Rodax (85. Glatzmayer)
USA: Meola; Windischmann, Armstrong, Doyle, Banks (56. Wynalda), Caligiuri (76. Bliss), Ramos, Balboa, Harkes, Vermes, Murray
Tore: 1:0 Ogris (50.), 2:0 Rodax (63.), 2:1 Murray (84.)
Schiedsrichter: Jamal Al Sharif (Syrien)
Zuschauer: 34857
Gelbe Karten: Zsak, Pecl, Streiter, Lindenberger, Reisinger – Banks, Windischmann, Caligiuri, Murray
Rote Karte: Artner wegen groben Foulspiels (33.)

Gruppe B

Argentinien – Kamerun 0:1 (0:0)
Austragungsort: Giuseppe-Meazza-Stadion in Mailand
Argentinien: Pumpido; Simon, Fabbri, Ruggeri (46. Caniggia), Basualdo, Lorenzo, Batista, Burruchaga, Sensini (70. Calderon), Balbo, Maradona
Kamerun: N'Kono; N'Dip, Massing, Tataw, Makanaky (82. Miller), Ebwelle, M'Bouh, Kana-Biyik, Kunde, Mfede (66. Libiih), Omam-Biyik
Tor: 0:1 Omam Biyik (66.)
Schiedsrichter: Michel Vautrot (Frankreich)
Zuschauer: 73780
Gelbe Karten: Sensini; Massing, N'Dip, M'Bouh
Rote Karten: Kana-Biyik (61.) wegen groben Foulspiels und für Massing (89.) wegen wiederholten Foulspiels

UdSSR – Rumänien 0:2 (0:1)
Austragungsort: Stadion Vittoria in Bari
UdSSR: Dassajew; Chidijatulin, Bessonow, Kusnetzow, Gorlukowitsch, Litowtschenko (66. Jaremtschuk), Sawarow, Raz, Aleijnikow, Protassow, Dobrowolski (72. Borodjuk)
Rumänien: Lung; Rednic, Klein, Andone, Gheorge Popescu, Sabau, Rotariu, Timofte, Lupescu, Lacatus (87. Dumitrescu), Raducioiu (81. Balint)
Tore: 0:1 Lacatus (41.), 0:2 Lacatus (55., Handelfmeter)
Schiedsrichter: Juan D. Cardellino (Uruguay)
Zuschauer: 20000
Gelbe Karten: Chidijatulin

Argentinien – UdSSR 2:0 (1:0)
Austragungsort: Stadion San Paolo in Neapel
Argentinien: Pumpido (9. Goycoechea); Simon, Olarticoechea, Serrizuela, Monzon (79. Lorenzo), Batista, Basualdo, Burruchaga, Troglio, Canigia, Maradona
UdSSR: Uwarow; Chidijatulin, Gorlukowitsch, Sigmantowitsch, Bessonow, Schalimow, Kusnetzow, Sawarow (86. Ljuty), Aleijnikow, Dobrowolski, Protassow (74. Litowschenko)
Tore: 1:0 Troglio (27.), 2:0 Burruchaga (80.)
Schiedsrichter: Erik Frederiksson (Schweden)
Zuschauer: 55759
Gelbe Karten: Serrizuela, Caniggia, Maradona, Orlaticoechea – Sigmantowitsch
Rote Karte: Bessonow wegen Foulspiels (48.)

Kamerun – Rumänien 2:1 (0:0)
Austragungsort: Stadion Vittoria in Bari
Kamerun: N'Kono; Tatawq Eta, Kunde (70. Pagal), Onana Jules, Ebwelle, Ndip, Mbouh, Mabdan (57. Miller) Mfede, Omam Biyik, Makanaky
Rumänien: Lung; Rednic, Andone,

Klein, Popescu, Rotariu, Sabau, Hagi (56. Dumitrescu), Timofte, Lacatus, Raduicioiu (63. Balint)
Tore: 1:0, 2:0 Miller (78, 87.), 2:1 Balint (88.)
Schiedsrichter: Hernan Silva Arce (Chile)
Zuschauer: 15000
Gelbe Karten: Onana Jules, N'Kono – Klein

Argentinien – Rumänien 1:1 (0:0)
Austragungsort: Stadion San Paolo in Neapel
Argentinien: Goycoechea; Simon, Serrizuela, Monzón, Troglio (53. Giusti), Basualdo, Burruchaga (62. Dezotti), Batista, Olarticoechea, Caniggia, Maradona
Rumänien: Lung; Gheorghe Popescu, Rotariu, Andone, Rednic, Lupescu, Sabau (84. Mateut), Hagi, Klein, Lacatus, Balint (73. Lupu)
Tore: 1:0 Monzón (62.), 1:1 Balint (68.)
Schiedsrichter: Carlos Silva Valente (Portugal)
Zuschauer: 52733
Gelbe Karten: Serrizuela, Batista – Lacatus, Hagi, Lupescu

Kamerun – UdSSR 0:4 (0:2)
Austragungsort: Stadion della Vittoria in Bari
Kamerun: N'Kono; Jules, Ebwelle, Kunde (34. Miller), Tataw, N'Dip, Kana Biyik, M'Bouh, Mfede, Omam Biyik, Makanaky (57. Pagal)
UdSSR: Uwarow; Chidijatulin, Sigmantowitsch, Gorlukowitsch, Schalimow (46. Sawarow), Kusnetzow, Demjanenko, Litowtschenko (73. Jaremtschuk), Aleijnikow, Protassow, Dobrowolski
Tore: 0:1 Protassow (20.), 0:2 Sigmantowitsch (29.), 0:3 Sawarow (53.), 0:4 Dobrowolski (63.)
Schiedsrichter: José Wright (Brasilien)
Zuschauer: 37307
Gelbe Karten: Miller, Kana Biyik – Chidijatulin, Protassow

Gruppe C

Brasilien – Schweden 2:1 (1:0)
Austragungsort: Stadion delle Alpi in Turin
Brasilien: Taffarel; Galvao, Mozer, Ricardo Gomez, Jorginho, Alemao, Dunga, Valdo (85. Silas), Branco, Muller, Careca
Schweden: Ravelli; Roland Nilsson, Ljung (70. Strömberg), Larsson, Schwarz, Limpar, Thern, Ingesson, Joakim Nilsson, Magnusson (46. Pettersson), Brolin
Tore: 1:0, 2:0 Careca (41., 63.), 2:1 Brolin (79.)
Schiedsrichter: Tullio Lanese (Italien)
Zuschauer: 64628
Gelbe Karten: Mozer, Branco, Dunga – Joakim Nilsson

Costa Rica – Schottland 1:0 (0:0)
Austragungsort: Stadion Ferraris in Genua
Costa Rica: Conejo; Flores, Marchena, Montero, Gonzales, Chaves, Chavarria, Ramirez, Cayasso, Gomez, Claudio Jara (86. Medford)
Schottland: Leighton; Gough (69. McKimmie), McLeish, McPherson, Malpas, McCall, Aitken, McStay, Bett (74. McCoist), Johnston, McInally
Tor: 1:0 Cayasso (49.)
Schiedsrichter: Juan C. Loustau (Argentinien)
Zuschauer: 30867
Gelbe Karten: keine

Brasilien – Costa Rica 1:0 (1:0)
Austragungsort: Stadion delle Alpi in Turin
Brasilien: Taffarel; Galvao, Mozer, Ricardo Gomez, Jorginho, Alemao, Dunga, Valdo (87. Silas), Branco, Muller, Careca (83. Bebeto)
Costa Rica: Conejo; Flores, Gonzales, Montero, Chaves, Chavarria, Ramirez, Gomez, Cayasso (79. Gulmaraes), Marchena, Jara (72. Mayers)
Tor: 1:0 Muller (34.)
Schiedsrichter: Naji Jouini (Tunesien)
Zuschauer: 58007
Gelbe Karten: Mozer, Jorginho – Jara, Gomez

Schweden – Schottland 1:2 (0:1)
Austragungsort: Stadion Ferraris in Genua
Schweden: Ravelli; Roland Nilsson, Larsson (75. Strömberg), Hysen, Schwarz, Limpar, Ingesson, Thern, Joakim Nilsson, Brolin, Pettersson (63. Ekström)
Schottland: Leighton; McPherson, Levein, McLeish, Malpas, Aitken, McCall, McLeod, Fleck (86. McCoist), Durie (75. McStay), Johnston
Tore: 0:1 McCall (11.), 0:2 Johnston (81., Foulelfmeter), 1:2 Strömberg (86.)
Schiedsrichter: Carlos Maciel (Paraguay)
Zuschauer: 36000
Gelbe Karten: Thern – McPherson

Schweden – Costa Rica 1:2 (1:0)
Austragungsort: Stadion Luigi Ferraris in Genua
Schweden: Ravelli; Hysen, Roland Nilsson, Larsson, Schwarz, Pettersson, Strömberg (82. Engqvist), Ingesson, Joakim Nilsson, Ekström, Brolin (35. Gren)
Costa Rica: Conejo; Flores, Gonzales, Montero, Chavez, Chavarria (74. Guimaraes), Ramirez, Gomez (61. Medford), Cayasso, Marchena, Jara
Tore: 1:0 Ekström (32.), 1:1 Flores (75.), 1:2 Medford (87.)
Schiedsrichter: Zoran Petrovic (Jugoslawien)
Zuschauer: 30223
Gelbe Karten: Schwarz, Strömberg – Gomez, Marchena

Brasilien – Schottland 1:0 (0:0)
Austragungsort: Stadion delle Alpi in Turin
Brasilien: Taffarel; Galvao, Rocha, Ricardo Gomez, Jorginho, Alemao, Dunga, Valdo, Branco, Romario (65. Muller), Careca
Schottland: Leighton; McLeish, Aitken, McPherson, Malpas, McKimmie, McCall, McStay, MacLeod (39. Gillespie), Johnston, McCoist (74. Fleck)
Tor: 1:0 Muller (82.)
Schiedsrichter: Helmut Kohl (Österreich)
Zuschauer: 62502
Gelbe Karten: Johnston, MacLeod

Gruppe D

VAE – Kolumbien 0:2 (0:0)
Austragungsort: Stadion Renato Dall'Ara in Bologna
Vereinigte Arabische Emirate: Faraj; Khaleel Ghanim Mubarak, Eissa Meer Abdulrahman (73. Sultan), Yousuf Hussain Mohamed, Ibrahim Meer Abdulrahman, Juma'a, Abdulrahman Mohamed Abdullah, Abbas, Nasser Khamees Mubarak, Al Taliyani, Fahad Khamees Mubarak (57. Bilal)
Kolumbien: Higuita; Herrera, Perea, Escobar, Gildardo Gomez, Gabriel Gomez, Alvarez, Redin, Valderrama, Rincon, Inguaran (75. Estrada)
Tore: 0:1 Redin (51.), 0:2 Valderrama (86.)
Schiedsrichter: George Courtney (England)
Zuschauer: 30791
Gelbe Karten: Eissa Meer Abdulrahman, Yousuf Hussain Mohamed, Ibrahim Meer Abdulrahman

Deutschland – Jugoslawien 4:1 (2:0)
Austragungsort: Giuseppe-Meazza-Stadion in Mailand
Deutschland: Illgner; Augenthaler, Reuter, Berthold, Buchwald, Häßler (74. Möller), Matthäus, Bein (74. Littbarski), Brehme, Klinsmann, Völler
Jugoslawien: Ivkovic; Jozic, Spasic, Hadzibegic, Vulic, Stojkovic, Susic (58. Brnovic), Katanec, Baljic, Savicevic (58. Prosinecki), Vujovic
Tore: 1:0 Matthäus (29.), 2:0 Klinsmann (40.), 2:1 Jozic (55.), 3:1 Matthäus (63.), 4:1 Völler (70.)
Schiedsrichter: Peter Mikkelsen (Dänemark)
Zuschauer: 74765
Gelbe Karte: Brehme

Jugoslawien – Kolumbien 1:0 (0:0)
Austragungsort: Stadion Renato Dall'Ara in Bologna
Jugoslawien: Ivkovic; Hadzibegic, Stanojkovic, Spasic, Stojkovic, Katanec (46. Jarni), Sabanadzovic, Jozic, Brnovic, Susic, Vujovic (55. Pancev)
Kolumbien: Higuita; Herrera, Perea, Escobar, Gilbardo Gomez, Gabriel Gomez, Alvarez, Redin (80. Estrada), Valderrama, Rincon (68. Mendoza), Iguaran
Tore: 1:0 Jozic (74.)
Schiedsrichter: Luigi Agnolin (Italien)
Zuschauer: 32257
Gelbe Karte: Stojkovic

Deutschland – VAE 5:1 (2:0)
Austragungsort: Giuseppe-Meazza-Stadion in Mailand
Deutschland: Illgner; Augenthaler, Berthold (46. Littbarski), Buchwald, Reuter, Häßler, Matthäus, Bein, Brehme, Klinsmann (72. Riedle), Völler
Vereinigte Arabische Emirate: Faraj; Khaleel Ghanim Mubarak, Eissa Meer Abdulrahman, Hussain Yousuf Mohamed, Abdulrahman Mohamed Abdullah, Ibrahim Meer Abdulrahman (87. Al Haddad), Juma'a, Nasser Khamees Mubarak, Abbas, Khalid Ismail Mubarak (84. Hassan Mohamed Hussain), Al Taliyani
Tore: 1:0 Völler (36.), 2:0 Klinsmann (38.), 2:1 Khalid Ismail Mubarak (46.), 3:1 Matthäus (47.), 4:1 Bein (59.), 5:1 Völler (75.)
Schiedsrichter: Alexej Spirin (UdSSR)
Zuschauer: 71167
Gelbe Karten: Brehme – Hussain Yousuf Mohamed, Abbas

Deutschland – Kolumbien 1:1 (0:0)
Austragungsort: Giuseppe-Meazza-Stadion in Mailand
Deutschland: Illgner; Augenthaler, Buchwald, Reuter, Häßler, (88. Thon), Berthold, Matthäus, Bein (46. Littbarski), Pflügler, Klinsmann, Völler
Kolumbien: Higuita; Herrera, Perea, Escobar, Gildardo Gomez, Fajardo, Alvarez, Gabriel Gomez, Valderrama, Rincon, Estrada
Tore: 1:0 Littbarski (89.), 1:1 Rincon (90.)
Schiedsrichter: Alan Snoddy (Irland)
Zuschauer: 72510
Gelbe Karten: Berthold – Gabriel Gomez, Herrera, Alvarez

Jugoslawien – VAE 4:1 (2:1)
Austragungsort: Stadion Renato Dall'Ara in Bologna
Jugoslawien: Ivkovic; Hadzibegic, Spasic, Jozic, Stanojkovic, Stojkovic, Sabanadzovic (78. Prosinecki), Susic, Brnovic, Pancev, Vujovic (64. Vulic)
VAE: Faraj; K. G. Mubarak, E. M. Abdulrahman, Al Haddad, I. M. Abdulrahman, N. K. Mubarak (35. Sultan), M. A. Abdullah, Abbas, I. K. Mubarak, Juma'a (46. F. K. Mubarak), Al Taliyani
Tore: 1:0 Susic (5.), 2:0 Pancev (9.), 2:1 Juma'a (22.), 3:1 Pancev (47.), 4:1 Prosinecki (90.)
Schiedsrichter: Shizou Takada (Japan)
Zuschauer: 27832
Gelbe Karten: Sabanadzovic, Brnovic, Pancev
Rote Karte: Khaleel Ghanim Mubarak wegen Foulspiels

Gruppe E

Belgien – Südkorea 2:0 (0:0)
Austragungsort: Stadion Marc Antonio Bentegodi in Verona
Belgien: Preud'Homme; Clijsters, Gerets, Demol, De Wolf, Emmers, Scifo, van der Elst, Versavel, van der Linden (46. Ceulemans), Degryse
Südkorea: Chol In-Young; Hong Myung-Bo, Choi Kang-Hee, Park Kyung-Hoon, Lee Young-Jin (46. Cho Min Kook), Gu Sang-Bum, Chung Yong-Hwan, Noh Soo-Jin (63. Lee Tae-Ho), Kim Joo-Sung, Choi Soon-Ho, Hwang Seon-Hong
Tore: 1:0 Degryse (54.), 2:0 De Wolf (65.).
Schiedsrichter: Vincent Mauro (USA).
Zuschauer: 32486
Gelbe Karte: Choi Soon-Ho

Uruguay – Spanien 0:0
Austragungsort: Friuli-Stadion in Udine
Uruguay: Alvez; de Leon, Herrera, Dominguez, Gutierrez, Paz, Francescoli, Pereira (67. Correa), Perdomo, Sosa, Alzamendi (67. Aguilera)
Spanien: Zubizaretta; Andrinua, Chendo, Sanchis, Jiminez, Michel, Roberto, Vazquez, Villaroya (80. Gorriz Echarte), Butraguено, Manolo (80. Rafa Paz)
Schiedsrichter: Helmut Kohl (Österreich)
Zuschauer: 35713
Gelbe Karten: Perdomo, Francescoli – Jiminez, Villaroya

Belgien – Uruguay 3:1 (2:0)
Austragungsort: Stadion Marc Antonio Bentegodi in Verona
Belgien: Preud'Homme; Demol, Gerets, Grun, De Wolf, Clijsters (46. Emmers), Scifo, van der Elst, Versavel (73. Vervoort), Degryse, Ceulemans
Uruguay: Alvez; De Leon, Gutierrez, Dominguez, Herrera, Ostolaza (57. Bengoechea), Perdomo, Paz, Alzamandi (46. Aguilera), Francescoli, Sosa
Tore: 1:0 Clijsters (15.), 2:0 Scifo (22.), 3:0 Ceulemans (47.), 3:1 Bengoechea (71.)
Schiedsrichter: Siegfried Kirschen (DDR)
Zuschauer: 35000
Gelbe Karten: Clijsters – Sosa
Rote Karte: Gerets (42.) wegen wiederholten Foulspiels

Südkorea – Spanien 1:3 (1:1)
Austragungsort: Friuli-Stadion in Udine
Südkorea: Choi In-Young; Hong Myung-Bo, Yoon Deuk-Yeo, Choi Kang-Hee, Park Kyung-Joon (75. Chung Jong-Soo), Chung Hae-Won (54. Noh Soo-Jin), Hwangbo Kwan, Kim Joo-Sung, Gu Sang-Bum, Choi Soon-Ho, Byun Byung-Joo
Spanien: Zubizaretta; Andrinua, Chendo, Sanchis, Gorriz, Michel, Roberto (82. Bakero), Vazquez, Villaroya, Butragueno (77. Fernando), Salinas
Tore: 0:1 Michel (24.), 1:1 Hwangbo Kwan (34.), 1:2 Michel (62.), 1:3 Michel (81.)
Schiedsrichter: Elias J. Guerrero (Ecuador)
Zuschauer: 32733
Gelbe Karten: Hwangbo Kwan, Chung Hae-Won, Yoon Deuk-Yeo

Südkorea – Uruguay 0:1 (0:0)
Austragungsort: Friuli-Stadion in Udine
Südkorea: Choi In-Young; Hong Myung-Bo, Oark Kyung-Joon, Choi Kang-Hee, Yoon Deuk-Yeo, Lee Heung-Sil, Hwangbo Kwan (79. Chung Hae-Won), Kim Joo-Sung, Chung Jong-Soo, Choi Soon-Ho, Byun Byung-Joo (43. Whang Seon-Hong)
Uruguay: Alvez; De Leon, Herrera, Dominguez, Gutierrez, Paz, Francescoli, Ostolaza (46. Aguilera), Perdomo, Sosa (61. Fonseca), Martinez
Tor: 0:1 Fonseca (90.)
Schiedsrichter: Tullio Lanese (Italien)
Zuschauer: 29039
Gelbe Karten: Hwangbo Kwan (2.), Choi Kang-Hee, Lee Heung-Sil – Ostolaza, Herrera, Paz
Rote Karte: Yoon Deuk-Yeo wegen Spielverzögerung (71.)

Belgien – Spanien 1:2 (1:2)
Austragungsort: Stadion Marc Antonio Bentegodi in Verona
Belgien: Preud'Homme; Demol, Staelens (78. van der Linden), De Wolf, Emmers (31. Plovie), Scifo, Albert, van der Elst, Vervoort, Degryse, Ceulemans
Spanien: Zubizarreta; Andrinua, Chendo, Sanchis, Michel, Roberto, Vazquez, Gorriz, Villaroya, Butragueno (82. Alcorta), Salinas
Tore: 0:1 Michel (27., Foulelfmeter), 1:1 Vervoort (31.), 1:2 Gorriz (39.)
Schiedsrichter: Juan Loustau (Argentinien)
Zuschauer: 35950
Gelbe Karten: keine
Besonderes Vorkommnis: Scifo schießt Foulelfmeter an die Latte (58.)

Gruppe F

England – Irland 1:1 (1:0)
Austragungsort: Stadion Sant'Elia in Cagliari
England: Shilton; Walker, Butcher, Stevens, Pearce, Waddle, Gascoigne, Robson, Barnes, Lineker (84. Bull), Beardsley (70. McMahon)
Irland: Bonner; McGrath, McCarthy, Moran, Morris, Staunton, Houghton, Townsend, Sheedy, Cascarino, Aldridge (65. McLoughlin)
Tore: 1:0 Lineker (9.), 1:1 Sheedy (73.)
Schiedsrichter: Aron Schmidhuber (Deutschland)
Zuschauer: 39000
Gelbe Karte: McMahon

Holland – Ägypten 1:1 (0:0)
Austragungsort: Stadion della Favorita in Palermo
Holland: van Breukelen; Roland Koeman, van Aerle, Rutjes, van Tiggelen, Vanenburg (46. Kieft), Rijkaard, Wouters, Erwin Koeman (69. Witschge), Gullit, van Basten
Ägypten: Shobeir; Hany Ramzy, Ibrahim Hassan, Yassein, Yakan, Ahmed Ramzi (69. Tolba), Abdel Ghani, Youssef, Abdou, Hossam Hassan, Abdel Hamid (69. Abdel Rahman)
Tore: 1:0 Kieft (59.), 1:1 Abdel Ghani (82., Foulelfmeter)
Schiedsrichter: Emilio Soriano Aladren (Spanien)
Zuschauer: 33288
Gelbe Karten: Kieft – Ahmed Ramzi

England – Holland 0:0
Austragungsort: Stadion Sant'Elia in Cagliari
England: Shilton; Walker, Butcher, Parker, Pearce, Waddle (59. Bull), Wright, Robson (70. Platt), Gascoigne, Lineker, Barnes
Holland: van Breukelen; Ronald Koeman, van Aerle, van Tiggelen, Gillhaus, Wouters, Witschge, Rijkaard, Van't Schip (75. Kieft), van Basten, Gullit
Tore: keine
Schiedsrichter: Zoran Petrovic (Jugoslawien)
Zuschauer: 35267
Gelbe Karten: keine

Irland – Ägypten 0:0
Austragungsort: Stadion della Favorita in Palermo
Irland: Bonner; Morris, McCarthy, Moran, Staunton, Houghton, McGrath, Townsend, Sheedy, Cascarino (85. Quinn), Aldridge (64. McLoughlin)
Ägypten: Shobeir; Hany Ramzy, Ibrahim Hassan, Yassein, Yakan, Tolba (60. Abou Zeid), Abdel Ghani, Youssef, Oraby, Hossam Hassan, Abdou (77. Abdel Hamid)
Tore: keine
Schiedsrichter: Marcel van Langenhove (Belgien)
Zuschauer: 33288
Gelbe Karten: Morris – Shobeir

Irland – Holland 1:1 (0:1)
Austragungsort: Stadion della Favorita in Palermo
Irland: Bonner; Morris, McCarthy, Moran, Staunton, Houghton, McGrath, Townsend, Sheedy (63. Whelan), Quinn, Aldridge (63. Cascarino)
Holland: van Breukelen; Ronald Koeman, van Aerle, van Tiggelen,

Gillhaus, Gullit, Rijkaard, Wouters, Witschge (60. Fraeser), Kieft (80. van Loen), van Basten
Tore: 0:1 Gullit (11.), 1:1 Quinn (72.)
Schiedsrichter: Michel Vautrot (Frankreich)
Zuschauer: 33 288
Gelbe Karte: Rijkaard

England – Ägypten 1:0 (0:0)
Austragungsort: Stadion Sant'Elia in Cagliari
England: Shilton; Walker, Parker, Pearce, Waddle (87. Platt), Wright, McMahon, Gascoigne, Bull (84. Beardsley), Lineker, Barnes
Ägypten: Shobeir; Ahmed Ramzi, Ibrahim Hassan, Yassein, Yakan, Hany Ramzy, Abdel Ghani, Youssef, Abdou (78. Soliman), Hossam Hassan, Abdel Hamid (78. Abdel Rahman)
Tor: 1:0 Wright (64.)
Schiedsrichter: Kurt Röthlisberger (Schweiz)
Zuschauer: 34 959
Gelbe Karten: Beardsley – Abdel Ghani, Ibrahim Hassan

Achtelfinale

Kamerun – Kolumbien 0:0, 2:1 n.V.
Austragungsort: Stadion San Paolo in Neapel
Kamerun: N'Kono; N'Dip, Jules, Ebwelle, Tataw, Makanaky (70. Djonkep), Maboang, Kana Biyik, M'Bouh, Mfede (54. Miller), Omam-Biyik
Kolumbien: Higuita; Herrera, Perea, Escobar, Gildardo Gomez, Alvarez, Estrada, Valderrama, Gabriel Gomez (80. Redin), Rincon, Fajardo (63. Iguaran)
Tore: 1:0 Milla (106.), 2:0 Milla (109.), 2:1 Redin (117.)
Schiedsrichter: Tullio Lanese (Italien)
Zuschauer: 50 206
Gelbe Karten: Kana Biyik, N'Dip, M'Bouh, Jules – Gabriel Gomez, Perea

CSFR – Costa Rica 4:1 (1:0)
Austragungsort: Stadion Vittoria in Bari
CSFR: Stejskal; Kocian, Kadlec, Straka, Hasek, Bilek, Chovanec, Kubik, Moravcik, Skuhravy, Knoflicek
Costa Rica: Barrantes; Flores, Gonzales, Montero, Obando (46. Medford), Chaves, Chavarria (65. Guimaraes), Ramirez, Marchena, Jara, Cayasso
Tore: 1:0 Skuhravy (11.), 1:1 Gonzales (54.), 2:1 Skuhravy (63.), 3:1 Kubik (75.), 4:1 Skuhravy (83.)
Schiedsrichter: Siegfried Kirschen (DDR)
Zuschauer: 25 000
Gelbe Karten: Hasek, Kocian, Straka – Gonzales, Marchena

Brasilien – Argentinien 0:1 (0:0)
Austragungsort: Stadion delle Alpi in Turin
Brasilien: Taffarel; Galvao (85. Renalo), Rocha, Ricardo Gomez, Jorginho, Alemao (85. Silas), Dunga, Valdo, Branco, Careca, Muller
Argentinien: Goycoechea; Simon, Monzón, Ruggeri, Troglio (62. Calderon), Basualdo, Burruchaga, Giusti, Olarticoechea, Caniggia, Maradona
Tor: 0:1 Caniggia (81.)
Schiedsrichter: Joël Quiniou (Frankreich)
Zuschauer: 61 381
Gelbe Karten: Rocha, Galvao – Monzón, Giusti, Goycoechea
Rote Karte: Ricardo Gomez wegen Foulspiels (84.)

Deutschland – Holland 2:1 (0:0)
Austragungssort: Giuseppe-Meazza-Stadion in Mailand
Deutschland: Illgner; Augenthaler, Kohler, Buchwald, Reuter, Littbarski, Matthäus, Berthold, Brehme, Klinsmann (ab 79. Riedle), Völler
Holland: van Breukelen; R. Koeman, van Aerle (67. Kieft), Rijkaard, van't Schip, Winter, Gullit, van Tiggelen, Wouters, Witschge (80. Gillhaus), van Basten
Tore: 1:0 Klinsmann (51.), 2:0 Brehme (86.), 2:1 Ronald Koeman (89., Foulelfmeter)
Schiedsrichter: Juan C. Loustau (Argentinien)
Zuschauer: 74 559
Gelbe Karten: Matthäus – Rijkaard, Wouters, van Basten
Rote Karten: Völler und Rijkaard wegen unsportlichen Verhaltens (22.)

Irland – Rumänien 0:0 n. V., 5:4 im Elfmeterschießen
Austragungsort: Stadion Luigi Ferraris in Genua
Irland: Bonner; Morris, McCarthy, Moran, Staunton (94. O'Leary), Houghton, McGrath, Townsend, Sheedy, Quinn, Aldrige (23. Cascarino)
Rumänien: Lung; Gheorghe Popescu, Rotariu, Andone, Rednic, Lupescu, Sabau (98. Timofte), Hagi, Klein, Raducioiu (77. Lupu), Balint
Tore im Elfmeterschießen: 0:1 Hagi, 1:1 Sheedy, 1:2 Lupu, 2:2 Houghton, 2:3 Rotariu, 3:3 Townsend, 3:4 Lupescu, 4:4 Cascarino, Bonner hält gegen Timofte, 5:4 O'Leary
Schiedsrichter: José Ramiz Wright (Brasilien)
Zuschauer: 31 818
Gelbe Karten: Aldridge, McGrath, McCarthy – Hagi, Lupu

Italien – Uruguay 2:0 (0:0)
Austragungsort: Olympia-Stadion in Rom
Italien: Zenga; Baresi, Bergomi, Ferri, de Napoli, Giannini, Berti (53. Serena), de Agostini, Maldini, Baggio (79. Vierchowod), Schillaci
Uruguay: Alvez; Saldana, Gutierrez, de Leon, Dominguez, Ostolaza (79. Alzamendi), Francescoli, Perdomo, Pereira, Fonseca, Aguilera (56. Sosa)
Tore: 1:0 Schillaci (65.), 2:0 Serena (85.)
Schiedsrichter: George Courtney (England)
Zuschauer: 73 303
Gelbe Karten: Berti – Perdomo, Saldana, Alvez, Gutierrez

Spanien – Jugoslawien 0:0, 1:2 n. V.
Austragungsort: Stadion Marc Antonio Bentegodi in Verona
Spanien: Zubizarreta; Andrinua (50. Jiminez), Sanchis, Chendo, Michel, Roberto, Martin Vazquez, Gorriz, Villaroya, Salinas, Butragueno (79. Paz)
Jugoslawien: Ivkovic; Hadzibegic, Sabanadzovic, Spasic, Katanec (79. Vulic), Stojkovic, Jozic, Susic, Brnovic, Pancev (57. Savicevic), Vujovic
Tore: 0:1 Stojkovic (78.), 1:1 Salinas (84.), 1:2 Stojkovic (93.)
Schiedsrichter: Aron Schmidhuber (Ottobrunn); *Zuschauer:* 35 000
Gelbe Karten: Roberto, Chendo – Katanec, Vujovic, Vulic

England – Belgien 0:0, 1:0 n. V.
Austragungsort: Stadion Renato Dall'Ara in Bologna
England: Shilton; Parker, Wright, Walker, Butcher, Waddle, Gascoigne, McMahon (73. Platt), Butcher, Lineker, Barnes (75. Bull)
Belgien: Preud'Homme, Demol, Gerets, Grun, De Wolf, Clijsters, van der Elst, Ceulemans, Scifo, Versavel (107. Vervoort), Degryse (65. Claesen)
Tor: 1:0 Platt (120.)
Schiedsrichter: Peter Mikkelsen (Dänemark)
Zuschauer: 34 520
Gelbe Karte: Gascoigne

Viertelfinale

Argentinien – Jugoslawien 0:0 n. V., 3:2 im Elfmeterschießen
Austragungsort: Stadion Comunale in Florenz
Argentinien: Goycoechea; Simon, Serrizuela, Ruggeri, Calderon (87. Dezotti), Burruchaga, Giusti, Basualdo, Olarticoechea (51. Troglio), Caniggia, Maradona
Jugoslawien: Ivkovic; Hadzibegic, Sabanadzovic, Spasic, Stojkovic, Prosinecki, Vulic, Susic (62. Savicevic), Brnovic, Jozic, Vujovic
Tore im Elfmeterschießen: 1:0 Serrizuela, Stojkovic schießt an die Latte, 2:0 Burruchaga, 2:1 Prosinecki, Ivkovic hält gegen Maradona, 2:2 Savicevic, Troglio schießt an den Pfosten, Goycoechea hält gegen Brnovic, 3:2 Dezotti, Goycoechea hält gegen Hadzibegic
Schiedsrichter: Roethlisberger (Schweiz)
Zuschauer: 38 971
Gelbe Karten: Serrizuela, Burruchaga, Orlarticoechea, Troglio, Simon – Sabanadzovic
Rote Karte: Sabanadzovic wegen Foulspiels (31.)

Irland – Italien 0:1 (0:1)
Austragungsort: Olympia-Stadion in Rom
Irland: Bonner; Morris, McCarthy, Moran, Staunton, Houghton, McGrath, Townsend, Sheedy, Quinn (53. Cascarino), Aldridge (79. Sheridan)
Italien: Zenga, Baresi, Bergomi, Ferri, Donadoni, de Napoli, de Agostini, Giannini (63. Ancelotti), Maldini, Schillaci, Baggio (73. Serena)
Tor: 0:1 Schillaci (37.)
Schiedsrichter: Carlos Silva Valente (Portugal)
Zuschauer: 73 303
Gelbe Karten: Moran – de Agostini

CSFR – Deutschland 0:1 (0:1)
Austragungsort: Giuseppe-Meazza-Stadion in Mailand
CSFR: Stejskal; Kocian, Straka, Kadlec, Moravcik, Hasek, Chovanec, Bilek (68. Nemecek), Kubik (80. Griga), Skuhravy, Knoflicek
Deutschland: Illgner; Augenthaler, Kohler, Berthold, Buchwald, Littbarski, Matthäus, Bein (83. Möller), Brehme, Klinsmann, Riedle
Tor: 0:1 Matthäus (25., Foulelfmeter)
Schiedsrichter: Helmut Kohl (Österreich)
Zuschauer: 73 347

Motiviert vom ersten bis zum letzten Match: Salvatore »Toto« Schillaci, mit 6 Treffern der Torschützenkönig der WM.

Gelbe Karten: Straka, Bilek, Knoflicek – Klinsmann
Rote Karte: Moravcik wegen unsportlichen Verhaltens (70.)

Kamerun – England 2:2 (0:1), 2:3 n. V.
Austragungsort: Stadion San Paolo in Neapel
Kamerun: N'Kono; Kunde, Tataw, Massing, Makanaky, Mfede (63. Ekeke), Libiih, Pagal, Ebwelle, Maboang (46. Miller), Omam Biyik
England: Shilton; Wright, Parker, Walker, Butcher (74. Steven), Waddle, Gascoigne, Platt, Pearce, Lineker, Barnes (46. Beardsley)
Tore: 0:1 Platt (26.), 1:1 Kunde (62., Foulelfmeter), 2:1 Ekeke (65.), 2:2 Lineker (83., Foulelfmeter), 2:3 Lineker (105., Foulelfmeter)
Schiedsrichter: Edgardo C. Mendez (Mexiko)
Zuschauer: 55 205
Gelbe Karten: N'Kono, Miller, Massing – Pearce

Halbfinale

Argentinien – Italien 1:1 (0:1), 1:1 n.V., 4:3 im Elfmeterschießen
Austragungsort: Stadion San Paolo in Neapel
Argentinien: Goycoechea, Simon, Ruggeri, Serrizuela, Calderon (46. Troglio), Giusti, Burruchaga, Basualdo (110. Batista), Olarticoechea, Caniggia, Maradona
Italien: Zenga; Baresi, Bergomi, Ferri, de Napoli, Giannini (74. Baggio), de Agostini, Donadoni, Maldini, Schillaci, Vialli (71. Serena)
Tore: 0:1 Schillaci (18.), 1 :1 Caniggia (68.). – *Tore im Elfmeterschießen:* 0:1 Baresi, 1:1 Serrizuela, 1:2 Baggio, 2:2 Burruchaga, 2:3 de Agostini, 3:3 Olarticoechea, Goycoechea hält gegen Donadoni, 4:3 Maradona, Goycoechea hält gegen Serena
Schiedsrichter: Michel Vautrot (Frankreich)
Zuschauer: 59 978
Gelbe Karten: Olarticoechea (2), Caniggia (2), Batista (2), Ruggeri – Giannini.
Bes. Vorkommnis: Rote Karte für Giusti wegen Tätlichkeit (105.).

Deutschland – England 1:1 (0:0), 1:1 n.V., 4:3 im Elfmeterschießen
Austragungsort: Stadion delle Alpi in Turin
Deutschland: Illgner; Augenthaler, Kohler, Buchwald, Berthold, Häßler (67. Reuter), Matthäus, Thon, Brehme, Völler (38. Riedle), Klinsmann
England: Shilton; Wright, Parker, Walker, Butcher (71. Steven), Pearce, Waddle, Platt, Beardsley, Lineker, Gascoigne
Tore: 1:0 Brehme (60.), 1:1 Lineker (81.). – *Tore im Elfmeterschießen:* 0:1 Lineker, 1:1 Brehme, 1:2 Beardsley, 2:2 Matthäus, 2:3 Platt, 3:3 Riedle, Illgner hält gegen Pearce, 4:3 Thon, Waddle verschießt
Schiedsrichter: José Ramiz Wright (Brasilien)
Zuschauer: 50 000
Gelbe Karten: Brehme – Parker, Gascoigne

Spiel um Platz 3

Italien – England 2:1 (0:0)
Austragungsort: Stadion Vittoria in Bari
Italien: Zenga; Baresi, Bergomi, Vierchowod, Maldini, Ferrara, Ancelotti, Giannini (90. Ferri), de Agostini (67. Berti), Schillaci, Baggio
England: Shilton; Wright (72. Waddle), Parker, Walker, Stevens, Platt, McMahon (72. Webb), Steven, Dorigo, Lineker, Beardsley
Tore: 1:0 Baggio (71.), 1:1 Platt (81.), 2:1 Schillaci (85., Foulelfmeter)
Schiedsrichter: Joël Quiniou (Frankreich)
Zuschauer: 51 400

Finale

Argentinien – Deutschland 0:1 (0:0)
Austragungsort: Olympiastadion in Rom
Argentinien: Goycoechea; Simon, Ruggeri (46. Monzon), Serrizuela, Sensini, Troglio, Burruchaga (53. Calderon), Basualdo, Lorenzo, Dezotti, Maradona
Deutschland: Illgner; Augenthaler, Kohler, Buchwald, Häßler, Berthold (73. Reuter), Matthäus, Littbarski, Brehme, Klinsmann, Völler
Tor: 0:1 Brehme (85., Foulelfmeter)
Schiedsrichter: Edgardo Codesal Mendez (Mexiko)
Zuschauer: 73 303
Rote Karten: Monzon (65.), Dezotti (87.)

Ägypten

Die Popularität des Dietrich Weise in Ägypten blieb nicht einmal der Deutschen Botschaft verborgen. Sie schrieb an die Zentrale in Bonn, daß Weise jedem ägyptischen Kind ein Begriff sei. Jedem Fußballfan sowieso, denn – die Ägypter machen kein Hehl daraus – dank Weise, dem ehemaligen DFB- und Bundestrainer, qualifizierte sich Ägypten endlich wieder für eine Weltmeisterschaft. Die letzte Teilnahme liegt lange zurück. 1934 schied Ägypten im Achtelfinale gegen Ungarn aus (2:4). Auch damals war Italien der Gastgeber. Dietrich Weise beendete seine Tätigkeit in Ägypten im Herbst 1989, er fungiert jedoch weiterhin als Berater. Nach seinen Vorschlägen verlief die WM-Vorbereitung. Aus einer doppelten Punkterunde, wie sie sonst üblich ist, wurde eine einfache Runde, die im Februar des WM-Jahres auch noch ohne die zwanzig WM-Kandidaten durchgeführt wurde. Für diese begann die gezielte Vorbereitung mit Trainingslagern in Spanien, Deutschland und England. Der ägyptische Fußball ist unter Weise zu neuer Blüte gelangt. Weise predigte modernes Spiel mit Raumdeckung in seinem Verein Al Ahly, die Nationalmannschaft übernahm seine Ideen. Der Verband, der 1921 gegründet wurde und unter dessen Obhut etwa 25 000 Fußballspieler in Vereinen organisiert sind, erhofft sich von der Weltmeisterschaft zusätzlichen Aufschwung, die Spieler hoffen auf Angebote aus dem Ausland. Weise ist von ihren Fähigkeiten überzeugt, attestiert ihnen Bundesligareife. Außerdem haben die Ägypter noch einen Vorteil: Sie spielen in der Vorrunde in Sardinien und Sizilien, dort, wo es so richtig heiß ist, ganz nach ihrem Geschmack …

Fläche: 1 001 449 km²
Einwohner: 50,7 Millionen
Hauptstadt: Kairo
Regierungsform:
Präsidiale Republik

Argentinien

Carlos Bilardo hat überraschend Konkurrenz erhalten, was indes niemanden wundert, denn der Trainer der Argentinier ist nicht unumstritten. Der neue Kritiker ist jedoch von ziemlich starkem Kaliber. Es ist kein Geringerer als Carlos Menem, der neue Staatspräsident von Argentinien. Er sei, so verkündete er, der Boß und dürfe so bei jedem Thema mitreden. Als gäbe es in Argentinien keine anderen Probleme als die Aufstellung einer Fußballmannschaft, auch wenn diese als Titelverteidiger in Italien antritt. Menem, mehr Lebe- denn Staatsmann, steht ebenso wie seine Vorgänger vor dem schier unlösbaren Problem hoher Auslandsverschuldung und ungebremster Inflation. Wenigstens soll, wie in vielen Ländern auch, vier Wochen lang die Fußballauswahl von den wirtschaftlichen Schwierigkeiten ablenken. Vertuscht werden kann indes nicht, daß ausgerechnet die umschwärmten Fußballstars keine Lust mehr haben, der Heimat die Treue zu halten. Zu groß sind die Einkommensdifferenzen zwischen Argentinien und Europa. Ein guter Fußballspieler verdient in Argentinien etwa 1500 Mark, Maradona erhielt fast eine Million Mark Prämie für die Meisterschaft in Italien mit Neapel. Von 30 Spielern des erweiterten WM-Kaders von Bilardo spielen 18 in Europa, darunter auch der Star der Argentinier, Diego Armando Maradona. Carlos Bilardo ist um seine Aufgabe allerdings nicht zu beneiden. Der exzentrische Star muß hofiert werden. Bilardo rief einmal in der Woche in Neapel an, um Maradona bei Laune zu halten. Dazu kamen für Bilardo auch Reisen nach Europa, um den Rest seiner Mannschaft zu beobachten.

Fläche: 2 767 889 km²
Einwohner: 31,5 Millionen
Hauptstadt: Buenos Aires
Regierungsform:
Präsidiale Republik

Belgien

Es war einer der größten Tage für den Fußballsport in Belgien. 200 000 begeisterte Menschen empfingen in den Straßen von Brüssel die Mannschaft nach dem Spiel um den dritten Platz der WM in Mexiko (1986), das knapp und unglücklich gegen Frankreich mit 2:4 in der Verlängerung verloren wurde. Für einen Augenblick waren Flamen und Wallonen vereint im kurzen Rausch des Glücks über die gute Vorstellung ihrer Kicker. Vor der WM in Italien brachen die Ressentiments wieder in aller Schärfe durch. Zum Eklat kam es, als der neue Trainer Walter Meeuws den begnadeten Mittelfeldspieler Enzo Scifo für ein Länderspiel nicht nominierte. Die flämischen Zeitungen stellten sich auf die Seite des nicht unumstrittenen Nachfolgers von Guy Thys (der dann aber doch die belgische Mannschaft nach Italien führte), forderten Scifos endgültigen Rausschmiß aus der Auswahl. Scifo, französisch sprechender Wallone, hatte jedoch, wie vorhersehbar, die Zeitungen aus dem Süden des Landes hinter sich. Für Belgiens Fußball ist Ruhe ein Fremdwort. 1983 wurde ein Bestechungsskandal bekannt, an dem hauptsächlich Nationalspieler beteiligt waren, 1985 starben im Brüsseler Heysel-Stadion 39 Menschen, als es noch vor dem Europacup-Endspiel zwischen dem FC Liverpool und Juventus Turin zu Schlägereien zwischen Fans beider Vereine kam. Das löste damals auch eine Regierungskrise aus, dem Innenminister wurde nachlässiges Verhalten der Polizei angelastet. Regierung und Fußball haben sich wieder stabilisiert, was bleibt, ist der Konflikt zwischen Flamen und Wallonen, den wohl nur ein neuerliches Erfolgserlebnis, wie 1986 in Mexiko, übertünchen kann.

Fläche: 30 519 km²
Einwohner: 10 Millionen
Hauptstadt: Brüssel
Regierungsform:
Parlamentarische Monarchie

Brasilien

Gäbe es alles in dem Überfluß wie Hoffnung, Brasilien wäre ein reiches Land. Doch die Wahrheit sieht anders aus. 115 Milliarden Dollar Auslandsschulden drükken die neue Regierung von Staatspräsident Fernando Collor de Mello. Noch wesentlich schlimmer sind die um sich greifenden Gewaltakte. In der Metropole Rio de Janeiro am Fuße des Zuckerhutes, an der von Touristen so geschätzten Copa Cabana, werden im Durchschnitt 15 Menschen täglich ermordet. Die Favelas, die Armenviertel, werden immer größer. Von den 141 Millionen Brasilianern weiß die Hälfte nicht, wie es von Tag zu Tag weitergehen soll. Und doch herrscht Euphorie: Brasilien soll den Titel gewinnen, Ehrensache. Fußball ist auch unter der zivilen Regierung zum begehrten Propagandamittel geworden, das ablenken soll von den elementaren Problemen des Lebens. Präsident Fernando Collor de Mella machte da keine Ausnahme: »Brasilien muß Weltmeister werden«, rief er wenige Tage nach der Regierungsübernahme im März. Der Sieg im Südamerika-Pokal deutet an, daß sich Brasilien, zumindest auf sportlichem Gebiet, auf dem richtigen Weg befindet. Der neue Trainer Sebastiao Lazaroni muß aus Akteuren, die in Europa spielen (zwölf), und jenen, die in der Heimat geblieben sind, eine Mannschaft formen, die erfolgreich sein und auch noch schönen Fußball zeigen soll, getreu dem Dichter Armoando Nogeira. Den letzten Schliff holte sich die brasilianische Mannschaft übrigens in Teresopolis, am Fuße des Dedo de Deus, dem Finger Gottes. Es wird nichts unversucht gelassen in Brasilien, wenn es um Fußball geht.

Fläche: 8 511 965 km²
Einwohner: 141,5 Millionen
Hauptstadt: Brasilia
Regierungsform:
Föderative Republik

BR Deutschland

Es brechen in jedem Fall neue Zeiten an für den Fußballsport in Deutschland. Die politischen Veränderungen bewirken eine Neustrukturierung der Bundesliga. Hermann Neuberger, Präsident des Deutschen Fußball-Verbandes (West), rechnet ab der Saison 1992/93 mit der Einbeziehung der DDR-Mannschaften. Dann werden auch Spielertransfers wie jener von Andreas Thom aus der DDR zu Bayer Leverkusen kein Aufsehen mehr erregen. Die einen kommen, die anderen gehen. Die Abwanderung der besten Spieler Richtung Süden, vornehmlich nach Italien, nimmt Ausmaße an, wie sie nie vorhersehbar waren. Matthäus, Klinsmann, Brehme, Völler, Riedle, Berthold: Allesamt Nationalspieler, die jenseits der Alpen im Sold stehen. Diese Entwicklung könnten nur private Investoren bremsen, die ähnlich wie in Italien oder Frankreich Fußballvereine als Teil ihres Firmenimperiums ansehen. Die enormen Ausgaben würden dann als Werbungskosten deklariert. Der am 28. Januar 1900 gegründete DFB, der mit mehr als vier Millionen Mitgliedern der größte Sportverband der Welt ist, wird um eine Liberalisierung der Vereinssatzungen nicht herumkommen. Immerhin stabilisierte sich das Interesse an der Bundesliga in den vergangenen Jahren. Was immer noch fehlt, sind Spieler mit dem Charisma eines Franz Beckenbauer, der als Teamchef die Nationalmannschaft nach Italien führte. Nach der WM gibt er sein Amt an Berti Vogts ab, auch ein Mitglied der Weltmeistermannschaft von 1974. Die Zeiten werden also zweifellos aufregend und in jedem Fall unterhaltsamer sein, mehr als so manches Spiel der Bundesliga.

Fläche: 248 709 km^2
Einwohner: 61,1 Millionen
Hauptstadt: Bonn
Regierungsform:
Parlamentarische Demokratie

Costa Rica

Eigentlich war die erste Teilnahme Costa Ricas an einer Weltmeisterschaft überfällig. »In unserem Land kommt der Fußball an erster Stelle, auf dem zweiten Platz folgt Fußball, auf Rang drei Fußball«, schrieb die größte Tageszeitung des Landes, »La Nacion«, nach geschaffter Qualifikation. In der Hauptstadt San José wurde ein Fest gefeiert wie noch nie zuvor in der Geschichte des Landes. Der Star in Costa Rica ist Roger Flores, 33 Jahre alt, Libero und bislang ausnahmslos bei einheimischen Clubs tätig. Doch das soll sich ändern nach der Weltmeisterschaft. Flores möchte den Fußball in Europa studieren, einige Vorgespräche mit Vereinen in Italien soll es bereits gegeben haben. Eine gute Empfehlung bringt Roger Flores mit. Der Brasilianer Zico lud ihn zu seinem Abschiedsspiel ein, doch Flores mußte absagen, weil die Nationalmannschaft ein Turnier bestritt. Während der Fußball Costa Ricas international hoffähig geworden ist, plagen die Vereine immer größer werdende Geldsorgen. Obwohl die »Ticos«, wie die Einwohner Costa Ricas genannt werden, Fußballfans mit Leib und Seele sind, besuchen sie doch immer seltener die Spiele der zehn Klubs in der ersten Divison. Innerhalb der vergangenen vier Jahre sank der Besucherschnitt um die Hälfte. Hauptgrund: Die Eintrittspreise stiegen in dieser Zeit um das Vierfache. Die Weltmeisterschaft soll diese Talfahrt nun allerdings stoppen. »Wir werden in Italien lernen, unser Fußball wird besser werden, die Zuschauer werden das honorieren«, hofft Flores, und das hofft mit ihm auch sein Trainer, Velibor Milutinovic, der Nachfolger von Marvin Rodriguez.

Fläche: 50 700 km^2
Einwohner: 2,7 Millionen
Hauptstadt: San José
Regierungsform:
Präsidiale Republik

England

Die Katastrophen wollen kein Ende nehmen. Noch immer ist die Erinnerung an den 29. Mai 1985 nicht verblaßt. Bei Ausschreitungen vor dem Meistercup-Endspiel gegen Juventus Turin, die nachweislich von Fans des FC Liverpool angezettelt worden waren, kamen 39 Menschen ums Leben. Der Internationale Fußball-Verband sperrte daraufhin alle englischen Teams von den europäischen Vereinswettbewerben aus. Die erschütternden Nachrichten vom englischen Fußball blieben dennoch nicht aus. 1989 starben 95 Fans, als in Sheffield auf den Zuschauerrängen Panik ausbrach. Zudem ist das Problem mit den sogenannten »Hooligans« noch immer nicht gelöst. Sie benutzen die Öffentlichkeit eines Fußballspieles, um Randale zu machen. Das Wort vom »Hooliganismus« ist entstanden, und es bringt Englands Fußball in Mißkredit. Die sportliche Bilanz der letzten Jahre sieht ähnlich düster aus. Der Weltmeister von 1966 war 1974 und 1978 bei den Titelkämpfen nicht dabei, versagte total beim letzten internationalen Auftritt, der Europameisterschaft in der Bundesrepublik. Drei Spiele, drei Niederlagen. Dennoch hält der Verband an seinem langjährigen Trainer Bobby Robson fest, der seit 1982 die englische Auswahl betreut. Es gab im Vorfeld der WM in Italien kaum eine europäische Mannschaft, über die derart selten berichtet wurde. Möglicherweise gibt das unfreiwillige Exil die Kraft zu einem Neuanfang, weg vom typischen Kick-and-rush, hin zu mehr Spielkultur. Es steht viel auf dem Spiel für den Fußball Englands in den Tagen der Weltmeisterschaft, und es geht nicht nur um den Sport.

Fläche: 130 357 km^2
Einwohner: 47,1 Millionen
Hauptstadt: London
Regierungsform:
Parlamentarische Monarchie

Irland

Jack Charlton, der englische Trainer, ist einer der beliebtesten und berühmtesten Männer Irlands. Und jetzt führte Charlton die Iren sogar zum ersten Mal zu einer Weltmeisterschaft. Neue Träume reifen, eine Wiederholung des legendären Siegs der Iren über die Engländer, bei der Europameisterschaft 1988, wird ersehnt. Fußball jedenfalls ist innerhalb von zwei Jahren in Irland Volkssport geworden. Zuvor zählten nur »Hurling«, eine Art Hockey, und »Gaelic Football«. Jack Charlton, der Stopper der legendären Weltmeisterelf von 1966, schaffte dieses Kunststück, weil er geschickt eine besondere Regel anwandte. Irland erstritt sich ja erst 1921 nach jahrhundertelangen Auseinandersetzungen seine Unabhängigkeit von der britischen Krone, wobei allerdings sechs Grafschaften (Nordirland) unter englischer Herrschaft blieben. Jedenfalls dürfen noch heute in Großbritannien geborene Söhne irischer Einwohner für die Heimat spielen. Charlton forschte nach und wurde fündig. Allerdings spielen alle WM-Akteure der Iren im Ausland. Die meisten in der ersten englischen Division, ein paar auch auf dem europäischen Festland. Charlton jedenfalls muß viel improvisieren, doch fällt ihm dies nicht sonderlich schwer. Die Iren haben sich selbst bei ihrem ersten internationalen Auftritt in der Bundesrepublik 1988 das beste Zeugnis ausgestellt. Ihre Fans waren zwar trinkfreudig, nie aber ausfallend; stets freundlich, begeisterungsfähig, friedlich. Irland fürchtet in Italien nur eines: die Sonne Siziliens, wo sie ihre Vorrundenspiele austragen. »Da müssen wir uns was überlegen«, sagt Charlton. Und schmunzelt.

Fläche: 70 283 km^2
Einwohner: 3,5 Millionen
Hauptstadt: Dublin
Regierungsform:
Parlamentarische Republik

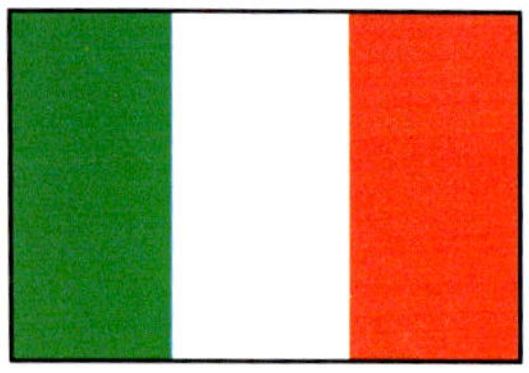

Italien

Zwei Namen verschmolzen im Augenblick des süßen Triumphes zu einem Wort, das in Süditalien die Erfüllung aller Sehnsüchte ausdrückt. Maradona und Neapel, kurz: Maradonapoli. Im Jahr der Fußballweltmeisterschaft grüßt der SSC Neapel als italienischer Meister, zum zweiten Mal in seiner Vereinsgeschichte. Maradona sei Dank.

Aber es war nicht nur ein Sieg von Maradona über manche Neider und die größer werdende Schar von Kritikern, die ihn gerne in ein Schema pressen wollen. Es war auch der Sieg südamerikanischer Spielkunst über europäische Nüchternheit. Denn bei Neapel ist der zweite Star Careca, ein brasilianischer Stürmer. Südlich dominiert Südamerika; im Norden, beim AC Mailand und bei Inter, Holland und Deutschland. In der Hauptstadt, bei AS Rom, spielen ebenfalls deutsche Akteure. Fußball in Italien ist längst auch ein Kampf finanzstarker Multis geworden, frei nach dem Motto: Was kostet die (Fußball-)Welt? Immerhin brachte die inflationäre Entwicklung eine deutliche Verbesserung des Spielniveaus mit sich. Italienische Vereine dominieren seit einigen Jahren in den europäischen Pokalwettbewerben. Das nervtötende Catenaccio, die stupide Taktik, die einzig darauf ausgerichtet war, Tore zu verhindern, ist ein Relikt aus vergangenen Tagen. Italien besann sich seiner sportlichen Geschichte. In einem Gedicht aus dem Jahre 1410 wird überschwenglich das »giuco del calcio« beschrieben, ein Fußballspiel des florentinischen Adels, das vor der Kirche Santa Croce stattfand. Es war voll auf Angriff ausgerichtet, weil es Spieler und Zuschauer unterhalten sollte.

Fläche: 301 252 km^2
Einwohner: 57,2 Millionen
Hauptstadt: Rom
Regierungsform:
Parlamentarische Demokratie

Jugoslawien

Jugoslawien qualifizierte sich als erste Mannschaft. Trainer Ivica Osims Arbeit wurde damit belohnt, vier Jahre nach seinem Amtsantritt. Daß er so lange durchhalten würde, glaubten die wenigsten, denn Osim ist keiner, der seine Spieler verwöhnt. »Jugoslawiens Fußballer vertragen keine Komplimente. Sie brauchen ständig Druck«, sagt Osim. Er veränderte den Stil des jugoslawischen Spieles. Zwar sind seine Akteure immer noch brillante Techniker, Individualisten, die kaum auszurechnen sind, aber sie gelten mittlerweile auch als konditionsstark und athletisch verbessert. Osim war einst selbst Profi in Frankreich, seine Einstellung ist klar: »Die Besten gehören in das Nationalteam, ganz egal, wo sie spielen.« Noch spielt sein Bester in der Heimat: Dragan Stojkovic (Roter Stern Belgrad). Doch auch er wechselt ins Ausland. Stojkovic geht für die Rekordsumme von 21 Millionen Mark zu Olympique Marseille. Mittlerweile rekrutiert sich etwa die Hälfte des jugoslawischen Kaders aus »Legionären«. Auch dies hat dazu beigetragen, daß Osims Team deutlich an Stabilität hinzugewonnen hat. Jugoslawien besaß schon immer große Fußballspieler, auch bekannte Trainer, die im Ausland arbeiteten. Jetzt werden diese auch wieder in der Heimat anerkannt und geschätzt. Der Fußball wird die Menschen im Vielvölkerstaat für einen Monat lang die Zwistigkeiten untereinander vergessen lassen. Die Einheit der Mannschaft könnte Vorbild sein für manche Politiker. Im Nationalteam spielen Slowenen harmonisch zusammen mit Serben und Kroaten. Es ist im Sport oft vieles möglich, was sich im Leben nur unter großen Opfern bewerkstelligen läßt.

Fläche: 255 804 km^2
Einwohner: 23,4 Millionen
Hauptstadt: Belgrad
Regierungsform: Föderative sozialistische Republik

Kamerun

Es war ein Spiel der Rekorde. Racing Bafoussam gewann 47:0 gegen Renaissance Bamendjou. Durchschnittlich fiel alle 115 Sekunden ein Tor. Bafoussam wurde aufgrund der besseren Tordifferenz noch Meister in Kamerun. Der Schwindel flog allerdings auf, die Funktionäre beider Teams wurden für fünf Jahre gesperrt. Der Begeisterung für den Fußballsport tat dies in Kamerun keinen Abbruch. Nach dem 1:0-Sieg gegen Tunesien, der die WM-Teilnahme sicherte, ist diese Geschichte schon so gut wie vergessen. Die »lions indomitables«, die unbezähmbaren Löwen, wie die Fußballer von Kamerun genannt werden, vertreten zum zweiten Mal nach 1982 den afrikanischen Kontinent. Überraschend ist dies nicht. Kamerun gilt als stärkste afrikanische Fußballnation, 10 000 Spieler sind organisiert, die Besten haben längst einträgliche Jobs in Europa gefunden. Zwölf aktuelle Nationalspieler sind in Frankreich unter Vertrag, zehn weitere in Spanien, Portugal und in der Schweiz. So entwickelte sich innerhalb der Auswahl eine Zweiklassengesellschaft. Joseph-Antoine Bell, Kameruns Torhüter, der bei Girondins Bordeaux spielt, macht das deutlich: »Wir haben mehr Erfahrung, spielen auf einem höheren Niveau und haben eine andere Auffassung vom Fußball als die in Kamerun.« Zudem gibt es Verständigungsschwierigkeiten mit dem neuen Nationaltrainer Valeri Nepomniachi aus der Sowjetunion, der im Dezember den Franzosen Claude Le Roux abgelöst hatte. Für Issa Hayatou, Präsident der afrikanischen Fußball-Konföderation, ist dies kein Problem. »Die Mannschaft von heute ist genauso stark wie die von 1982.«

Fläche: 475 442 km^2
Einwohner: 10,8 Millionen
Hauptstadt: Jaunde
Regierungsform:
Präsidiale Republik

Kolumbien

Alvaro Ortega besaß Mut. Der 32jährige Schiedsrichter leitete am 15. November 1989 das Fußballspiel zwischen Independiente Medellin und America Cali den Regeln entsprechend. Independiente unterlag 2:3. Auf dem Weg zum Hotel wurde Ortega mit mehreren Schüssen von bezahlten Killern niedergestreckt. Der Fußball in Kolumbien, das zum zweiten Mal nach 1962 in Chile an einer Weltmeisterschaft teilnimmt, ist fest in der Hand der Drogenkartelle. Seit 42 Jahren gibt es Profiteams, die erste Liga (eine andere gibt es gar nicht erst) umfaßt 15 Vereine, von denen sechs, die Teams in Medellin, Bogotá und Cali, mit erheblichen Summen Mafiageld ausgestattet werden. Der Rest ist in der Auflösung begriffen, der Verband schaut tatenlos zu, verfügt nicht einmal über ordnungsgemäße Statuten. Der kolumbianische Fußball ist im Würgegriff der Droge Kokain, allmählich macht sich auch Frust breit bei den einheimischen Spielern. Ein Nationalspieler, der aus verständlichen Gründen ungenannt bleiben möchte: »Es ist nicht nur der bessere Verdienst, der uns nach Europa treibt, es sind auch die Machenschaften der Mafia. Wo bleibt denn da für uns der Reiz, wenn du schon vor Spielbeginn weißt, ob du heute verlierst oder gewinnst.« Andrés Escobar und Jairo Trellez sind bereits in der Schweiz unter Vertrag; andere, etwa Torhüterstar Rene Higuita, wollen folgen. Das Interesse am Fußball ist in Kolumbien merklich zurückgegangen. Es ist niemand da, der die betrügerischen Machenschaften stoppt. Einer, der versuchte seiner Überzeugung treu zu bleiben, war Alvaro Ortega, der Schiedsrichter. Er lebt nicht mehr.

Fläche: 1 138 914 km^2
Einwohner: 29,7 Millionen
Hauptstadt: Bogotá
Regierungsform:
Präsidiale Republik

Niederlande

Die Niederländer treten als amtierender Europameister an. Die WM-Bilanz hingegen raubt noch so manchem Fan den Schlaf. 1974 im Finale gegen die Bundesrepublik verloren, 1978 erneute Finalniederlage, diesmal war Argentinien stärker. Ein neuer Anlauf, auch neues Glück? Immerhin weisen einige Stützen der Auswahl Italienerfahrung auf. Marco van Basten, Frank Rijkaard und natürlich Ruud Gullit, der neue niederländische Star, spielen bei AC Mailand. Gullit allerdings, dessen Aufstieg kometenhaft verlief, war fast ein Jahr verletzt. Doch sind das nicht die einzigen Sorgen der Niederländer, die nach der erfolgreichen Europameisterschaft einen Trainerwechsel vornahmen. Rinus Michels wurde von Thys Libregts abgelöst, doch dieser hatte Probleme mit den Stars im Team. Und trotz heil überstandener Qualifikation fährt Libregts nicht nach Italien, zumindest nicht als Coach der Niederländer. Zwei Nachfolger standen zur Debatte: Johan Cruyff, der mit riesigen Vollmachten beim FC Barcelona tätige ehemalige Weltklassespieler, und Leo Beenhakker, Trainer bei Ajax Amsterdam. Der niederländische Verband entschied sich für Beenhakker, der den Job allerdings nur für die Zeit der Titelkämpfe annahm. Aber mehr noch als der Wirbel um die Besetzung des verantwortlichen Coaches beschäftigt die Öffentlichkeit das Auftreten der niederländischen Fans, die, ähnlich wie die englischen, zu Gewalttätigkeiten neigen. In Cagliari treffen beide Gruppen aufeinander. Die Angst geht um im Süden Italiens, aber vielleicht können gerade die drei »Mailänder« beschwichtigend auf ihre Landsleute einwirken.

Fläche: 41 548 km^2
Einwohner: 14,6 Millionen
Hauptstadt: Amsterdam
Regierungsform:
Konstitutionelle Monarchie

Österreich

Wer versteht sie schon, die Tiefen der Wiener Seele, das undurchdringliche Grau, den Schmerz, die Melancholie? Da traf die österreichische Nationalmannschaft im entscheidenden Qualifikationsspiel auf die Auswahl der DDR, und statt Jubel im Wiener Praterstadion ergoß sich ein Pfeifkonzert über den vermeintlich wichtigsten Mann der Partie, über Toni Polster, den Österreicher, der beim FC Sevilla spielt. Österreich mußte gewinnen, doch darauf nahm das Publikum keine Rücksicht. Schon Hans Krankl galt nichts in seiner Heimat, als er im Ausland spielte. Abtrünnige haben einen schweren Stand zu Hause. 90 Minuten später: Der Geschmähte ist nach drei Treffern der umjubelte Star; Österreich, das vor vier Jahren die WM-Teilnahme verpaßt hatte, ist wieder im Kreis der Elite. Polster machte es möglich, doch vergessen konnte der Wiener nicht so schnell. Er habe, gestand er später, auf dem Flug von Wien zurück nach Sevilla sogar überlegt, für immer in Spanien bleiben zu wollen. Dort ist er ein gefragter Fußballspieler, schoß über 30 Treffer in dieser Saison, ist zweitbester Stürmer hinter Hugo Sanchez von Real Madrid. Toni Polster ist Österreichs einziger Fußballexport, der Rest der Nationalmannschaft nährt sich redlich bei Rapid oder Austria Wien, in den vergangenen Jahren auch beim FC Tirol. Österreich ist mittlerweile das Gelobte Land für altgediente Fußballstars, die sich einen gemütlichen Ausklang ihrer Karriere gönnen.
Vielleicht kehrt Toni Polster auch als Fußball-Rentner zurück und lacht diejenigen aus, die ihn so gnadenlos auspfiffen bei seinem Auftritt in der Heimat.

Fläche: 83 854 km^2
Einwohner: 7,6 Millionen
Hauptstadt: Wien
Regierungsform:
Parlamentarische Demokratie

Rumänien

Freiheit spiegelt sich in den Gesichtern der Menschen wider. Das Lachen von Emerich Jenei, das jahrelang eingefroren war, zeigt die Entwicklung Rumäniens. Seit dem 25. Dezember, als das Ehepaar Ceausescu erschossen wurde, kann auch der Fußball-Nationaltrainer nun der Mensch sein, der er immer sein wollte, der er immer war. Auch wenn vieles jetzt wichtiger ist als der Sport, so bietet die Teilnahme Rumäniens an der WM in Italien nach zwanzigjähriger Pause doch die Gelegenheit, ein Volk gemeinsame Freude erleben zu lassen. Keine Spiele mehr, die von bestechlichen Schiedsrichtern geleitet werden (Elena Ceausescu war unter anderem Schiedsrichter-Chefin in Bukarest), keine Vereine, die protegiert werden, weil der Conducator das so wollte. Die Fußball-Auswahl Rumäniens repräsentiert ein neues Rumänien, und die Aktiven erhoffen sich auch neue Chancen, allen voran die Besten, Gheorge Hagi und Marius Lacatus. Beide sprechen schon fast akzentfrei Italienisch, träumen von Angeboten aus Florenz, Rom oder Mailand. Der rumänische Verband hat mittlerweile entschieden, daß Spieler ins Ausland wechseln dürfen. Kriterium soll allerdings nicht das mögliche Transfergeld sein, sondern die Anzahl der Berufungen in die Nationalmannschaft. Solche Vereine, die Auswahlspieler abstellen, müssen in den restlichen vier Meisterschaftsrunden ohne ihre Stützen auskommen. Ausnahmen werden dabei keine gemacht. Noch ist die so lange ersehnte Freiheit aber keineswegs grenzenlos, und der Umgang mit ihr ist auch im neuen Rumänien ein Prozeß, der überaus viel Geduld erfordert.

Fläche: 237 500 km^2
Einwohner: 23,1 Millionen
Hauptstadt: Bukarest
Regierungsform:
Republik

Schottland

Zum sechsten Mal nehmen die Schotten an den Titelkämpfen teil, und sie sind wirklich gerne gesehene Gäste, denn stets überließen sie ihren Kontrahenten die Punkte und kamen deshalb bei keinem WM-Auftritt über die erste Runde hinaus. Damit soll jetzt, wieder einmal, Schluß sein. Andy Roxburgh, seit 1986 Nationaltrainer, schließt sich mit seinem Spruch den Vorgängern an: »Wir wollen diese Serie beenden.« An Fußballern, die dazu in der Lage sind, herrscht kein Mangel, Roxburgh muß nicht einmal in der Welt herumtingeln wie viele seiner Kollegen, um seine Jungs zu beobachten. Nur Alan McInally spielt auf dem Festland (FC Bayern München), alle anderen sind in Schottland oder in der ersten englischen Division beschäftigt. Die Animositäten zwischen Schotten und Engländern bestehen dennoch fort. Schottland feierte seinen größten Triumph 1974 – damals als einzige Mannschaft Großbritanniens bei der WM in Deutschland. Das war ein Fest für die Schotten, die ihre Mannschaft lieben. So geradlinig wie die Menschen sind, ist auch der Fußball im Norden der Britischen Inseln. Technische Feinheiten sind selten, Kampfgeist ist gefordert und Einsatzbereitschaft. Hochburg des schottischen Fußballs ist Glasgow mit den beiden Clubs Celtic, denen die katholischen Fans zujubeln, und Rangers, in der fast nur protestantische Spieler verpflichtet werden. Die Ausnahme ist Maurice Johnston, der damit ein Stück Geschichte in Schottland geschrieben hat. Vielleicht gelingt in Italien ein weiteres, die Zeit dafür wäre reif. Die Schotten möchten mehr sein als nur willkommene Punktelieferanten.

Fläche: 78 762 km^2
Einwohner: 5,1 Millionen
Hauptstadt: Edinburgh
Regierungsform:
Parlamentarische Monarchie

Schweden

Olle Nordin ist längst ein guter Freund der schwedischen Zöllner. Nur Torhüter Thomas Ravelli kann er zu Hause beobachten, er spielt bei IFK Göteborg. Alle anderen Nationalspieler sind auf ganz Europa verteilt. Routinier Glenn Hysén etwa ist beim englischen Meister FC Liverpool unter Vertrag, Johnny Ekström, einst FC Bayern, schießt Tore für den AS Cannes, Glenn Strömberg spielt bei Atalanta Bergamo. Auch der schwedische Fußballer des Jahres, Jonas Thern, verdient sein Geld im Ausland, bei Benfica Lissabon. Der Leistung ist dies nicht abträglich. Olle Nordin versteht es, Begeisterung zu wecken, in kurzer Zeit eine Einheit zu formen. Schweden beendete die WM-Qualifikation ungeschlagen als Gruppensieger, obwohl sich Nordins Team mit so schwierigen Gegnern wie England, Polen und Albanien auseinandersetzen mußte. Fast immer, wenn Schweden an den Titelkämpfen teilnahm, stellten sich Erfolge ein, die überraschten. »Wenn man sich erst qualifiziert hat, kann alles passieren«, lautet Nordins Maxime, gestützt aus Erfahrungen der Vergangenheit. Den größten Triumph feierte Schweden 1958. Mit Heimvorteil zogen sie damals ins Finale ein, wo sie dann den Brasilianern klar mit 2:5 unterlagen. Die letzte Weltmeisterschafts-Teilnahme liegt allerdings schon ein paar Tage zurück, wie Olle Nordin weiß, denn er war 1978 in Argentinien als Spieler dabei. Der Europäische Fußballverband sprach den Schweden die Ausrichtung der Europameisterschaft 1992 zu. Eine bessere Plattform als eine Weltmeisterschaft gibt es nicht, um dafür die Werbetrommel zu rühren.

Fläche: 449 964 km^2
Einwohner: 8,4 Millionen
Hauptstadt: Stockholm
Regierungsform:
Parlamentarische Monarchie

Sowjetunion

Die gesellschaftlichen Verhältnisse in der Sowjetunion verändern sich mit rasender Geschwindigkeit. Das Zauberwort heißt »Perestroika«. Auch wenn der wirtschaftliche Aufschwung noch auf sich warten läßt – es ist ein Maß an Freiheit entstanden, das noch vor Jahren undenkbar schien. Auf den Sport hat sich diese Entwicklung natürlich ebenfalls ausgewirkt.
Jetzt dürfen einige Nationalspieler sogar im Ausland Geld verdienen. Oleg Blochin machte noch vor der Europameisterschaft 1988 in der Bundesrepublik (die UdSSR unterlag erst im Endspiel in München den Holländern) den Anfang. Während er jedoch in Österreich gemütlich sein Altenteil genießt, sind andere noch ordentlich gefordert: Aleijnikow und Sawarow sind bei Juventus Turin unter Vertrag, Rinat Dassajew, ein glänzender Torhüter, ist der große Rückhalt beim FC Sevilla. Auch in der Bundesrepublik spielen sowjetische Fußballer: Gorlukovitsch und Belanow in Mönchengladbach, Ljuti und Borodjuk in Schalke. Was alle eint, ist ihr schon fortgeschrittenes Alter. Noch geht die Freiheit nicht so weit, daß hoffnungsvolle Talente, junge Nationalspieler, in den Westen ziehen dürfen. Die politischen Umwälzungen in der Sowjetunion beherrschten zu Recht vor der Weltmeisterschaft die Medienlandschaft, die Fußballauswahl konnte sich so in Ruhe vorbereiten. Ähnlich wie Victor Tichonow, der Eishockey-Nationaltrainer, scheut sich auch sein Kollege vom Fußball, Valerij Lobanowski, nicht, die »Ausländer« für dieses wichtige Ereignis wieder in die Mannschaft zu integrieren. Das Spielsystem der UdSSR ist zudem schon längst westlich orientiert.

Fläche: 22 402 200 km^2
Einwohner: 281 Millionen
Hauptstadt: Moskau
Regierungsform: Union sozialistischer Sowjetrepubliken

Spanien

Der FC Barcelona wurde Pokalsieger in Spanien im Jahr der Weltmeisterschaft, Real Madrid wurde Meister, zum 25. Mal in der Vereinsgeschichte. Und trotzdem ist bei diesen Klubs, die den spanischen Fußball dominieren und in Europa nach außen hin auch vertreten, der Katzenjammer unübersehbar. Ständig stolpern beide bei dem Versuch, endlich den Europacup zu gewinnen. Der Frust sitzt tief, Parallelen zur Nationalmannschaft werden deutlich. Auch dieser fehlt ein Erfolgserlebnis. Die beste Plazierung datiert aus dem Jahre 1950. Bei den Titelkämpfen in Brasilien belegte die spanische Auswahl den vierten Platz. Die größte Enttäuschung war indes das Ausscheiden in der zweiten Finalrunde bei der Weltmeisterschaft 1982 im eigenen Land. Jose Luis »Pepe« Santamaria, der damalige Trainer, sagt heute in Übereinstimmung mit seinem Vorgänger Ladislo Kubala, Verantwortlicher zu sein für Spaniens Team sei ein »unmöglicher Job«. Und er wünscht dem derzeitigen Trainer Luis Suarez »mehr Glück«. Der kann dies sicherlich gebrauchen, zumal ruhiges Arbeiten für ihn kaum möglich ist. Akribisch wird das zahlenmäßige Verhältnis von Real- und Barcelona-Spielern unter die Lupe genommen, Mißgunst von außen in die Mannschaft getragen. Spaniens Fußball leidet nicht nur unter mangelndem Interesse an der Auswahl, sondern auch und vor allem an hohen Schuldenbergen. Barcelona hat Verbindlichkeiten in Höhe von 40 Millionen, Real Madrid solche von 16,5 Millionen Mark. Sollten die Spanier Weltmeister werden, erhält jeder Spieler 400 000 Mark. Superprämien gegen die Angst vor dem Versagen.

Fläche: 504 782 km^2
Einwohner: 38,8 Millionen
Hauptstadt: Madrid
Regierungsform:
Parlamentarische Monarchie

Südkorea

Von den Fähigkeiten südkoreanischer Fußballspieler konnten sich bundesdeutsche Fans jahrelang überzeugen. Bum-Kun Cha spielte zunächst in Frankfurt, dann in Leverkusen. Er war ein perfekter Botschafter seines Landes und ist jetzt in seiner Heimat ein angesehener Mann. Nachfolger für ihn sind bereits in Sicht, wie Joo-Sung Kim, dreiundzwanzig, mit auffallend langer Mähne, ganz im Gegensatz zu seinen Mannschaftskollegen. Joo-Sung Kim hat dafür einen Grund: »Kurze Haare sind zwar modern, doch die langen geben Macht und Stärke.« So steht es geschrieben im Alten Testament. Die Südkoreaner sind gläubige Menschen. Vor jedem Spiel wird in der Kabine ein Gebet gesprochen, ein frommes Lied gesungen. Und sie sind überaus trainingsfleißig, so daß Trainer Hoe-Taik Lee keine Probleme hat, sie zu motivieren. Der Weltmeisterschaft wird auch der Spielplan der ersten Liga untergeordnet, wobei dies allerdings keine sonderlich großen Probleme beinhaltet. Vereine im europäischen Sinne gibt es nicht in Südkorea. Zur Vorbereitung auf die Weltmeisterschaft in Italien bezog Südkorea beinahe schon traditionsgemäß die Sportschule Duisburg-Wedau und tingelte zuvor durch Europa. Daß es lediglich 15 000 Fußballspieler in Südkorea gibt, scheint kein Nachteil zu sein. Südkorea gilt als bester Außenseiter bei der Weltmeisterschaft in Italien. Und vielleicht hilft ja auch die Leib-und-Magen-Speise, doch so manchen Gegner von allzu nahem Körperkontakt abzuhalten. Knoblauch steht bei den Fußballspielern der südkoreanischen Mannschaft täglich auf dem Speiseplan.

Fläche: 98 484 km^2
Einwohner: 42 Millionen
Hauptstadt: Seoul
Regierungsform:
Präsidiale Republik

Tschechoslowakei

Wieder Italien – und die Tschechoslowakei freut sich. Italien ist ein gutes Pflaster für die Fußballauswahl, 1934 wurde die Tschechoslowakei dort Vizeweltmeister; ein Erfolg, der 1962 in Chile wiederholt wurde. Doch die neuen Träume gehen so weit noch nicht, zumal sich ja andere, wichtigere, bereits erfüllt haben. Jene einer neuen Freiheit. Auch die Tschechoslowakei hat die eisernen Zangen des Sozialismus gelöst, Schriftsteller Vaclav Havel, unter dem kommunistischen Regime noch ein Staatsfeind, ist jetzt Staatspräsident. Hätte Lubos Kubik die Entwicklung geahnt – aber wer konnte das schon –, wäre er wohl ebenso wie sein Freund Ivo Knoflicek in der Heimat geblieben.
Möglicherweise waren diese beiden Vorreiter einer Entwicklung, die der tschechoslowakische Fußballverband – auch er unter neuer Führung – fürchtet.
Es droht nach der Weltmeisterschaft der Ausverkauf der besten Fußballspieler. Anfänge sind bereits gemacht. Neun Tschechoslowaken spielen im Ausland. Es gab zwar auch unter dem alten Regime Transfers ins Ausland, doch waren diese erst ab einer Altersgrenze von 30 Jahren möglich. Mit der Einführung einer Profiliga nach westlichem Muster will der Verband dem befürchteten Exodus entgegenwirken. Der neue und alte Nationaltrainer Jozef Venglos (im Amt von 1978 bis 1982 und nun seit 1988) hat noch eine andere Idee, mit der sich viele Tschechoslowaken anfreunden können. Er möchte in Italien an frühere Erfolge anknüpfen und damit die Begeisterung für den Fußball in der Heimat erneut so entfachen, daß die WM-Spieler Spaß daran haben, zu Hause zu spielen.

Fläche: 127 869 km^2
Einwohner: 15,6 Millionen
Hauptstadt: Prag
Regierungsform:
Föderative Republik

Uruguay

José Leandro Andrade war der erste Fußballspieler Uruguays, der im Ausland sein Geld verdiente, allerdings nicht als Fußballspieler, sondern als Tangotänzer in Paris. Mehr als fünfzig Jahre später hat sich nicht viel geändert. Uruguay konnte sich nie aus der permanenten Wirtschaftskrise befreien, weshalb immer noch die begabtesten Fußballer ins Ausland gehen. Die prominentesten derzeit: Enzo Francescoli (Olympique Marseille), Antonio Alzamendi (CD Logrones), Ruben Paz und Carlos Aguilera (FC Genua) und Ruben Sosa von Lazio Rom. Ob allerdings Aguilera in Italien spielen kann, ist mehr als fraglich, denn er wurde wegen Zuhälterei verhaftet. Viel wichtiger freilich ist, daß sich Ruben Sosa in guter Form befindet, denn auf ihm ruhen die größten Hoffnungen Uruguays. Sosa wird zu Hause als »Poeta del Gol« bezeichnet, als »Dichter des Tores«, weil die Schönheit seiner Tore der Poesie von Gedichten gleicht. Doch der so verherrlichte Sosa ist alles andere als ein zarter Engel, auch wenn er so aussieht. Er scheut, wie alle Spieler Uruguays, keineswegs den Körperkontakt, beherrscht alle kleinen, gemeinen Tricks. Gegen dieses Rabauken-Image kämpft vor allem der neue Trainer Oscar Washington Tabarez an, der Sosa einst bei Danubio entdeckte. Daß sich der Stil Uruguays gewandelt hat, wurde bei einem Vorbereitungs-Länderspiel gegen die DFB-Auswahl deutlich. Uruguay schoß drei Treffer (mußte allerdings auch drei Gegentore in Kauf nehmen). Tabarez will in Italien »so spielen, daß die Welt mit Achtung von der Qualität des uruguayischen Fußballs spricht«. Er hat sich viel vorgenommen.

Fläche: 177 508 km^2
Einwohner: 3 Millionen
Hauptstadt: Montevideo
Regierungsform:
Präsidiale Republik

USA

Niemand, wirklich gar niemand interessiert sich für »soccer«, wie Fußball in Amerika heißt. Niemand kennt Paul Caligiuri, der beim HSV bereits Bundesligaluft schnupperte. Dabei schoß Caligiuri das entscheidende Tor gegen Trinidad/Tobago, das den Weg nach Italien ebnete. Auch Bob Gansler weiß, daß er als Trainer der USA-Auswahl ein Außenseiter ist. Dabei stand soccer bereits einmal in voller Blüte. Anfang der achtziger Jahre leisteten Pelé und Franz Beckenbauer, trainiert von Hennes Weisweiler, Pionierarbeit. Doch 1984 wurde die erste Liga, in der viele Bundesligaprofis ihre Laufbahn ausklingen ließen (auch Gerd Müller), aufgelöst. Im Augenblick gibt es zwei Divisionen, die American und die Western Soccer League, deren Spielbetrieb übrigens während der Titelkämpfe fortgeführt wird. Ob Nationalspieler dabei sind, hat auf die Zuschauerzahlen keinen Einfluß. Mehr als tausend Fans erwartet sowieso nur der amtierende Meister, Fort Lauderdale Strikers. Bob Gansler hat so immerhin den Vorteil guter Trainingsmöglichkeiten mit seinen auserwählten WM-Spielern. Seit fast einem Jahr übt er täglich mit einem Großteil des Teams. Zwölf Akteure wurden deshalb bis Ende 1990 vom Verband angestellt, erhalten zwischen 25 000 und 40 000 Dollar pro Jahr. Dazu kommen auch noch ein paar, die im Ausland spielen, wie Hugo Perez (Red Star 93, zweite französische Liga). Die Teilnahme an der Weltmeisterschaft ist für den Fußball in den USA vielleicht ein Neubeginn, die Ausrichtung der Titelkämpfe 1994 ein weiterer Schritt. Kleine Erfolge sind bereits zu verzeichnen. Soccer wird als Schulsport immer beliebter.

Fläche: 9 363 123 km^2
Einwohner: 242,1 Millionen
Hauptstadt: Washington
Regierungsform:
Präsidiale Republik

Ver. Arab. Emirate

Dank reichhaltiger Ölvorkommen ist das Hobby eines Fußballspielers (alle sind Amateure) mit relativ vielen Annehmlichkeiten verbunden. Natürlich wurde die WM-Qualifikation auch gebührend gefeiert, anschließend der Brasilianer Mario Zagalo entlassen, im Gepäck eine großzügige Abfindung. Ihm folgte als Nationaltrainer der Pole Bernard Blaut, der aber schon wieder zurückgetreten ist. In Italien soll nun Carlos Alberto Pereira, ehemaliger brasilianischer Nationaltrainer, die arabischen Fußballspieler betreuen. Die häufigen Trainerwechsel gelten als normal, Geld spielt dabei keine Rolle. Fußball ist auch für die Scheichs in erster Linie Freizeitvergnügen, ausländische Spieler sind deshalb von den Fußballplätzen der Emirate verbannt. Man wolle, so Generalsekretär Youssif Al Serkal, »sehen, wie unsere Spieler Tore schießen«. Viel Freude bereitet dabei vor allem Adnan Khamees Al Taliyani, der unter den Fachleuten als bester Spieler des Landes gilt.
Er erzielte in der Qualifikation die entscheidenden Tore und spielt dennoch beim schlechtesten Verein der ersten Liga, der 14 Klubs angehören. Ein Wechsel ist nicht möglich. Der Scheich von Sharjah, in dessen Mannschaft Al Shaab (das Volk) Taliyani spielt, gibt ihn nicht frei. Und so etwas wie Spielertransfers zwischen den sieben Scheichtümern, die sich 1971/72 als unabhängiger Staatenbund zusammenschlossen, gibt es nicht. Taliyani wird sein Schicksal aber wohl zweifellos verschmerzen können, zumal der Polizeileutnant seit der WM-Qualifikation nicht mehr arbeiten muß. Nur Fußball spielen und siegen – mit Allahs Hilfe und dem Geld der Scheichs.

Fläche: 83 600 km^2
Einwohner: 1,4 Millionen
Hauptstadt: Abu Dhabi
Regierungsform: Bundesstaat aus sieben Emiraten

Souvenir, Souvenir – vor dem Mailänder Dom blüht das Geschäft mit den Andenken.

Qualifikationsspiele der XIV. Fußball-Weltmeisterschaft

Argentinien als Weltmeister 1986 bereits zum Endturnier qualifiziert
Italien als WM-Gastgeber 1990 bereits zum Endturnier qualifiziert

Europa

32 Bewerber streiten in 7 Qualifikations-Gruppen um 13 Endrunden-Plätze (hinzu kommt Gastgeber Italien)

Gruppe 1:
Dänemark, Bulgarien, Rumänien, Griechenland

Griechenland – Dänemark	1:1
Bulgarien – Rumänien	1:3
Dänemark – Bulgarien	1:1
Rumänien – Griechenland	3:0
Griechenland – Rumänien	0:0
Bulgarien – Dänemark	0:2
Rumänien – Bulgarien	1:0
Dänemark – Griechenland	7:1
Bulgarien – Griechenland	4:0
Dänemark – Rumänien	3:0
Griechenland – Bulgarien	1:0
Rumänien – Dänemark	3:1

1. Rumänien	10:5	9:3
2. Dänemark	15:6	8:4
3. Griechenland	3:15	4:8
4. Bulgarien	6:8	3:9

Qualifiziert: Rumänien

Gruppe 2:
England, Polen, Schweden, Albanien

England – Schweden	0:0
Polen – Albanien	1:0
Albanien – Schweden	1:2
Albanien – England	0:2
England – Albanien	5:0
Schweden – Polen	2:1
England – Polen	3:0
Schweden – England	0:0
Schweden – Albanien	3:1
Polen – England	0:0
Polen – Schweden	0:2
Albanien – Polen	1:2

1. Schweden	9:3	10:2
2. England	10:0	9:3
3. Polen	4:8	5:7
4. Albanien	3:15	0:12

Qualifiziert: Schweden und England

Gruppe 3:
UdSSR, DDR, Österreich, Island, Türkei

Island – UdSSR	1:1
Türkei – Island	1:1
UdSSR – Österreich	2:0
DDR – Island	2:0
Österreich – Türkei	3:2
Türkei – DDR	3:1
DDR – Türkei	0:2
UdSSR – DDR	3:0
Türkei – UdSSR	0:1
DDR – Österreich	1:1
UdSSR – Island	1:1
Island – Österreich	0:0
Österreich – Island	2:1
Österreich – UdSSR	0:0
Island – DDR	0:3
Island – Türkei	2:1
DDR – UdSSR	2:1
Türkei – Österreich	3:0
Österreich – DDR	3:0
UdSSR – Türkei	2:0

1. UdSSR	11:4	11:5
2. Österreich	9:9	9:7
3. Türkei	12:10	7:9
4. DDR	9:13	7:9
5. Island	6:11	6:10

Qualifiziert: UdSSR und Österreich

Gruppe 4:
Deutschland, Holland, Wales, Finnland

Finnland – Deutschland	0:4
Holland – Wales	1:0
Deutschland – Holland	0:0
Wales – Finnland	2:2
Holland – Deutschland	1:1
Wales – Deutschland	0:0
Finnland – Holland	0:1
Finnland – Wales	1:0
Deutschland – Finnland	6:1
Wales – Holland	1:2
Deutschland – Wales	2:1
Holland – Finnland	3:0

1. Holland	8:2	10:2
2. Deutschland	13:3	9:3
3. Finnland	4:16	3:9
4. Wales	4:8	2:10

Qualifiziert:
Holland und Deutschland

Gruppe 5:
Frankreich, Schottland, Jugoslawien, Norwegen, Zypern

Norwegen – Schottland	1:2
Frankreich – Norwegen	1:0
Schottland – Jugoslawien	1:1
Zypern – Frankreich	1:1
Zypern – Norwegen	0:3
Jugoslawien – Frankreich	3:2
Jugoslawien – Zypern	4:0
Zypern – Schottland	2:3
Schottland – Frankreich	2:0
Schottland – Zypern	2:1
Frankreich – Jugoslawien	0:0
Norwegen – Zypern	3:1
Norwegen – Jugoslawien	1:2
Norwegen – Frankreich	1:1
Jugoslawien – Schottland	3:1
Jugoslawien – Norwegen	1:0
Frankreich – Schottland	3:0
Zypern – Jugoslawien (in Athen)	1:2
Schottland – Norwegen	1:1
Frankreich – Zypern	2:0

1. Jugoslawien	16:6	14:2
2. Schottland	12:12	10:6
3. Frankreich	10:7	9:7
4. Norwegen	10:9	6:10
5. Zypern	6:20	1:15

Qualifiziert:
Jugoslawien und Schottland

Gruppe 6:
Spanien, Ungarn, Nordirland, Irland, Malta

Nordirland – Malta	3:0
Nordirland – Irland	0:0
Ungarn – Nordirland	1:0
Spanien – Irland	2:0
Malta – Ungarn	2:2
Spanien – Nordirland	4:0
Malta – Spanien	0:2
Nordirland – Spanien	0:2
Ungarn – Irland	0:0
Spanien – Malta	4:0
Ungarn – Malta	1:1
Malta – Nordirland	0:2
Irland – Spanien	1:0
Irland – Malta	2:0
Irland – Ungarn	2:0
Nordirland – Ungarn	1:2
Ungarn – Spanien	2:2
Irland – Nordirland	3:0
Spanien – Ungarn	4:0
Malta – Irland	0:2

1. Spanien	20:3	13:3
2. Irland	10:2	12:4
3. Ungarn	8:12	8:8
4. Nordirland	6:12	5:11
5. Malta	3:18	2:14

Qualifiziert: Spanien und Irland

Gruppe 7:
Belgien, Portugal, CSSR, Schweiz, Luxemburg

Luxemburg – Schweiz	1:4
Luxemburg – CSSR	0:2
Belgien – Schweiz	1:0
CSSR – Belgien	0:0
Portugal – Luxemburg	1:0
Portugal – Belgien	1:1
Portugal – Schweiz	3:1
Belgien – CSSR	2:1
CSSR – Luxemburg	4:0
Luxemburg – Belgien (in Lille)	0:5
Schweiz – CSSR	0:1
Belgien – Portugal	3:0
Schweiz – Portugal	1:2
CSSR – Portugal	2:1
Schweiz – Belgien	2:2
Luxemburg – Portugal (in Saarbrücken)	0:3
Belgien – Luxemburg	1:1
CSSR – Schweiz	3:0
Schweiz – Luxemburg	2:1
Portugal – CSSR	0:0

1. Belgien	15:5	12:4
2. CSSR	13:3	12:4
3. Portugal	11:8	10:6
4. Schweiz	10:14	5:11
5. Luxemburg	3:22	1:15

Qualifiziert: Belgien und CSSR

Nord/Mittelamerika (Concacaf)

15 Bewerber kämpfen um 2 Endrunden-Plätze

Erste Runde
Modus: Cup-System mit Hin- und Rückspielen

Antigua – Niederl. Antillen	0:1
Niederl. Antillen – Antigua	n. V. 3:1
Jamaica – Puerto Rico	1:0
Puerto Rico – Jamaica	1:2
Guyana – Trinidad/Tobago	0:4
Trinidad/Tobago – Guyana	1:0
Costa Rica – Panama	1:1
Panama – Costa Rica	0:2
Kuba – Guatemala	0:1
Guatemala – Kuba	1:1

Zweite Runde
Modus: Cup-System mit Hin- und Rückspielen

Niederl. Antillen – El Salvador	0:1
El Salvador – Niederl. Antillen	5:0
Jamaica – USA	0:0
USA – Jamaica	5:1
Trinidad/Tobago – Honduras	0:0
Honduras – Trinidad/Tobago	1:1
Guatemala – Kanada	1:0
Kanada – Guatemala	3:2

Costa Rica kampflos qualifiziert/Mexiko disqualifiziert

Dritte Runde
Modus: Die Sieger der zweiten Runde ermitteln nach dem Liga-System mit Hin- und Rückspielen die zwei Endrunden-Teilnehmer.

Guatemala – Costa Rica	1:0
Costa Rica – Guatemala	2:1
Costa Rica – USA	1:0
USA – Costa Rica	1:0
USA – Trindad/Tobago	1:1
Trindad/Tobago – Costa Rica	1:1
Costa Rica – Trinidad/Tobago	1:0
USA – Guatemala	2:1
El Salvador – Costa Rica	2:4*
Costa Rica – El Salvador	1:0
Trinidad/Tobago – El Salvador	2:0
El Salvador – Trinidad/Tobago in Honduras	0:0
Guatemala – Trinidad/Tobago	0:1
Trinidad/Tobago – Guatemala	2:1
El Salvador – USA in Honduras	0:1
Guatemala – USA	0:0
USA – El Salvador	0:0
Trinidad/Tobago – USA	0:1

* = Spielabbruch

Guatemala – El Salvador, El Salvador – Guatemala nicht ausgetragen

1. Costa Rica	10:6	11:5
2. USA	6:3	11:5
3. Trinidad/Tobago	7:5	9:7
4. Guatemala	4:7	3:9
5. El Salvador	2:8	2:10

Qualifiziert: Costa Rica und USA

Südamerika

9 Bewerber kämpfen in 3 Qualifikations-Gruppen um 3 Endrunden-Plätze (hinzu kommt Titelverteidiger Argentinien)

Der Sieger der Südamerika-Gruppe 2 spielt noch gegen den Sieger der Ausscheidung Ozeanien/Israel (Hin- und Rückspiel)

Gruppe 1:
Bolivien, Peru, Uruguay

Bolivien – Peru	2:1
Peru – Uruguay	0:2
Bolivien – Uruguay	2:1
Peru – Bolivien	1:2
Uruguay – Bolivien	2:0
Uruguay – Peru	2:0

1. Uruguay	7:2	6:2
2. Bolivien	6:5	6:2
3. Peru	2:8	0:8

Qualifiziert: Uruguay

Gruppe 2:
Ecuador, Kolumbien, Paraguay

Kolumbien – Ecuador	2:0
Paraguay – Kolumbien	2:1
Ecuador – Kolumbien	0:0
Paraguay – Ecuador	2:1
Kolumbien – Paraguay	2:1
Ecuador – Paraguay	3:1

1. Kolumbien	5:3	5:3
2. Paraguay	6:7	4:4
3. Ecuador	4:5	3:5

Qualifiziert: Kolumbien

Gruppe 3:
Brasilien, Chile, Venezuela

Venezuela – Brasilien	0:4
Venezuela – Chile	1:3
Chile – Brasilien	1:1
Brasilien – Venezuela	6:0
Chile – Venezuela (in Mendoza)	5:0
Brasilien – Chile	2:0*

* = n. 1:0 abgebrochen, Wertung 2:0

1. Brasilien	13:1	7:1
2. Chile	9:4	5:3
3. Venezuela	1:18	0:8

Qualifiziert: Brasilien

Ozeanien

Australien, Fidschi-Inseln, Israel, Neuseeland, Taiwan

Erste Runde

Gruppe 1:

Taiwan – Neuseeland in Wellington	0:4
Neuseeland – Taiwan	4:1

Gruppe 2:

Fidschi-Inseln – Australien	1:0
Australien – Fidschi-Inseln	5:1

Zweite Runde

Israel – Neuseeland	1:0
Australien – Neuseeland	4:1
Israel – Australien	1:1
Neuseeland – Australien	2:0
Neuseeland – Israel	2:2
Australien – Israel	1:1

1. Israel	5:4	5:3
2. Australien	6:5	4:4
3. Neuseeland	5:7	3:5

Qualifiziert: Israel

Kolumbien spielte als Sieger der Südamerika-Gruppe 2 gegen Israel (Sieger der Ausscheidung Ozeanien/Israel) um einen Endrunden-Platz

Kolumbien – Israel	1:0
Israel – Kolumbien	0:0

Qualifiziert: Kolumbien

Afrika

Erste Runde:
Modus: Cup-System mit Hin- und Rückspielen

Gruppe 1:

Angola – Sudan	0:0
Sudan – Angola	1:2

Zimbabwe kampflos qualifiziert/ Rückzug Lesotho

Sambia kampflos qualifiziert/ Rückzug Ruanda

Uganda – Malawi	1:0
Malawi – Uganda	3:1

Gruppe 2:

Libyen – Burkina Faso	3:0
Burkina Faso – Libyen	2:0
Ghana – Liberia	0:0
Liberia – Ghana	2:0
Tunesien – Guinea	5:0
Guinea – Tunesien	3:0

Gabun kampflos qualifiziert/ Rückzug Togo

Zweite Runde:
Modus: Die vier Gruppensieger qualifizieren sich nach dem Liga-System mit Hin- und Rückspielen für die dritte Runde

Gruppe A:
Algerien, Elfenbeinküste, Zimbabwe
Rückzug Libyen (14. 5. 1989)

Algerien – Zimbabwe	3:0
Zimbabwe – Elfenbeinküste	0:0
Elfenbeinküste – Algerien	0:0
Zimbabwe – Algerien	1:2
Elfenbeinküste – Zimbabwe	5:0
Algerien – Elfenbeinküste	1:0

Die Abschluß-Tabelle:

1. Algerien	6:1	7:1
2. Elfenbeinküste	5:1	4:4
3. Zimbabwe	1:10	1:7

Gruppe B:
Ägypten, Kenia, Malawi, Liberia

Ägypten – Liberia	2:0
Kenia – Malawi	1:1
Malawi – Ägypten	1:1
Liberia – Kenia	0:0
Kenia – Ägypten	0:0
Liberia – Malawi	1:0
Malawi – Kenia	1:0
Liberia – Ägypten	1:0
Ägypten – Malawi	1:0
Kenia – Liberia	1:0
Ägypten – Kenia	2:0
Malawi – Liberia	0:0

1. Ägypten	6:2	8:4
2. Liberia	2:3	6:6
3. Malawi	3:4	5:7
4. Kenia	2:4	5:7

Gruppe C:
Kamerun, Nigeria, Gabun, Angola

Nigeria – Gabun	1:0
Kamerun – Angola	1:1
Gabun – Kamerun	1:3
Angola – Nigeria	2:2
Nigeria – Kamerun	2:0
Angola – Gabun	2:0
Angola – Kamerun	1:2
Gabun – Nigeria	2:1
Nigeria – Angola	1:0
Kamerun – Gabun	2:1
Kamerun – Nigeria	1:0
Gabun – Angola	1:0

1. Kamerun	9:6	9:3
2. Nigeria	7:5	7:5
3. Angola	6:7	4:8
4. Gabun	5:9	4:8

Gruppe D:
Marokko, Zaire, Tunesien, Sambia

Marokko – Sambia	1:0
Zaire – Tunesien	3:1
Tunesien – Marokko	2:1
Sambia – Zaire	4:2
Zaire – Marokko	0:0
Sambia – Tunesien	1:0
Sambia – Marokko	2:1
Tunesien – Zaire	1:0
Marokko – Tunesien	0:0
Zaire – Sambia	1:0
Tunesien – Sambia	1:0
Marokko – Zaire	1:1

1. Tunesien	5:5	7:5
2. Sambia	7:6	6:6
3. Zaire	7:7	6:6
4. Marokko	4:5	5:7

Dritte Runde
Modus: Die beiden Sieger qualifizieren sich nach dem Cup-System (in Hin- und Rückspiel) für das WM-Endturnier 1990

Algerien – Ägypten	0:0
Ägypten – Algerien	1:0
Kamerun – Tunesien	2:0
Tunesien – Kamerun	0:1

Qualifiziert: Kamerun und Ägypten

Asien

22 Bewerber kämpfen um 2 Endrundenplätze

Erste Runde

Gruppe 1:
Irak, Jordanien, Katar, Oman

Katar – Jordanien	1:0
Oman – Irak	1:1
Oman – Katar	0:0
Jordanien – Irak	0:1
Jordanien – Oman	2:0
Katar – Irak	1:0
Jordanien – Katar	1:1
Irak – Oman	3:1
Katar – Oman	3:0
Irak – Jordanien	4:0
Oman – Jordanien	0:2
Irak – Katar	2:2

1. Katar	8:3	9:3
2. Irak	11:5	8:4
3. Jordanien	5:7	5:7
4. Oman	2:11	2:10

Gruppe 2:
Nordjemen, Saudi-Arabien, Syrien
Bahrein verzichtet

Nordjemen – Syrien	0:1
Saudi-Arabien – Syrien	5:4
Nordjamen – Saudi-Arabien	0:1
Syrien – Nordjemen	2:0
Syrien – Saudi-Arabien	0:0
Saudi-Arabien – Nordjemen	1:0

1. Saudi-Arabien	7:4	7:1
2. Syrien	7:5	5:3
3. Nordjemen	0:5	0:8

Gruppe 3:
Kuwait, Pakistan, Vereinigte Arabische Emirate
Rückzug: Südjemen

Pakistan – Kuwait	0:1
Kuwait – Ver. Arab. Emirate	3:2
Ver. Arab. Emirate – Pakistan	5:0
Kuwait – Pakistan	2:0
Ver. Arab. Emirate – Kuwait	1:0
Pakistan – Ver. Arab. Emirate	1:4

1. Ver. Arab. Emirate	12:4	6:2
2. Kuwait	6:3	6:2
3. Pakistan	1:12	0:8

Gruppe 4:
Malaysia, Nepal, Singapur, Südkorea
Rückzug: Indien

Malaysia – Nepal	2:0
Singapur – Südkorea	0:3
Malaysia – Singapur	1:0
Nepal – Südkorea	0:9
Singapur – Nepal	3:0
Südkorea – Malaysia	3:0
Singapur – Malaysia	2:2
Südkorea – Nepal	4:0
Malaysia – Südkorea	0:3
Nepal – Singapur	0:7

Singapur – Südkorea	0:3
Malaysia – Nepal	3:0

1. Südkorea	25:0	12:0
2. Malaysia	8:8	7:5
3. Singapur	12:9	5:7
4. Nepal	0:28	0:12

Gruppe 5:
Bangladesch, China, Iran, Thailand

Thailand – Bangladesch	1:0
Thailand – Iran	0:3
China – Bangladesch	2:0
Bangladesch – Iran	1:2
Thailand – China	0:3
Bangladesch – China	0:2
Bangladesch – Thailand	3:1
Iran – Bangladesch	1:0
Iran – Thailand	3:0
China – Iran	2:0
Iran – China	3:2
China – Thailand	2:0

1. China	13:3	10:2
2. Iran	12:5	10:2
3. Bangladesch	4:9	2:10
4. Thailand	2:14	2:10

Gruppe 6:
Hongkong, Indonesien, Japan, Nordkorea

Indonesien – Nordkorea	0:0
Hongkong – Japan	0:0
Hongkong – Nordkorea	1:2
Indonesien – Japan	0:0
Hongkong – Indonesien	1:1
Japan – Nordkorea	2:1
Japan – Indonesien	5:0
Japan – Hongkong	0:0
Nordkorea – Japan	2:0
Indonesien – Hongkong	3:2
Nordkorea – Hongkong	4:1
Nordkorea – Indonesien	2:1

1. Nordkorea	11:5	9:3
2. Japan	7:3	7:5
3. Indonesien	5:10	5:7
4. Hongkong	5:10	3:9

Zweite Runde

Ver. Arab. Emirate – Nordkorea	0:0
China – Saudi-Arabien	2:1
Südkorea – Katar	0:0
Katar – Saudi-Arabien	1:1
Südkorea – Nordkorea	1:0
China – Ver. Arab. Emirate	1:2
China – Südkorea	0:1
Nordkorea – Katar	2:0
Saudi-Arabien – Ver. Arab. Emirate	0:0
Ver. Arab. Emirate – Katar	1:1
Nordkorea – China	0:1
Saudi-Arabien – Südkorea	0:2
Ver. Arab. Emirate – Südkorea in Kuala Lumpur	1:1
Saudi-Arabien – Nordkorea in Kuantan	2:0
Katar – China	2:1

1. Südkorea	5:1	8:2
2. Ver. Arab. Emirate	4:3	6:4
3. Katar	4:5	5:5
4. China	5:6	4:6
5. Saudi-Arabien	4:5	4:6
6. Nordkorea	2:4	3:7

Qualifiziert: Südkorea und Vereinigte Arabische Emirate

In den Qualifikationsspielen haben sich 24 Teams durchgesetzt für den Kampf um den Einzug ins Finale im Olympiastadion von Rom.

Deutsches WM-Aufgebot 1990

Franz Beckenbauer
Teamchef 1984–1990
Geboren: 11. 9. 1945
103 Länderspiele
(als Nationalspieler)

Klaus Augenthaler
FC Bayern München
Abwehrspieler
Geboren: 26. 9. 1957
Größe: 1,83 m
Gewicht: 80 kg
20 Länderspiele

Andreas Brehme
Inter Mailand
Abwehrspieler
Geboren: 9. 11. 1960
Größe: 1,76 m
Gewicht: 72 kg
51 Länderspiele

Guido Buchwald
VfB Stuttgart
Abwehrspieler
Geboren: 24. 1. 1961
Größe: 1,88 m
Gewicht: 86 kg
32 Länderspiele

Thomas Häßler
1. FC Köln
Mittelfeldspieler
Geboren: 30. 5. 1966
Größe: 1,66 m
Gewicht: 66 kg
12 Länderspiele

Raimond Aumann

FC Bayern München
Torwart
Geboren: 12. 10. 1963
Größe: 1,82 m
Gewicht: 75 kg
3 Länderspiele

Uwe Bein

Eintracht Frankfurt
Mittelfeldspieler
Geboren: 26. 9. 1960
Größe: 1,78 m
Gewicht: 70 kg
6 Länderspiele

Thomas Berthold

AS Rom
Abwehrspieler
Geboren: 12. 11. 1964
Größe: 1,84 m
Gewicht: 81 kg
35 Länderspiele

Günter Hermann

SV Werder Bremen
Mittelfeldspieler
Geboren: 5. 12. 1960
Größe: 1,69 m
Gewicht: 66 kg
2 Länderspiele

Bodo Illgner

1. FC Köln
Torwart
Geboren: 7. 4. 1967
Größe: 1,87 m
Gewicht: 78 kg
15 Länderspiele

Jürgen Klinsmann

Inter Mailand
Stürmer
Geboren: 30. 7. 1964
Größe: 1,81 m
Gewicht: 76 kg
18 Länderspiele

Jürgen Kohler

FC Bayern München
Abwehrspieler
Geboren: 6. 10. 1965
Größe: 1,86 m
Gewicht: 84 kg
27 Länderspiele

Andreas Köpke

1. FC Nürnberg
Torwart
Geboren: 12. 3. 1963
Größe: 1,82 m
Gewicht: 83 kg
1 Länderspiel

Pierre Littbarski

1. FC Köln
Mittelfeldspieler
Geboren: 16. 4. 1960
Größe: 1,68 m
Gewicht: 68 kg
67 Länderspiele

Hans Pflügler

FC Bayern München
Abwehrspieler
Geboren: 27. 3. 1960
Größe: 1,82 m
Gewicht: 80 kg
10 Länderspiele

Stefan Reuter

FC Bayern München
Abwehrspieler
Geboren: 16. 10. 1966
Größe: 1,81 m
Gewicht: 75 kg
16 Länderspiele

Karlheinz Riedle

SV Werder Bremen
Stürmer
Geboren: 16. 9. 1965
Größe: 1,79 m
Gewicht: 71 kg
6 Länderspiele

Lothar Matthäus

Inter Mailand
Mittelfeldspieler
Geboren: 21. 3. 1961
Größe: 1,73 m
Gewicht: 72 kg
74 Länderspiele

Frank Mill

Borussia Dortmund
Stürmer
Geboren: 23. 7. 1958
Größe: 1,76 m
Gewicht: 71 kg
17 Länderspiele

Andreas Möller

Borussia Dortmund
Mittelfeldspieler
Geboren: 2. 9. 1967
Größe: 1,80 m
Gewicht: 70 kg
10 Länderspiele

Paul Steiner

1. FC Köln
Abwehrspieler
Geboren: 23. 1. 1957
Größe: 1,82 m
Gewicht: 75 kg
1 Länderspiel

Olaf Thon

FC Bayern München
Mittelfeldspieler
Geboren: 1. 5. 1966
Größe: 1,70 m
Gewicht: 67 kg
33 Länderspiele

Rudi Völler

AS Rom
Stürmer
Geboren: 13. 4. 1960
Größe: 1,77 m
Gewicht: 71 kg
63 Länderspiele

Das Colosseum, einst Schauplatz blutiger Gladiatorenkämpfe, heute eines der Wahrzeichen Roms, der »ewigen Stadt«.

Von Udine bis Palermo

Udine
Friuli-Stadion
42 311 Plätze

Mailand
Giuseppe-Meazza-Stadion
83 407 Plätze

Verona
Bentegodi-Stadion
43 216 Plätze

Turin
Stadion delle Alpi
71 362 Plätze

Genua
Stadion Ferraris
44 800 Plätze

Bologna
Stadion Dall'Ara
41 200 Plätze

Florenz
Stadion Communale
49 000 Plätze

Rom
Olympia-Stadion
84 800 Plätze

Neapel
Stadion San Paolo
83 311 Plätze

Bari
Stadion Vittoria
60 500 Plätze

Cagliari
Stadion Sant'Elia
44 200 Plätze

Palermo
Stadion Favorita
40 832 Plätze

Udine

Das norditalienische Udine ist mit seinen 110000 Einwohnern die nach Triest größte und wichtigste Stadt der Provinz Friaul. Für die modebewußten Italiener ist Udine von enormer Bedeutung: als eines der Zentren der italienischen Textilindustrie. Die Anfänge Udines reichen in die Langobardenzeit, ins 6. Jahrhundert, zurück, aus der noch die Kirche Santa Maria di Castello erhalten ist. Im Jahre 983 schenkte der deutsche Kaiser Otto II. die Ortschaft mitsamt Kastell, damals noch Udene geheißen, dem Patriarchen von Aquileja. Im 13. Jahrhundert wurden Udine die Markt- und Stadtrechte verliehen, 1420 kam die Stadt an Venedig, das zu jener Zeit seiner wirtschaftlichen und politischen Bedeutung nach eine europäische Großmacht war. 1797 war es die Großmacht Habsburg, die nach Udine (und auch nach Venedig) griff. Seit 1866 flattern die italienischen Farben über Venetien und Friaul.
Der Mittelpunkt Udines und attraktivster Anziehungspunkt für Einheimische und Touristen gleichermaßen ist die Piazza della Libertà mit dem Rathaus, der gotischen Loggia di Lionello (1456) und der Loggia di San Giovanni (1533–39) mit einem malerischen Uhrturm, der dem berühmten Vorbild in Venedig nachgebildet ist. Der romanisch-gotische Dom mit Altarbildern von Tiepolo ist ebenso sehenswert wie das alte Kastell auf dem Burghügel, das heute eine Gemäldegalerie und ein Museum enthält. Der interessanteste Ort Udines zur Befriedigung der leiblichen Genüsse ist die Piazza Matteotti, der alte Marktplatz, wo man alles erstehen kann, was Gaumen und Herz begehren.

Udine. Piazza della Libertà mit Herkulesstatue und Markussäule.

Mailand

Mailand, die Metropole des italienischen Nordens und Hauptstadt der Lombardei, ist mit ihren 1,5 Millionen Einwohnern die zweitgrößte Stadt Italiens. Doch dies ist auch die einzige Konzession, die die stolzen Mailanesen den Römern machen: in den meisten anderen Bereichen spielt das reiche und elegante Milano unter den italienischen Städten die erste Geige. Mit seinem Konservatorium und seinem weltberühmten Opernhaus, der »Scala«, ist es die »Musikhauptstadt« Italiens, und großartige Baudenkmäler sowie Kunstwerke in zahlreichen Museen machen Mailand auch zu einer Kunststadt ersten Ranges; Milanos Platz als Industrie- und Handelszentrum des Landes ist ohnehin unangefochten. Was den Sport betrifft, kann ebenfalls keine Konkurrentin Milano das Wasser reichen: den Kampf um die Krone im italienischen Fußball machen die beiden Weltklasseclubs AC und Inter mitunter sogar unter sich aus.
Mächtig stolz sind die Mailanesen auch auf ihre mehr als zweieinhalbtausendjährige Geschichte. Im dritten vorchristlichen Jahrhundert wurde die einstige Etruskerstadt als »Mediolanum« Hauptstadt der Westhälfte des Römischen Reiches. Im Mittelalter stieg Mailand zur Führerin des »lombardischen Städtebundes« auf; die damals einflußreichsten Familien waren die Visconti und die Sforza, die vom römisch-deutschen Kaiser zu Herzögen gekürt wurden. Jahrhundertelang Zankapfel zwischen Bourbonen und Habsburgern, schloß sich

Der Mailänder Dom, Juwel gotischer Baukunst.

Mailand 1859 dem um seine Einheit ringenden italienischen Vaterland an.
Das Zentrum Mailands ist der Domplatz, der von dem gewaltigsten gotischen Bau der Apenninenhalbinsel beherrscht wird. Westlich stößt an den Domplatz die Piazza dei Mercanti, der älteste Stadtmittelpunkt Mailands. Die schönsten Straßen sind die belebte Corso Vittorio Emanuele mit dem Corso Venezia und die Via Alessandro Manzoni, benannt nach Italiens Nationaldichter (1785–1873).

Verona

Dank seiner bezaubernden Lage am südlichen Alpenkamm und seines Reichtums an antiken Denkmälern gehört Verona seit jeher zu den Hauptanziehungspunkten der Italienreisenden aus aller Herren Ländern. Ein Abend in der »Arena«, dem Amphitheater aus dem ersten Jahrhundert nach Christus, wo alljährlich im Sommer Opernaufführungen stattfinden, wird für alle ein unvergeßliches Erlebnis bleiben; wie die malerische Stadt insgesamt, die von der Etsch durchflossen wird und mit ihren wunderschönen alten Brücken junge und junggebliebene Verliebte zum Bummeln und Träumen einlädt. Nicht zufällig stammt ja auch das berühmteste Liebespärchen aller Zeiten aus Verona: der Balkon der Julia, auf dem das durch Shakespeare unsterblich gewordene Mädchen den Ständchen ihres Romeo gelauscht haben soll, ist in der Via Cappello zu besichtigen. Aber nicht nur die römische Antike und Shakespeare, auch Mittelalter und Renaissance haben in dieser bedeutenden Kunststadt unvergängliche Zeugnisse hinterlassen, wie die Basilika San Zeno Maggiore, eine der schönsten romanischen Kirchen Italiens, die gotische Basilika Santa Anastasia, die Renaissancepaläste vor allem um die Piazza dei Signori herum.
Im frühen Mittelalter war Verona, das heute knapp 300000 Einwohner zählt, die Residenzstadt des Ostgotenkönigs Theoderich, der als Dietrich von Bern in die deutsche Heldensage einging. Später Residenz der Langobardenkönige und in fränkischer Zeit Hauptstadt der Mark Verona, erlebte es im Spätmittelalter unter den Scaligern, der führenden Adelsfamilie, seine Blütezeit, bis es 1405 an die Republik Venedig fiel. 1797 bemächtigte sich das Haus Habsburg der beiden Städte, die die österreichische Fremdherrschaft erst 1866 abschütteln konnten – mit tatkräftiger Hilfe der Preußen, deren Sieg bei Königgrätz daher auch in italienischen Geschichtsbüchern mit goldenen Lettern geschrieben steht.

In der Arena von Verona werden alljährlich Opern aufgeführt.

Turin

Als Kaiser Augustus die ligurischen Tauriner unterwarf, taufte er ihren Hauptort »Augusta Taurinorum« – damit war Turin, italienisch Torino, geboren. Zur Zeit Augustus' wurde bekanntlich ein Gebot erlassen, daß alle Bewohner des Römischen Reiches sich für eine Volkszählung in ihre Geburtsstädte zu begeben hätten – von der Geschichte Jesu, die so ihren Anfang nahm, wird in Turin ein bedeutendes Zeugnis aufbewahrt, das einen der Hauptanziehungspunkte der Stadt bildet: das berühmte »Turiner Grabtuch«, seit 1578 im Turiner Dom. Es zeigt den Abdruck eines menschlichen Körpers, stammt aus der Zeit Jesu und wird als Leichentuch Christi verehrt.
Sonst ist Turin mit seinen 1,1 Millionen Einwohnern, die mit einem herrlichen Blick auf die Alpenkette gesegnet sind, eher dem Weltlichen zugetan: Neben Mailand stellt es mit seinen Fiat- und Lanciawerken, seiner optischen und Genußmittelindustrie Italiens wichtigstes Handelszentrum dar. Charakteristisch für die Messestadt sind die geraden, sich rechtwinklig schneidenden Straßen, die oft von Bogengängen gesäumt sind und noch heute den geometrischen Plan der einstigen römischen Kolonie widerspiegeln. Zahlreiche bedeutende Kirchen und Museen, Paläste und Villen zeugen von einer bewegten Geschichte. Im Mittelalter und in der frühen Neuzeit, namentlich unter den Grafen von Savoyen, war Turin eines der politischen und diplomatischen Zentren Europas. Die ehemalige

Turin, ehemals Residenzstadt der Grafen von Savoyen, ist heute Italiens wichtigstes Handelszentrum.

Hauptstadt des Königreichs Sardinien-Piemont übernahm im 19. Jahrhundert eine führende Rolle im »Risorgimento«, der italienischen Einigungsbewegung Garibaldis, der dem König von Sardinien-Piemont, Vittorio Emanuele, auf dem Schlachtfeld die italienische Königskrone erstritt. Von 1861 bis 1865 war Turin die erste Hauptstadt Italiens.

Genua

»La Superba«, »die Prächtige«, wie Genua genannt wird, ist gleichermaßen vom Meer und seiner Berglage am Kamm des nördlichen Apennin geprägt. Daher will, wer ein echter Genuese ist, weit und hoch hinaus – das weiß man spätestens, seit der größte Sohn der Stadt, Christoph Columbus, anno 1492 in spanischen Diensten Amerika entdeckte. Dieser Kontinent ist zwar nach einem Florentiner Seefahrer benannt (Amerigo Vespucci), aber Genua ist seit jeher Italiens bedeutendste Hafenstadt und war im Mittelalter als Seerepublik einer der mächtigsten Staaten der Welt – es beherrschte den Mittelmeerhandel und gebot über zahlreiche Besitzungen. Nachdem ihr im 14. Jahrhundert von Venedig der Rang abgelaufen wurde, erlebte Genua unter dem großen Seehelden und Staatsmann Andrea Doria im 16. Jahrhundert eine neue Glanzzeit. Ihr verdankt »die Prächtige« ihren zweiten Beinamen: »Amphitheater aus marmornen Palästen«. Damit sind die Residenzen der führenden Adelsfamilien Genuas aus der Renaissance gemeint, die schier unermeßliche Reichtümer an Kunstschätzen beherbergen; die Paläste der Doria umsäumen die Piazza San Matteo, andere, wie der berühmte »Weiße Palast« (Palazzo Bianco) und der »Rote Palast« (Palazzo Rosso), findet man an Genuas Prachtstraße Via Garibaldi. Aber Genua ist mit knapp 800000 Einwohnern nicht nur kunsthistorisch von Bedeutung: mit den Banken und der Börse, der Schwerindustrie, den Raffinierien und Reedereien bildet es einen der wichtigsten Wirtschaftsräume Italiens. Dank seiner märchenhaften Lage an der Riviera di Levante ist Genua mit seinen Einzugsgebieten, die Via Aurelia entlang bis zur französischen Grenze, die größte Tourismusregion des Landes.

Strandpartie vor der Altstadt von Genua.

Bologna

Wer noch nie in Bologna war, kennt wohl wenigstens die weltberühmten »Spaghetti bolognese«. Doch Bologna ist auch von seinen kulinarischen Qualitäten abgesehen eine der interessantesten Städte Europas. Die rund 500000 Einwohner zählende Hauptstadt der Region Emilia-Romagna stellt sich dem Kunsthistoriker und Touristen als ein wahres Dorado dar: es birgt Kunstschätze aus drei Jahrtausenden, die im Museo Civico zu besichtigen sind, grandiose Kirchen wie die Basiliken San Petronio und San Stefano, die ehrwürdige Kunstakademie Accademia della Bell' Arti und die älteste Universität Europas (Gründungsjahr: 1119), die im ehemaligen Palazzo Poggi untergebracht ist. Jahrhundertelang war Bologna, das besonders durch seine Rechtsgelehrten berühmt wurde, ein Mittelpunkt des europäischen Geisteslebens und verdiente sich so den Ehrennamen »la dotta«, »die Gelehrte«. Damit nicht genug, hat die Stadt im Gegensatz zu ihrer mittelalterlichen »Erbfein-

din« Pisa sogar *zwei* schiefe Türme zu bieten: den Torre Asinelli und den Torre Garisenda, beide aus dem 12. Jahrhundert.
Seinen Namen erhielt Bologna von den gallischen Bojern, die die Stadt im vierten vorchristlichen Jahrhundert den Etruskern entrissen. 189 vor Christus wurde »Bononia« römische Kolonie. Seine Blüte erlebte es erst nach dem Untergang Roms und des Ostgotenreiches im Mittelalter als freier Stadtstaat. 1860 kam Bologna dann schließlich gemeinsam mit Rom zum Königreich Italien.
Auch das moderne Bologna ist noch einer der Brennpunkte des italienischen Kulturlebens, zum Beispiel in seiner Funktion als »Buchmessestadt«, aber von größerer wirtschaftlicher Bedeutung sind heute der Maschinenbau, die Feinmechanik und chemische Industrie und nicht zu vergessen Bolognas Schuhfabriken, von denen aus der Ruhm italienischer Schuhwaren in alle Welt getragen wurde (im wahrsten Sinne des Wortes) und immer noch wird.

Die Piazza della Signoria in Florenz, Treffpunkt der Touristen aus aller Welt.

Florenz

»Florentina«, »die Blühende«, wie die Römer Florenz tauften, ist die Hauptstadt der Toskana und war mit seinem kulturellen und wissenschaftlichen Leben über ein halbes Jahrtausend lang einer der geistigen Mittelpunkte der Welt. Hier wirkten Michelangelo, Brunelleschi und Giotto, Galilei und Machiavelli, Italiens Nationaldichter Dante und das Universalgenie Leonardo da Vinci (die beiden letzteren gebürtige Florentiner), um nur die wichtigsten der Unsterblichen zu nennen, die der »Blühenden« zu ihrer Blüte verholfen haben. Daß Kultur die Frucht »fruchtbarer Auseinandersetzung« sei, dafür ist Florenz ein Beispiel: Im Mittelalter wurde die Arnostadt vom Machtkampf zwischen den kaisertreuen Ghibellinen, deren wortmächtigster Vertreter übrigens Dante war, und den papsttreuen Guelfen geprägt. 1434 nahm dann die Kaufmannsfamilie der Medici das Zepter in die Hand. Dank ihres Kunstsinns und ihrer Finanzen geriet Florenz, im schöngeistigen Sinn, zu einer Stadt der Superlative.
So ist Santa Maria del Fiore mit seiner berühmten Kuppel von Brunelleschi einer der schönsten Dome der Welt, desgleichen sein Campanile (Glockenturm), den Giotto schuf. Das Herz von Florenz ist die Piazza della Signoria mit dem zinnengekrönten Palazzo Vecchio, wo die Medici lange residierten. Nebenan liegen die Uffizien, eine der berühmtesten Gemäldegalerien der Welt, in der mehr als 4000 Meisterwerke aller italienischen und anderen europäischen Malschulen ausgestellt sind. Zu den Hauptanziehungspunkten der Touristen gehört auch die Ponte Vecchio, die alte Arnobrücke mit ihren historischen Gold- und Silberschmiedewerkstätten. Von den ungezählten übrigen Attraktionen seien noch die Kirche Santa Croce erwähnt, die die Grabmäler unter anderem von Michelangelo, Galilei, Alfieri und Rossini birgt, und die Loggia della Signoria mit ihren bedeutenden Renaissanceskulpturen.
Florenz zählt heute etwa eine halbe Million Einwohner. Weil sie ihren zweiten Beinamen, »la bella« – »die Schöne«, auch in Zukunft bewahren will, ist das historische Zentrum für den Autoverkehr weitgehend gesperrt.

Rathaus mit Neptunbrunnen in der Universitätsstadt Bologna.

Rom

»Alle Wege führen nach Rom« – am 8. Juli 1990 wird dieses stolze Wort des Kaisers Julian wieder gültig sein, wenn die Welt Zeuge ist, wie in Rom das Endspiel der XIV. Fußball-Weltmeisterschaft ausgetragen wird. Werden es die »Azzuri« ihren Ahnen gleichtun, die vor 2000 Jahren von Rom aus die Weltherrschaft errangen, und im Olympia-Stadion zumindest die Fußballwelt erobern?
Wer heute vom »Kapitol« spricht, denkt an die Macht Washingtons, nicht Roms. Aber Rom führt den Beinamen »die Ewige Stadt«, und in gewisser Weise ist ihre Herrschaft unvergänglich: durch ihre Lebenskraft, ihre ungeheuren Geschichtsdenkmäler, ihre unermeßlichen Schätze der Kunst und Kultur, die ihr Antlitz in drei Jahrtausenden geprägt und ihr ewigen Zauber verliehen haben. Und im geistlichen Sinne ist Rom auch heute noch eine Weltmacht ersten Ranges: als Hauptstadt der katholischen Christenheit.
Bekanntlich kroch Rom der Sage nach »7-5-3 aus dem Ei«. Die Wölfin hatte einen Adler geboren, der sich zu einem Imperator mundi aufschwang; um 110 nach Christus, unter Trajan, erreichte das Imperium seinen Höhepunkt. Im Jahre 313, als die Macht Roms schon im Zerfallen war, sanktionierte Konstantin der Große das Christentum. Die Bischöfe von Rom wurden Päpste und oberste Würdenträger der Kirche, und »die Ewige« geriet im Mittelalter im Zeichen des Kreuzes wieder zu einer bedeutenden Schaltstelle der Weltpolitik. Das Überbleibsel des globalen Machtanspruchs der Kirche, die Vatikanstadt, ist mit ihren 0,4 Quadratkilometern der kleinste Staat der Welt. Seit 1871 Hauptstadt des vereinten Italien, wuchs sich Rom im 20. Jahrhundert zu einer Drei-Millionen-Metropole aus, die zu den begehrtesten Reisezielen der Welt zählt.
Roms Sehenswürdigkeiten sind Legion – da ist das antike Rom mit seinen Foren, Tempeln und dem Kolosseum, das christliche Rom mit dem Petersdom, der Engelsburg und den Katakomben, das Rom der Renaissance und des Barock mit seinen Palästen, Villen und Museen, und last, but not least das alltägliche Rom mit seinen Märkten, Einkaufsstraßen und Piazzas, wo sich Menschen aus aller Welt ein Stelldichein geben. Ein Tip für Romreisende, die »die Ewige« wiedersehen wollen: Man werfe eine Münze in den berühmten Barockbrunnen Fontana di Trevi, und der Wunsch wird eines Tages wahr.

Blick über den Golf von Neapel auf den Vesuv.

Die Spanische Treppe prägt Roms barockes Stadtbild.

Neapel

»Vedi Napoli e poi muori« – »Neapel sehen und sterben«, so lautet das wohl bekannteste Kompliment, das man je einer Stadt gemacht hat. So manchem ist, in Umkehrung des Wortsinns, heute tatsächlich zum Sterben zumute, wenn er die drückende Armut in Neapel sieht und den Verfall der historischen Bausubstanz. Doch wer nicht nur Augen hat zu sehen, sondern auch eine Seele dazu, der wird hinter der Patina der verfallenden Fassaden den alten Glanz und die einstige Größe Neapels erkennen und in den Gesichtern der Menschen ihre trotz aller Sorgen ungebrochene Lebensfreude ausmachen. Er wird also vielleicht doch in den altbekannten Stoßseufzer »O mia bella Napoli!« einstimmen.
Von der Natur überreich beschenkt, liegt bella Napoli in wunderschöner Umgebung am Golf von Neapel. Die Eineinhalb-Millionen-Me-

Olivenernte in der Umgebung der apulischen Hauptstadt Bari.

tropole ist der wirtschaftliche und kulturelle Mittelpunkt des italienischen Südens. Im 5. vorchristlichen Jahrhundert von griechischen Siedlern gegründet (Neapolis = Neue Stadt), blieb Neapel auch unter den Römern und während der Stürme der Völkerwanderungszeit bis weit ins Mittelalter hinein eine griechische Stadt. Im 12. Jahrhundert kamen die Normannen, Neapel fiel an das Königreich Sizilien. Die Krone wanderte von den Staufern über das Haus Anjou zu den Spaniern und blieb dann bis zur Einigung Italiens im Besitz der Bourbonen.

Zu den bedeutendsten Sehenswürdigkeiten Neapels gehören das Königsschloß, der Palazzo Reale, sowie das Castello dell'Ovo aus dem 12. Jahrhundert, das wegen seines ovalen Grundrisses den Spitznamen »Eierburg« trägt. Sinnigerweise steht sie auf dem einstigen Grund des legendären Feinschmeckers Lukullus. A propos: daß die Pizza eine neapolitanische Erfindung ist, dürfte ja wohl bekannt sein. Sie wurde im malerischen Altstadtviertel Santa Lucia erfunden, wo man außer besagter Pizza auch besonders gut und preiswert »Frutti di Mare« serviert bekommt. Santa Lucia reicht bis zur Strandpromenade hinunter, von der man einen einzigartigen Ausblick auf den Golf und den nahen Vesuv hat, der anno '79 seinen letzten großen Ausbruch erlebte. Seither kann man Ausbrüche von ähnlicher Urgewalt nur noch im 83311 Zuschauer fassenden Stadion San Paolo Napoli erleben, wo vor den Augen des wohl fußballverrücktesten Volkes auf Erden der »Kugelblitz« Maradona wirbelt…

Bari

Schon in der Antike war Bari, damals Barium geheißen, eine der wichtigsten Hafenstädte im östlichen Mittelmeerraum. Heute ist Bari mit seinen fast 400000 Einwohnern Hauptstadt und wichtigster Hafen der Region Apulien und nach Neapel das wichtigste Wirtschaftszentrum Süditaliens. Baris bewegte Geschichte rührt von seiner strategisch wichtigen Position zur Kontrolle des östlichen Mittelmeerhandels her. Nach dem Zerfall des Römischen Imperiums eine Zeitlang byzantinisch, fiel Bari im 9. Jahrhundert an die Sarazenen, wurde 1071 von den Normannen erobert und stieg dann im 12. Jahrhundert unter den Staufern, namentlich Friedrich II., zu nie gekannter Größe auf. Unter der spanischen Herrschaft, die vom 16. bis zum 18. Jahrhundert währte, welkte das einst blühende Bari, um sich erst nach den Einigungskriegen wieder zu erholen und eine Metropole des »Mezzogiorno« zu werden.

Die auf einer kleinen Halbinsel gelegene Altstadt Baris ist ein malerisches Labyrinth aus mittelalterlichen Gassen, verwinkelten Häusern und Tausenden von Treppen, die zum Bummeln einladen. Besonders sehenswert sind der im 11. Jahrhundert im byzantinischen Stil erbaute Dom, die romanische Basilika San Nicola und das von Friedrich II. erbaute Hohenstaufenschloß auf den Ruinen einer alten Normannenburg. Hauptanziehungspunkte in der Neustadt sind die von Palmen gesäumte Prachtstraße Via Cavour und die wunderschöne Strandpromenade.

Wechselnde Fremdherrschaften

Cagliari

Cagliari, die Hauptstadt Sardiniens, liegt vor dem Hintergrund hoher Gebirge malerisch an der Afrika zugewandten Südküste der Insel. Von dort kamen auch die Begründer dieser hochinteressanten und lebendigen Stadt, die heute an die 225000 Einwohner zählt: die Karthager. Anno 238 vor Christus wurde Cagliari mitsamt Sardinien römisch; 454 fielen die Vandalen ein, 533 kamen die Byzantiner, im 7. Jahrhundert die Sarazenen, gefolgt von Genuesen, Pisanern und Spaniern. Die vielen Eroberer, die mit Cagliari einen strategisch bedeutenden Hafen im Visier hatten, haben der Stadt jedoch nicht nur Nachteile gebracht: sie prägten die bauliche und kunsthistorische Vielfalt, die Cagliari zu bieten hat. Die Altstadt, Ca-

hinterließen große bauliche Vielfalt im sardischen Cagliari.

stello geheißen, ist von einer noch gut erhaltenen Befestigungsmauer umsäumt, die die Pisaner errichtet hatten. Man erreicht die Castello am besten über die alte Ladenstraße Via Mannu, deren Häuserfassaden typisch spanisches Gepräge zeigen. Beeindruckend sind die beiden Tortürme Torre d'Elefante und Torre San Pancratio aus dem 14. Jahrhundert. Das sehenswerte Archäologische Museum birgt mehr als 400 Statuen und Skulpturen aus karthagischer und römischer Zeit. Das faszinierendste Zeugnis der Antike ist aber das römische Amphitheater aus dem dritten Jahrhundert, in dem jeden Sommer Opernaufführungen stattfinden.

Der Tourismus ist neben der bedeutenden Werftindustrie Cagliaris Haupterwerbsquelle.

Palermo

»Italien ohne Sizilien macht gar kein Bild in der Seele«, schrieb der junge Johann Wolfgang von Goethe 1787 in Palermo, »hier ist der Schlüssel zu allem.«

Dieser Meinung war auch der geistreichste und wohl bedeutendste Kaiser der deutschen Geschichte, Friedrich II. von Hohenstaufen. Seine Wirkungsstätte war Süditalien und speziell Palermo, die Hauptstadt Siziliens, wo Friedrich 1196 auch im zarten Alter von zwei Jahren zum König gekrönt wurde. Von hier, seiner Residenz, pflegte der Freigeist und Freund der Schönen Künste Kontakt mit der mediterranen und arabischen Geisteswelt, führte Sizilien in sein »goldenes Zeitalter« und machte Palermo zum glanzvollen kulturellen Mittelpunkt Europas, was ihm den Beinamen »stupor mundi« (das Wunder der Welt) einbrachte.

Doch jene Zeit war nur einer der Höhepunkte in der bewegten Geschichte Palermos. 245 vor Christus wurde die alte karthagische Siedlung von den Römern erobert. Am Schnittpunkt vom westlichen und östlichen Mittelmeer gelegen und daher von großer strategischer Bedeutung, war die Stadt Zankapfel zwischen Sarazenen und Normannen, den Staufern und dem Haus Anjou, den Spaniern und den Savoyarden, den Habsburgern und Bourbonen, aus deren Herrschaft sie schließlich 1860 von Garibaldi befreit wurde, der Italien von Sizilien aus »aufrollte«. Heutzutage ist bekanntlich eine ganz andere, sich »ehrenwert« nennende Familie Herrscherin über Sizilien, und kein neuer Garibaldi ist in Sicht, sie zu entthronen...

Palermo zählt heute knapp 730000 Einwohner. Für einen Bildungsreisenden und Kunstfreund hält die Stadt eine Unzahl von Schätzen und Leckerbissen bereit, barocke Schlösser, gotische Paläste und die vielen normannischen Kirchen, deren charakteristische Kuppeln das Bild Palermos prägen, sowie vor allem den gewaltigen Palazzo dei Normanni, den Königspalast mit der goldenen Palastkapelle, der auch den Leichnam Friedrichs birgt, sowie die Kathedrale Santa Rosalia aus dem 12. Jahrhundert im arabisch-normannischen Stil.

In der Villa Giulia, einem palermesischen Lustschloß, verfaßte der junge Goethe die folgende Eloge auf Palermo: »Hier brachte ich im stillen die vergnügtesten Stunden zu; es ist der wunderbarste Ort der Welt.«

Der Palazzo dei Normanni in Palermo.

»Ciao«, das Maskottchen der Fußball-Weltmeisterschaft 1990, ist allgegenwärtig. Im Hintergrund der Petersdom in Rom.

Ergebnisse der Fußball-Weltmeisterschaften 1930 bis 1986

Uruguay 1930

13. bis 30. Juli

Gruppe 1

Frankreich – Mexiko		4:1
Argentinien – Frankreich		1:0
Chile – Mexiko		3:0
Chile – Frankreich		1:0
Argentinien – Mexiko		6:3
Argentinien – Chile		3:1
1. Argentinien	10:4	6:0
2. Chile	5:3	4:2
3. Frankreich	4:3	2:4
4. Mexiko	4:13	0:6

Gruppe 2

Jugoslawien – Brasilien		2:1
Jugoslawien – Bolivien		4:0
Brasilien – Bolivien		4:0
1. Jugoslawien	6:1	4:0
2. Brasilien	5:2	2:2
3. Bolivien	0:8	0:4

Gruppe 3

Rumänien – Peru		3:1
Uruguay – Peru		1:0
Uruguay – Rumänien		4:0
1. Uruguay	5:0	4:0
2. Rumänien	3:5	2:2
3. Peru	1:4	0:4

Gruppe 4

USA – Belgien		3:0
USA – Paraguay		3:0
Paraguay – Belgien		1:0
1. USA	6:0	4:0
2. Paraguay	1:3	2:2
3. Belgien	0:4	0:4

Halbfinale

Argentinien – USA	6:1
Uruguay – Jugoslawien	6:1

Endspiel

Uruguay – Argentinien	4:2

Italien 1934

24. Mai bis 10. Juni

Achtelfinale

Italien USA	7:1
Spanien – Brasilien	3:1
Österreich – Frankreich	n. V. 3:2
Ungarn – Ägypten	4:2
ČSR – Rumänien	2:1
Schweiz – Holland	3:2
Deutschland – Belgien	5:2
Schweden – Argentinien	3:2

Viertelfinale

Italien – Spanien	n. V. 1:1
Italien – Spanien	1:0
Österreich – Ungarn	2:1
ČSR – Schweiz	3:2
Deutschland – Schweden	2:1

Halbfinale

Italien – Österreich	1:0
ČSR – Deutschland	3:1

Spiel um den 3. Platz

Deutschland – Österreich	3:2

Endspiel

Italien – ČSR	n. V. 2:1

Frankreich 1938

4. bis 19. Juni

Achtelfinale

Schweiz – Deutschland	n. V. 1:1
Schweiz – Deutschland	4:2
Ungarn – Niederländisch Indien	6:0
Kuba – Rumänien	n. V. 3:3
Kuba – Rumänien	2:1
Frankreich – Belgien	3:1
Italien – Norwegen	n. V. 2:1
ČSR – Holland	n. V. 3:0
Brasilien – Polen	n. V. 6:5

Schweden kam kampflos weiter, weil Österreich kein selbständiger Staat mehr war.

Viertelfinale

Ungarn – Schweiz	2:0
Schweden – Kuba	8:0
Italien – Frankreich	3:1
Brasilien – ČSR	n. V. 1:1
Brasilien – ČSR	2:1

Halbfinale

Italien – Brasilien	2:1
Ungarn – Schweden	5:1

Spiel um den 3. Platz

Brasilien – Schweden	4:2

Endspiel

Italien – Ungarn	4:2

Brasilien 1950

25. Juni bis 16. Juli

Gruppe 1

Brasilien – Mexiko		4:0
Jugoslawien – Schweiz		3:0
Brasilien – Jugoslawien		2:0
Schweiz – Mexiko		2:1
Brasilien – Schweiz		2:2
Jugoslawien – Mexiko		4:1
1. Brasilien	8:2	5:1
2. Jugoslawien	7:3	4:2
3. Schweiz	4:6	3:3
4. Mexiko	2:10	0:6

Gruppe 2

Schweden – Italien		3:2
Italien – Paraguay		2:0
Schweden – Paraguay		2:2
1. Schweden	5:4	3:1
2. Italien	4:3	2:2
3. Paraguay	2:4	1:3

Gruppe 3

England – Chile		2:0
Spanien – USA		3:1
USA – England		1:0
Spanien – Chile		2:0
Spanien – England		1:0
Chile – USA		5:2
1. Spanien	6:1	6:0
2. England	2:2	2:4
3. Chile	5:6	2:4
4. USA	4:8	2:4

Gruppe 4

Uruguay – Bolivien	8:0

Endrunde

Brasilien – Schweden		7:1
Uruguay – Spanien		2:2
Brasilien – Spanien		6:1
Uruguay – Schweden		3:2
Schweden – Spanien		3:1
Uruguay – Brasilien		2:1
1. Uruguay	7:5	5:1
2. Brasilien	14:4	4:2
3. Schweden	6:11	2:4
4. Spanien	4:11	1:5

Schweiz 1954

16. Juni bis 4. Juli

Gruppe 1

Jugoslawien – Frankreich		1:0
Brasilien – Mexiko		5:0
Brasilien – Jugoslawien		n. V. 1:1
Frankreich – Mexiko		3:2
1. Brasilien	6:1	3:1
2. Jugoslawien	2:1	3:1
3. Frankreich	3:3	2:2
4. Mexiko	2:8	0:4

Gruppe 2

Deutschland – Türkei	4:1
Ungarn – Südkorea	9:0
Ungarn – Deutschland	8:3
Türkei – Südkorea	7:0

Entscheidung um Platz 2

Deutschland – Türkei		7:2
1. Ungarn	17:3	4:0
2. Deutschland	14:11	4:2
3. Türkei	10:11	2:4
4. Südkorea	0:16	0:4

Gruppe 3

Uruguay – ČSSR		2:0
Österreich – Schottland		1:0
Österreich – Jugoslawien		5:0
Uruguay – Schottland		7:0
1. Uruguay	9:0	4:0
2. Österreich	6:0	4:0
3. ČSSR	0:7	0:4
4. Schottland	0:8	0:4

Gruppe 4

England – Belgien	n. V. 4:4
Schweiz – Italien	2:1
England – Schweiz	2:0
Italien – Belgien	4:1

Entscheidung um Platz 2

Schweiz – Italien		4:1
1. England	6:4	3:1
2. Schweiz	6:4	4:2
3. Italien	6:7	2:4
4. Belgien	5:8	1:3

Viertelfinale

Uruguay – England	4:2
Österreich – Schweiz	7:5
Deutschland – Jugoslawien	2:0
Ungarn – Brasilien	4:2

Halbfinale

Deutschland – Österreich	6:1
Ungarn – Uruguay	n. V. 4:2

Spiel um den 3. Platz

Österreich – Uruguay	3:1

Endspiel

Deutschland – Ungarn	3:2

Schweden 1958

8. bis 29. Juni

Gruppe 1

Deutschland – Argentinien	3:1
Nordirland – ČSSR	1:0
Deutschland – ČSSR	2:2
Argentinien – Nordirland	3:1
Deutschland – Nordirland	2:2
ČSSR – Argentinien	6:1

Entscheidung um Platz 2

Nordirland – ČSSR	n. V. 2:1

1. Deutschland	7:5	4:2
2. Nordirland	4:5	3:3
3. ČSSR	8:4	3:3
4. Argentinien	5:10	2:4

Gruppe 2

Frankreich – Paraguay	7:3
Jugoslawien – Schottland	1:1
Paraguay – Schottland	3:2
Jugoslawien – Frankreich	3:2
Jugoslawien – Paraguay	3:3
Frankreich – Schottland	2:1

1. Frankreich	11:7	4:2
2. Jugoslawien	7:6	4:2
3. Paraguay	9:12	3:3
4. Schottland	4:6	1:5

Gruppe 3

Schweden – Mexiko	3:0
Ungarn – Wales	1:1
Mexiko – Wales	1:1
Schweden – Ungarn	2:1
Ungarn – Mexiko	4:0
Schweden – Wales	0:0

Entscheidung um Platz 2

Wales – Ungarn	2:1

1. Schweden	5:1	5:1
2. Wales	2:2	3:3
3. Ungarn	6:3	3:3
4. Mexiko	1:8	1:5

Gruppe 4

England – UdSSR	2:2
Brasilien – Österreich	3:0
UdSSR – Österreich	2:0
Brasilien – England	0:0
England – Österreich	2:2
Brasilien – UdSSR	2:0

Entscheidung um Platz 2

UdSSR – England	1:0

1. Brasilien	5:0	5:1
2. UdSSR	4:4	3:3
3. England	4:4	3:3
4. Österreich	2:7	1:5

Viertelfinale

Deutschland – Jugoslawien	1:0
Frankreich – Nordirland	4:0
Schweden – UdSSR	2:0
Brasilien – Wales	1:0

Halbfinale

Schweden – Deutschland	3:1
Brasilien – Frankreich	5:2

Spiel um den 3. Platz

Frankreich – Deutschland	6:3

Endspiel

Brasilien – Schweden	5:2

Chile 1962

30. Mai bis 17. Juni

Gruppe 1

Uruguay – Kolumbien	2:1
UdSSR – Jugoslawien	2:0
Jugoslawien – Uruguay	3:1
UdSSR – Kolumbien	4:4
UdSSR – Uruguay	2:1
Jugoslawien – Kolumbien	5:0

1. UdSSR	8:5	5:1
2. Jugoslawien	8:3	4:2
3. Uruguay	4:6	2:4
4. Kolumbien	5:11	1:5

Gruppe 2

Chile – Schweiz	3:1
Deutschland – Italien	0:0
Chile – Italien	2:0
Deutschland – Schweiz	2:1
Italien – Schweiz	3:0
Deutschland – Chile	2:0

1. Deutschland	4:1	5:1
2. Chile	5:3	4:2
3. Italien	3:2	3:3
4. Schweiz	2:8	0:6

Gruppe 3

Brasilien – Mexiko	2:0
ČSSR – Spanien	1:0
Brasilien – ČSSR	0:0
Spanien – Mexiko	1:0
Brasilien – Spanien	2:1
Mexiko – ČSSR	3:1

1. Brasilien	4:1	5:1
2. ČSSR	2:3	3:3
3. Mexiko	3:4	2:4
4. Spanien	2:3	2:4

Gruppe 4

Argentinien – Bulgarien	1:0
Ungarn – England	2:1
England – Argentinien	3:1
Ungarn – Bulgarien	6:1
Ungarn – Argentinien	0:0
England – Bulgarien	0:0

1. Ungarn	8:2	5:1
2. England	4:3	3:3
3. Argentinien	2:3	3:3
4. Bulgarien	1:7	1:5

Viertelfinale

Chile – UdSSR	2:1
Jugoslawien – Deutschland	1:0
Brasilien – England	3:1
ČSSR – Ungarn	1:0

Halbfinale

Brasilien – Chile	4:2
ČSSR – Jugoslawien	3:1

Spiel um den 3. Platz

Chile – Jugoslawien	1:0

Endspiel

Brasilien – ČSSR	3:1

England 1966

11. bis 30. Juli

Gruppe 1

England – Uruguay	0:0
Frankreich – Mexiko	1:1
Uruguay – Frankreich	2:1
England – Mexiko	2:0
Uruguay – Mexiko	0:0
England – Frankreich	2:0

1. England	4:0	5:1
2. Uruguay	2:1	4:2
3. Mexiko	1:3	2:4
4. Frankreich	2:5	1:5

Gruppe 2

Deutschland – Schweiz	5:0
Argentinien – Spanien	2:1
Spanien – Schweiz	2:1
Deutschland – Argentinien	0:0
Argentinien – Schweiz	2:0
Deutschland – Spanien	2:1

1. Deutschland	7:1	5:1
2. Argentinien	4:1	5:1
3. Spanien	4:5	2:4
4. Schweiz	1:9	0:6

Gruppe 3

Brasilien – Bulgarien	2:0
Portugal – Ungarn	3:1
Ungarn – Brasilien	3:1
Portugal – Bulgarien	3:0
Portugal – Brasilien	3:1
Ungarn – Bulgarien	3:1

1. Portugal	9:2	6:0
2. Ungarn	7:5	4:2
3. Brasilien	4:6	2:4
4. Bulgarien	1:8	0:6

Gruppe 4

UdSSR – Nordkorea	3:0
Italien – Chile	2:0
Chile – Nordkorea	1:1
UdSSR – Italien	1:0
Nordkorea – Italien	1:0
UdSSR – Chile	2:1

1. UdSSR	6:1	6:0
2. Nordkorea	2:4	3:3
3. Italien	2:2	2:4
4. Chile	2:5	1:5

Viertelfinale

England – Argentinien	1:0
Deutschland – Uruguay	4:0
Portugal – Nordkorea	5:3
UdSSR – Ungarn	2:1

Halbfinale

Deutschland – UdSSR	2:1
England – Portugal	2:1

Spiel um den 3. Platz

Portugal – UdSSR	2:1

Endspiel

England – Deutschland	n. V. 4:2

Mexiko 1970

31. Mai bis 21. Juni

Gruppe 1

UdSSR – Mexiko	0:0
Belgien – El Salvador	3:0
UdSSR – Belgien	4:1
Mexiko – El Salvador	4:0
UdSSR – El Salvador	2:0
Mexiko – Belgien	1:0

1. UdSSR	6:1	5:1
2. Mexiko	5:0	5:1
3. Belgien	4:5	2:4
4. El Salvador	0:9	0:6

Gruppe 2

Uruguay – Israel	2:0
Italien – Schweden	1:0
Uruguay – Italien	0:0
Schweden – Israel	1:1
Uruguay – Schweden	0:1
Italien – Israel	0:0

1. Italien	1:0	4:2
2. Uruguay	2:1	3:3
3. Schweden	2:2	3:3
4. Israel	1:3	2:4

Gruppe 3

England – Rumänien	1:0
ČSSR – Brasilien	1:4
Rumänien – ČSSR	2:1
Brasilien – England	1:0
Brasilien – Rumänien	3:2
England – ČSSR	1:0

1. Brasilien	8:3	6:0
2. England	2:1	4:2
3. Rumänien	4:5	2:4
4. ČSSR	2:7	0:6

Gruppe 4

Peru – Bulgarien	3:2
Deutschland – Marokko	2:1
Peru – Marokko	3:0
Deutschland – Bulgarien	5:2
Deutschland – Peru	3:1
Bulgarien – Marokko	1:1

1. Deutschland	10:4	6:0
2. Peru	7:5	4:2
3. Bulgarien	5:9	1:5
4. Marokko	2:6	1:5

Viertelfinale

Uruguay – UdSSR	n. V. 1:0
Italien – Mexiko	4:1
Brasilien – Peru	4:2
Deutschland – England	n. V. 3:2

Halbfinale

Italien – Deutschland	n. V. 4:3
Brasilien – Uruguay	3:1

Spiel um den 3. Platz

Deutschland – Uruguay	1:0

Endspiel

Brasilien – Italien	4:1

Deutschland 1974

13. Juni bis 7. Juli

Gruppe 1

Deutschland – Chile		1:0
DDR – Australien		2:0
DDR – Chile		1:1
Deutschland – Australien		3:0
Chile – Australien		0:0
DDR – Deutschland		1:0
1. DDR	4:1	5:1
2. Deutschland	4:1	4:2
3. Chile	1:2	2:4
4. Australien	0:5	1:5

Gruppe 2

Brasilien – Jugoslawien		0:0
Schottland – Zaire		2:0
Jugoslawien – Zaire		9:0
Schottland – Brasilien		0:0
Brasilien – Zaire		3:0
Schottland – Jugoslawien		1:1
1. Jugoslawien	10:1	4:2
2. Brasilien	3:0	4:2
3. Schottland	3:1	4:2
4. Zaire	0:14	0:6

Gruppe 3

Schweden – Bulgarien		0:0
Holland – Uruguay		2:0
Holland – Schweden		0:0
Bulgarien – Uruguay		1:1
Holland – Bulgarien		4:1
Schweden – Uruguay		3:0
1. Holland	6:1	5:1
2. Schweden	3:0	4:2
3. Bulgarien	2:5	2:4
4. Uruguay	1:6	1:5

Gruppe 4

Italien – Haiti		3:1
Polen – Argentinien		3:2
Polen – Haiti		7:0
Argentinien – Italien		1:1
Argentinien – Haiti		4:1
Polen – Italien		2:1
1. Polen	12:3	6:0
2. Argentinien	7:5	3:3
3. Italien	5:4	3:3
4. Haiti	2:14	0:6

Finalrunde

Gruppe A

Holland – Argentinien		4:0
Brasilien – DDR		1:0
Holland – DDR		2:0
Brasilien – Argentinien		2:1
Holland – Brasilien		2:0
DDR – Argentinien		1:1
1. Holland	8:0	6:0
2. Brasilien	3:3	4:2
3. DDR	1:4	1:5
4. Argentinien	2:7	1:5

Gruppe B

Deutschland – Jugoslawien		2:0
Polen – Schweden		1:0
Polen – Jugoslawien		2:1
Deutschland – Schweden		4:2
Deutschland – Polen		1:0
Schweden – Jugoslawien		2:1
1. Deutschland	7:2	6:0
2. Polen	3:2	4:2
3. Schweden	4:6	2:4
4. Jugoslawien	2:6	0:6

Spiel um den 3. Platz

Polen – Brasilien	1:0

Endspiel

Deutschland – Holland	2:1

Argentinien 1978

1. bis 25. Juni

Gruppe 1

Argentinien – Frankreich		2:1
Argentinien – Ungarn		2:1
Italien – Ungarn		3:1
Italien – Frankreich		2:1
Frankreich – Ungarn		3:1
Argentinien – Italien		0:1
1. Italien	6:2	6:0
2. Argentinien	4:3	4:2
3. Frankreich	5:5	2:4
4. Ungarn	3:8	0:6

Gruppe 2

Deutschland – Polen		0:0
Tunesien – Mexiko		3:1
Polen – Tunesien		1:0
Deutschland – Mexiko		6:0
Polen – Mexiko		3:1
Deutschland – Tunesien		0:0
1. Polen	4:1	5:1
2. Deutschland	6:0	4:2
3. Tunesien	3:2	3:3
4. Mexiko	2:12	0:6

Gruppe 3

Österreich – Spanien		2:1
Brasilien – Schweden		1:1
Österreich – Schweden		1:0
Brasilien – Spanien		0:0
Spanien – Schweden		1:0
Brasilien – Österreich		1:0
1. Österreich	3:2	4:2
2. Brasilien	2:1	4:2
3. Spanien	2:2	3:3
4. Schweden	1:3	1:5

Gruppe 4

Peru – Schottland		3:1
Holland – Iran		3:0
Schottland – Iran		1:1
Peru – Holland		0:0
Peru – Iran		4:1
Schottland – Holland		3:2
1. Peru	7:2	5:1
2. Holland	5:3	3:3
3. Schottland	5:6	3:3
4. Iran	2:8	1:5

Finalrunde

Gruppe A

Deutschland – Italien		0:0
Holland – Österreich		5:1
Deutschland – Holland		2:2
Italien – Österreich		1:0
Holland – Italien		2:1
Österreich – Deutschland		3:2
1. Holland	9:4	5:1
2. Italien	2:2	3:3
3. Deutschland	4:5	2:4
4. Österreich	4:8	2:4

Gruppe B

Brasilien – Peru		3:0
Argentinien – Polen		2:0
Polen – Peru		1:0
Argentinien – Brasilien		0:0
Brasilien – Polen		3:1
Argentinien – Peru		6:0
1. Argentinien	8:0	5:1
2. Brasilien	6:1	5:1
3. Polen	2:5	2:4
4. Peru	0:10	0:6

Spiel um den 3. Platz

Brasilien – Italien	2:1

Endspiel

Argentinien – Holland	n. V. 3:1

Spanien 1982

13. Juni bis 11. Juli

Gruppe 1

Italien – Polen		0:0
Peru – Kamerun		0:0
Italien – Peru		1:1
Polen – Kamerun		0:0
Polen – Peru		5:1
Italien – Kamerun		1:1
1. Polen	5:1	4:2
2. Italien	2:2	3:3
3. Kamerun	1:1	3:3
4. Peru	2:6	2:4

Gruppe 2

Deutschland – Algerien		1:2
Chile – Österreich		0:1
Deutschland – Chile		4:1
Algerien – Österreich		0:2
Algerien – Chile		3:2
Deutschland – Österreich		1:0
1. Deutschland	6:3	4:2
2. Österreich	3:1	4:2
3. Algerien	5:5	4:2
4. Chile	3:6	0:6

Gruppe 3

Argentinien – Belgien		0:1
Ungarn – El Salvador		10:1
Argentinien – Ungarn		4:1
Belgien – El Salvador		1:0
Belgien – Ungarn		1:1
Argentinien – El Salvador		2:0
1. Belgien	3:1	5:1
2. Argentinien	6:2	4:2
3. Ungarn	12:6	3:3
4. El Salvador	1:13	0:6

Gruppe 4

England – Frankreich		3:1
ČSSR – Kuwait		1:1
England – ČSSR		2:0
Frankreich – Kuwait		4:1
Frankreich – ČSSR		1:1
England – Kuwait		1:0
1. England	6:1	6:0
2. Frankreich	6:5	3:3
3. ČSSR	2:4	2:4
4. Kuwait	2:6	1:5

Gruppe 5

Spanien – Honduras		1:1
Jugoslawien – Nordirland		0:0
Spanien – Jugoslawien		2:1
Honduras – Nordirland		1:1
Honduras – Jugoslawien		0:1
Spanien – Nordirland		0:1
1. Nordirland	2:1	4:2
2. Spanien	3:3	3:3
3. Jugoslawien	2:2	3:3
4. Honduras	2:3	2:4

Gruppe 6

Brasilien – UdSSR		2:1
Schottland – Neuseeland		5:2
Brasilien – Schottland		4:1
UdSSR – Neuseeland		3:0
UdSSR – Schottland		2:2
Brasilien – Neuseeland		4:0
1. Brasilien	10:2	6:0
2. UdSSR	6:4	3:3
3. Schottland	8:8	3:3
4. Neuseeland	2:12	0:6

Finalrunde

Gruppe A

Polen – Belgien		3:0
Belgien – UdSSR		0:1
Polen – UdSSR		0:0
1. Polen	3:0	3:1
2. UdSSR	1:0	3:1
3. Belgien	0:4	0:4

Gruppe B

Deutschland – England		0:0
Deutschland – Spanien		2:1
England – Spanien		0:0
1. Deutschland	2:1	3:1
2. England	0:0	2:2
3. Spanien	1:2	1:3

Gruppe C

Italien – Argentinien		2:1
Argentinien – Brasilien		1:3
Italien – Brasilien		3:2
1. Italien	5:3	4:0
2. Brasilien	5:4	2:2
3. Argentinien	2:5	0:4

Gruppe D

Österreich – Frankreich		0:1
Österreich – Nordirland		2:2
Frankreich – Nordirland		4:1
1. Frankreich	5:1	4:0
2. Österreich	2:3	1:3
3. Nordirland	3:6	1:3

Halbfinale

Polen – Italien	0:2
Deutschland – Frankreich	n. V. 3:3
nach Elfmeterschießen	5:4

Spiel um den 3. Platz

Polen – Frankreich	3:2

Endspiel

Italien – Deutschland	3:1

Mexiko 1986

31. Mai bis 29. Juni

Gruppe A

Bulgarien – Italien	1:1
Argentinien – Südkorea	3:1
Italien – Argentinien	1:1
Südkorea – Bulgarien	1:1
Südkorea – Italien	2:3
Argentinien – Bulgarien	2:0

1. Argentinien	6:2	5:1
2. Italien	5:4	4:2
3. Bulgarien	2:4	2:4
4. Südkorea	4:7	1:5

Gruppe B

Belgien – Mexiko	1:2
Paraguay – Irak	1:0
Mexiko – Paraguay	1:1
Irak – Belgien	1:2
Irak – Mexiko	0:1
Paraguay – Belgien	2:2

1. Mexiko	4:2	5:1
2. Paraguay	4:3	4:2
3. Belgien	5:5	3:3
4. Irak	1:4	0:6

Gruppe C

Kanada – Frankreich	0:1
UdSSR – Ungarn	6:0
Frankreich – UdSSR	1:1
Ungarn – Kanada	2:0
Ungarn – Frankreich	0:3
UdSSR – Kanada	2:0

1. UdSSR	9:1	5:1
2. Frankreich	5:1	5:1
3. Ungarn	2:9	2:4
4. Kanada	0:5	0:6

Gruppe D

Spanien – Brasilien	0:1
Algerien – Nordirland	1:1
Brasilien – Algerien	1:0
Nordirland – Spanien	1:2
Nordirland – Brasilien	0:3
Algerien – Spanien	0:3

1. Brasilien	5:0	6:0
2. Spanien	5:2	4:2
3. Nordirland	2:6	1:5
4. Algerien	1:5	1:5

Gruppe E

Uruguay – Deutschland	1:1
Schottland – Dänemark	0:1
Deutschland – Schottland	2:1
Dänemark – Uruguay	6:1
Dänemark – Deutschland	2:0
Schottland – Uruguay	0:0

1. Dänemark	9:1	6:0
2. Deutschland	3:4	3:3
3. Uruguay	2:7	2:4
4. Schottland	1:3	1:5

Gruppe F

Marokko – Polen	0:0
Portugal – England	1:0
England – Marokko	0:0
Polen – Portugal	1:0
Portugal – Marokko	1:3
England – Polen	3:0

1. Marokko	3:1	4:2
2. England	3:1	3:3
3. Polen	1:3	3:3
4. Portugal	2:4	2:4

Achtelfinale

Brasilien – Polen	4:0
Italien – Frankreich	0:2
Marokko – Deutschland	0:1
Mexiko – Bulgarien	2:0
Argentinien – Uruguay	1:0
England – Paraguay	3:0
Dänemark – Spanien	1:5
UdSSR – Belgien	n. V. 3:4

Viertelfinale

Brasilien – Frankreich	n. V. 1:1
	nach Elfmeterschießen 3:4
Deutschland – Mexiko	n. V. 0:0
	nach Elfmeterschießen 4:1
Argentinien – England	2:1
Spanien – Belgien	n. V. 1:1
	nach Elfmeterschießen 4:5

Halbfinale

Frankreich – Deutschland	0:2
Argentinien – Belgien	2:0

Spiel um den 3. Platz

Frankreich – Belgien	n. V. 4:2

Endspiel

Argentinien – Deutschland	3:2

Ausgabe für Österreich

Copyright
1990 by Südwest Verlag
GmbH & Co. KG, München

ISBN 3-517-01191-6

Auflage
1. Auflage, 1.–250. Tausend

Schutzumschlag
Rudi Gill, München

Layout und Produktion
Manfred Metzger

Herausgeber
Harry Valérien

Redaktion
Dr. Christian Zentner

Amelie Albrecht
Dr. Reinhard Barth
Stefanie Eckert
Mathias Forster

Schlußredaktion
Robert Fischer
Franz Resch

Autoren
Hans Eiberle
Dr. Heinz-Joachim Fischer
Detlef Hacke
Siegfried Heinrich
Doris Henkel
Christopher Keil
Hans Krankl
Prof. Heinz Liesen
Josef Metzger
Heinz Florian Oertel
Ludger Schulze
Gerhard Waldherr

Fotos
Baader
Bongarts
Gamma
GES
Minkoff
Passage
Sven Simon
Votava
Werek

Technik
Satz, Repro und Druck:
Wenschow-Franzis-Druck
GmbH, München

Einband
Buchbinderei R. Oldenbourg,
München